A (des)ordem do discurso

Consulte nosso catálogo completo e últimos lançamentos em **www.editoracontexto.com.br**.

Nilton Milanez
Nádea Regina Gaspar
(orgs.)

A (des)ordem do discurso

editoracontexto

Foto de capa
Jaime Pinsky

Montagem de capa e diagramação
Gustavo S. Vilas Boas

Revisão de originais
Fábio César Montanheiro
Lucília Maria Sousa Romão

Preparação de textos
Lilian Aquino

Revisão
Miguel Augusto Rodrigues Silva

Dados Internacionais de Catalogação na Publicação (CIP)
(Câmara Brasileira do Livro, SP, Brasil)

A (des)ordem do discurso / Nilton Milanez,
Nádea Regina Gaspar , (orgs.) . – São Paulo : Contexto, 2022.

Vários autores
ISBN 978-85-7244-475-0

1. Análise de textos 2. Análise do discurso 3. Ensaios
4. Linguística I. Milanez, Nilton. II. Gaspar, Nádea Regina.

10-04212 CDD-401.41

Índices para catálogo sistemático:
1. Análise do discurso : Linguagem e comunicação 401.41

2022

EDITORA CONTEXTO
Diretor editorial: *Jaime Pinsky*

Rua Dr. José Elias, 520 – Alto da Lapa
05083-030 – São Paulo – SP
PABX: (11) 3832 5838
contexto@editoracontexto.com.br
www.editoracontexto.com.br

Sumário

Introdução

Quando concebemos o título deste livro, *A (des)ordem do discurso,* antevíamos que para se apreender uma ordem discursiva é preciso considerar a existência de uma (des)ordem que a precede. (Des)ordem que não implica, de modo algum, tampouco sugere, alguns sinônimos como: falta de ordem, desarranjo, desarrumo, desorganização, confusão, bagunça. Como pensar, então, que haja (des)ordens discursivas, sendo que os textos – matérias-primas dos discursos –, são instaurados, desde sua gênese, por condições singulares de produção que imprimem, revelam e desencadeiam determinadas ordenações: da(s) língua(s) e das linguagens, das relações espaciais e temporais intrínsecas aos gêneros, dos suportes e formatos, da rede que envolve a fabricação, distribuição e veiculação dos textos, dos supostos leitores? Condições essas que organizam, distribuem e veiculam textos. Nosso desejo, contudo, estava em buscar o funcionamento da ordem dos discursos que se aloja nos textos. Foucault, Pêcheux, Courtine, Maingueneau e Chartier são autores que foram mobilizados ao longo dos capítulos deste livro e que, de modos distintos, apreenderam e sugeriram caminhos seguros para se compreender modos de funcionamento da ordem/(des)ordem dos discursos.

Michel Foucault, entre outros textos de sua autoria, expõe em *A ordem do discurso* (1999: 8-9), seu ponto de vista sobre a (des)ordem discursiva. Ele supõe que,

> em toda sociedade a produção do discurso é ao mesmo tempo controlada, selecionada, organizada e redistribuída por certo número de procedimentos que têm por função conjurar seus poderes e perigos, dominar seu acontecimento aleatório, esquivar sua pesada e temível materialidade.

Se, do modo como explicita esse autor, há em toda sociedade procedimentos de controle, seleção, organização e redistribuição de discursos, previamente selecionados como possibilidades de verdades absolutas, há de se pensar, então, que muitos outros discursos estão sendo apagados ou silenciados. Cabe ao analista do discurso colocar em confronto ou, ao menos relacionar no mesmo patamar de verdades, posições distintas. Para tanto, o que se observa inicialmente na análise é uma imensa (des)ordem, se tomarmos como referência as ordens previamente instituídas. Essa (des)ordem aponta para alguns procedimentos que erigem novas ordens, como: a (des)caracterização da aparente unidade que controla a língua e as linguagens, a (re)escolha e seleção dos materiais adotados, a (re)organização segundo novas ordenações – tendo em vista, por exemplo, a multiplicidade de enunciados, as diversas formações discursivas, as enunciações muitas vezes díspares dos sujeitos, o olhar diferenciado para o sistema de arquivo –, a (re)definição das formas de controle, organização e divulgação dos discursos. Com isso, o que se observa momentaneamente é outro patamar de ordens, que pode sugerir uma aparente e inicial (des)ordem discursiva, mas que se configura, no dizer de Foucault em *A arqueologia do saber* (1997: 43), como *sistema de dispersão.*

Michel Pêcheux observou a (des)ordem discursiva, numa perspectiva analítica diferenciada de Foucault. Em *O discurso:* estrutura ou acontecimento, o autor argumenta:

> Não se trata de pretender [...] que todo o discurso seria como um aerólito miraculoso, independente das redes de memória e dos trajetos sociais nos quais ele irrompe, mas de sublinhar que, só por existência, todo discurso marca a possibilidade de uma desestruturação-reestruturação dessas redes e trajetos: todo discurso é o índice potencial de uma agitação nas filiações sócio-históricas de identificação, na medida em que ele constitui ao mesmo tempo um efeito dessas filiações e um trabalho [...] de deslocamento no seu espaço. (1990: 56)

Sob o ponto de vista de Pêcheux, portanto, a (des)ordem coloca-se no jogo tenso da "desestruturação-reestruturação" dos discursos, uma vez que, para se constituir e analisar discursos há sempre a possibilidade de *deslocamentos,* posto que o sentido sempre pode vir a ser outro. Tais (des)arranjos são determinados por fatores de ordem sócio-histórica, que podem ser apreendidos não apenas por meio da análise das estruturas linguísticas, mas também via análise dos pronunciamentos e reconhecimento das diversas posições de classe social que os sujeitos ocupam "na rede discursiva", no dizer do teórico (1990: 54). Isso reclama a reflexão sobre o ideológico como mecanismo naturalizador de sentidos e produtor de evidências.

Jean-Jacques Courtine, tomando como foco central as proposições advindas de Foucault e Pêcheux, insere-se no interior desses posicionamentos e, respeitando por um lado os pontos de vista oriundos de cada um desses autores, mas, por outro, buscando articulá-los por meio das relações entre língua, discurso e história, percebe a (des)ordem discursiva como uma *reconfiguração incessante*. Nesse sentido, ele propõe uma aproximação entre a materialidade da língua e a materialidade do discurso, articuladas por meio dos conceitos pecheutiano de interdiscurso e foucaultiano de formação discursiva, além de inserir a noção de "memória discursiva", uma vez que a análise discursiva faz circular enunciações ocorridas em outros lugares e tempos, previamente enunciadas alhures.

> O interdiscurso de uma FD deve ser considerado deste modo, segundo nosso ponto de vista: como um processo de reconfiguração incessante pelo qual se chega ao saber de uma FD – em função das posições ideológicas que esta FD representa em uma conjuntura determinada –, a incorporar elementos pré-construídos produzidos em seu exterior, a produzir sua redefinição ou sua inversão; a suscitar, igualmente, a lembrança de seus próprios elementos, a organizar sua repetição, mas também a provocar sua eventual desaparição, esquecimento, ou inclusive, sua negação. Pode-se considerar o interdiscurso de uma FD, como instância de formação/repetição/transformação dos elementos do saber desta FD, como o que regulamenta o deslocamento de suas fronteiras.[1]

Courtine considera, então, que é na instância do interdiscurso de uma Formação Discursiva (FD) que se pode considerar a formação, repetição e transformação dos elementos do saber dessa FD, o que regulamenta, regulariza, ordena e circunscreve suas fronteiras, havendo, assim, uma nova ordem discursiva.

Dominique Maingueneau, embora se diferenciando de Foucault, Pêcheux e Courtine, também reconhece o funcionamento da (des)ordem discursiva, contudo de outro mirante. Ele a apreende por meio da relação interdiscursiva que se inicia no momento da gênese dos discursos e entende que reconhecê-la como prática discursiva significa compreender os elementos em que a semântica global pode funcionar. Como afirma Maingueneau (2005: 21),

> a unidade de análise pertinente não é o discurso, mas *um espaço de trocas entre vários discursos* (ou posicionamentos) *convenientemente escolhidos*. [...] o interdiscurso [é] o espaço de regularidade pertinente, do qual diversos

> discursos são apenas componentes. Em temos de gênese, isso significa que esses últimos não se constituem independentemente uns dos outros, para serem, em seguida, postos em relação, mas que eles se formam de maneira regulada no interior de um interdiscurso. [...] Todo o discurso, como toda a cultura, é finito, na medida em que repousa sobre partilhas iniciais, mas essas partilhas não tomariam forma sobre espaço semântico indiferenciado. (Grifo nosso)

Desse modo, de acordo com a concepção de Maingueneau, *um espaço de trocas entre vários discursos* [...] *convenientemente escolhidos*, isto é, de discursos que se encontram previamente ordenados nas suas singularidades, é que daria a unidade à temática discursiva, via escolhas analíticas.

Já Roger Chartier, apreende a (des)ordem do discurso sob a ótica de um historiador e pesquisador das práticas culturais, das práticas de leitura e escrita. Vinculando-se ao posicionamento de Foucault dentre outros, Chartier se detém a observar, em *A ordem dos livros* (1999) e em *A aventura do livro: do leitor ao navegador* (1998), as intrínsecas relações existentes entre o modo como a "função autor" foi considerada, a imbricada composição em torno das "confecções" dos textos, os diversos gestos dos leitores frente aos modos como os textos foram sendo produzidos, as diferenças entre a biblioteca como instituição outrora intra e hoje extramuros. No dizer de Chartier, em *A ordem dos livros*:

> Considerar, assim, que toda obra está ancorada nas práticas e nas instituições do mundo social não é, portanto, postular uma igualdade generalizada entre todas as produções do espírito. [...] Parece um pouco precipitado invocar a universalidade do belo ou a unidade da natureza humana para compreendê-las. O essencial encontra-se em outra parte, nas relações complexas, sutis, móveis, enlaçadas às formas mesmas das obras [...] desigualmente abertas às apropriações, aos costumes e inquietações dos seus diferentes públicos. [...] Hoje, o que toda história cultural deve pensar é a paradoxal articulação entre uma *diferença* [...] e as *dependências* [...]. (1999: 9-10, grifo do autor)

Chartier, longe portanto de considerar as práticas culturais da história da leitura e da escrita numa ordem cronológica, busca uma igualdade generalizada entre elas, observa-as sob outra perspectiva, e revê a aparente (des)ordem destas práticas pela via [da] "paradoxal articulação entre uma *diferença* [...] e as *dependências*".

No cintilar desses posicionamentos de Foucault, Pêcheux, Courtine, Maingueneau e Chartier, percebem-se distintas concepções sobre a (des)ordem discursiva, pois se Foucault a viu como *sistema de dispersão*, Pêcheux a entendeu como *deslocamento*, Courtine a vislumbrou como *reconfiguração incessante*, Maingueneau a concebeu como *espaço de trocas entre vários discursos* e Chartier como práticas culturais que revelam *diferenças* e *dependências*.

Essa heterogeneidade de mirantes teóricos, dentre outros que permeiam os capítulos, sobre a ordem/(des)ordem do discurso, fundamentou e fermentou os olhares dos autores convidados para compor esta obra, e tornou possível sua organização em quatro partes.

Na Parte 1, intitulada "Diálogos entre Brasil e França", Jean-Jacques Courtine e Roger Chartier se propõem a pensar a ordem/(des)ordem do discurso em abordagens distintas. Jean-Jacques Courtine, em entrevista concedida a Cleudemar Alves Fernandes, oferece um panorama de como vêm se desenvolvendo os estudos sobre a Análise do Discurso hoje, na França, tendo em vista: seus próprios projetos recentes de pesquisa no campo do discurso; as relações que atualmente se estabelecem nesse país entre historiadores e linguistas; o modo como o legado do pensamento de Michel Foucault se insere nos dias atuais nos estudos universitários franceses, particularmente no campo do discurso; o ponto de vista desse pesquisador sobre a necessidade de ser militante de esquerda para se analisar os discursos. Roger Chartier, em entrevista a Fábio César Montanheiro, volta sua atenção para os dispositivos técnicos de preservação, disponibilização e acessibilidade atual dos textos, bem como sobre a conservação e a atual legislação dos direitos autorais, oferecendo um panorama sobre questões que instigam as relações sobre a história da leitura, dos livros, das bibliotecas e dos leitores.

A Parte 2, denominada "Fundadores de discursividades", busca apresentar focos que especificam teoricamente os estudos da língua, da linguagem e do discurso em suas relações com a história. Inicia-se com o texto de Nilton Milanez e Janaina de Jesus Santos e, a partir das aproximações entre os escritos de Friedrich Nietzsche e Michel Foucault, apresenta discussões relativas à história, à memória, à descontinuidade, ao acontecimento, ao homem comum e à produção de saber. A seguir, Maria Cristina Leandro Ferreira elege interseções entre Pêcheux e Foucault e investiga uma questão central. A partir da proposição/provocação de se falar da (des)ordem do discurso, questiona se não seria o caso de assumir o paradoxo de falar da ordem a partir do lugar da desordem, e se não seria justamente esse caráter instável e paradoxal, mais um fato estrutural incontornável da ordem do discurso. Dando prosseguimento a essa parte, Maria da Conceição Fonseca-Silva inicia a reflexão do seu trabalho com um breve comentário sobre o funcionamento do enunciado na tradição gramatical, na filosofia analítica de Oxford e na lógica clássica para, em seguida, tratar na perspectiva foucaultiana de enunciado, objetos de discurso e domínio de memória na (des)ordem do discurso. Pedro Navarro busca pontuar alguns aspectos que possam indicar as especificidades da ordem discursiva na qual se caracteriza a mídia, fundamentando a discussão em teóricos renomados da Análise do Discurso, visando três perspectivas: a primeira analisa o modo como nos discursos da mídia se processa a articulação entre descrição e interpretação do real; a segunda investiga a relação entre prática jornalística e instituição; e a terceira tem por finalidade discutir as condições de produção da notícia, tendo em vista as formas retóricas da linguagem jornalística. Vanice M. O. Sargentini traça uma reflexão sobre as relações entre a Análise do Discurso e a história, e o faz refletindo sobre três ângulos: o modo como o conceito de história adentrou nos estudos linguísticos, na visada de autores que se inscrevem no quadro de estudos da Análise do Discurso; o modo como em análises apresentadas por esses estudos emprega-se o conceito de história; a maneira de avaliar, no quadro atual da Análise do Discurso, a importância da espessura histórica na análise da discursividade.

Na Parte 3, "Brasil: mostra a tua cara", buscamos agrupar trabalhos que, amparados em sólidas bases teóricas que abordam a relação entre a ordem e a (des)ordem do discurso, apresentam resultados de análises que observam pronunciamentos brasileiros sobre os discursos jurídico, psiquiátrico, político e popular. Maria José R. F. Coracini enfatiza, em seu texto, duas espécies de reclusão: uma a partir do jurídico, outra a partir da medicina psiquiátrica, e sugere a possibilidade de que não haja uma oposição radical entre essas duas ordenações, já que alguns discursos analisados, como os dos menores infratores e o de uma mulher internada em manicômio, apontam que, muitas vezes, o saber psiquiátrico é que determina a prisão ou a liberdade desses reclusos. Roberto Leiser Baronas e Regiana Perpétua Manenti, detendo-se no discurso político, buscam traçar uma análise do tema *corrupção* em programas de governo das eleições presidenciais de 2006 por meio de articulações entre o conceito de *formação discursiva* e o de *semântica global*. Sírio Possenti volta-separa o discurso popular; o *corpus* de análise é composto por textos que pertencem a dois gêneros: canções populares nordestinas e "empulhas" gaúchas, cuja característica principal é o duplo sentido, pois trata-se de textos em que fica muito claro que a língua é destinada ao equívoco.

Na Parte 4, intitulada "Brasil: a nossa tradução", continuamos a agrupar trabalhos que também oferecem um panorama teórico-metodológico entre a articulação da ordem e da (des)ordem do discurso e que, do mesmo modo, apresentam resultados de análises que observam pronunciamentos brasileiros. Contudo, aqui eles se diferenciam dos anteriores, pois apontam para arranjos analíticos que dizem respeito a discursos midiáticos imagéticos, literários e religiosos. Nádea Regina Gaspar centra-se no discurso midiático imagético e procura compreender de que modo os audiovisuais nacionais vêm discursivizando a temática da leitura no século XIX no Brasil, analisando-a em dois filmes e uma novela televisiva. Ane Ribeiro Patti e Lucília Maria Sousa Romão buscam indícios sobre os modos como os filhos e netos de brasileiros envolvidos com o tráfico de drogas se inscrevem no discurso, deixando vazar ou interditar os efeitos do infantil; para tanto, detiveram-se na análise discursiva de algumas mídias como cartuns, um filme documentário, uma reportagem e uma entrevista, ambas impressas. Marisa Martins Gama-Khalil detém-se no discurso literário; ao analisar poemas e poemas-canções de poetas brasileiros, busca demonstrar como os debates sobre a especificidade da palavra literária são frequentes e trazem quase sempre argumentos que apontam para o seu caráter transgressor, para sua tendência ao desordenamento de ideologias sacralizadas e institucionalizadas. Por fim, Edvania Gomes da Silva observa o discurso religioso a partir da retomada do conceito de *interdiscurso*, e diante disso verifica, analiticamente, os distintos posicionamentos de dois movimentos da Igreja Católica brasileira: a Renovação Carismática e a Teologia da Libertação.

Desejamos que os leitores desta obra possam apreender, no fruir da ordem que demos para estas leituras, que a análise de discursos não ocorre por meio de traslados em caminhos seguros e previamente demarcados por fronteiras, mas que os discursos acontecem e se dão a ver por atalhos, sendas, veredas, trilhas que sugerem (des)ordens na ordem previamente estabelecida. Contudo, analisar discursos aponta também, de modos bastante seguros, para novos caminhos, arranjos e ordenações. No dizer de Foucault, em *A ordem do discurso*,

> a Análise do Discurso [...] não desvenda a universalidade de um sentido; ela mostra à luz do dia o jogo da rarefação imposta, com o poder fundamental da afirmação. Rarefação e afirmação, rarefação, enfim, da afirmação e não generosidade contínua do sentido, e não monarquia do significante. (1999: 70)

Entre a (des)ordem dos significantes e a composição de outras ordens discursivas... foi o caminho que este trabalho tomou, desde a sua concepção.

Nilton Milanez e
Nádea Regina Gaspar
Organizadores

Nota

1 "El interdiscurso de una FD debe considerarse de este modo, según nuestro punto de vista, como un proceso de *reconfiguración incesante* en el que se lleva al saber de una FD, en función de las posiciones ideológicas que esta FD representa en una coyuntura determinada, a incorporar elementos preconstruidos producidos en su exterior, a producir su redefinición o su inversión; a suscitar, igualmente, el recuerdo de sus propios elementos, a organizar su repetición, pero también a provocar su eventual desaparición, olvido o inclusive su negación. Puede considerarse el interdiscurso de una FD, como instancia de formación/repetición/transformación de los elementos del saber de esta FD, como lo que reglamenta el desplazamiento de sus fronteras". (Courtine, J.J. *Análisis del discurso político:* el discurso comunista dirigido ao los cristianos. In: Langages, n. 62, 1981, p. 44. (Grifo do autor). Disponível em <http://www.fortunecity.com/victorian/bacon/1244/courtine.html#III2>. Acesso em: 22.5.2009.)

Bibliografia

CHARTIER, R. *A aventura do livro*: do leitor ao navegador. Trad. Reginaldo Carmello Côrrea de Moraes. São Paulo: Ed. Unesp, 1998.

_____. *A ordem dos livros*: leitores, autores e bibliotecas na Europa entre os séculos XIV e XVII. Trad. Mary Del Priori. 2. ed. Brasília: Ed. UnB, 1999.

COURTINE, J. J. *Análisis del discurso político*: El discurso comunista dirigido a los cristianos. Langages, n. 62, 1981, p. 44. Disponível em <http://www.fortunecity.com/victorian/bacon/1244/courtine.html#III2> (acesso em: 22.5.2009).

FOUCAULT, M. *A ordem do discurso*: aula inaugural no Collège de France, pronunciada em 2 de dezembro de 1970. Trad. Laura Fraga de Almeida Sampaio. 5. ed. São Paulo: Loyola, 1999.

_____. *A arqueologia do saber*. Trad. Luiz Felipe Baeta Neves. 5. ed. Rio de Janeiro: Forense Universitária, 1997.

MAINGUENEAU. D. *Gênese dos discursos*. Trad. Sírio Possenti. Curitiba: Criar, 2005.

PÊCHEUX, M. *O discurso*: estrutura ou acontecimento. Trad. Eni Orlandi. Campinas: Pontes, 1990.

PARTE 1
Diálogos entre Brasil e França

Discurso, história e arqueologia
entrevista com Jean-Jacques Courtine

Cleudemar Alves Fernandes (Entrevistador)

Jean-Jacques Courtine

Professor da Antropologia Cultural da Universidade de Paris III-Sorbonne Nouvelle. Autor de várias obras nas áreas de Linguística e de Análise do Discurso, contribuindo na fundação desse campo, por meio de uma estreita colaboração com Michel Pêcheux.

Cleudemar Alves Fernandes: Primeiro, gostaria de saber sobre seus trabalhos acadêmicos mais recentes. Quais são seus projetos em desenvolvimento e quais são suas linhas de pesquisas?

Jean-Jacques Courtine: Gostaria, primeiramente, de agradecer o interesse por meu trabalho e de me congratular pelo diálogo que se estabeleceu com alguns de meus colegas brasileiros e que prossegue para além da especificidade dos projetos e das perspectivas de cada um.

Meus projetos de pesquisa atuais, portanto, e as linhas de pesquisa que os atravessam?...

Poderia mencionar dois projetos. O primeiro consiste no prolongamento de trabalhos anteriormente empreendidos, em colaboração com Michel de Certeau, sobre a história e a antropologia de algumas das formas linguísticas da crença religiosa, em particular sobre a invenção das glossolalias, e também sobre a história da linguística. Esse trabalho me levou a um manuscrito que se encontra hoje num estado, digamos, provisoriamente acabado: *O inconsciente linguístico: línguas imaginárias, vozes interiores e pré-estruturalismo (1850-1920)*. Nesse estudo, examino as condições nas quais apareceram e foram consideradas, na virada do século XX, as primeiras manifestações linguísticas do inconsciente: em Genebra, nos últimos anos do século XIX, deu-se o estranho encontro entre uma jovem médium, Hélène Smith, Théodore Flournoy – fundador da psicologia experimental na Universidade de Genebra –, Ferdinand de Saussure e outros estudiosos, psicólogos ou linguistas. Hélène Smith ouvia vozes e inventava línguas, sobre as quais houve todo um esforço de "tradução", esperando que elas fornecessem a chave de uma linguagem do inconsciente. A partir da releitura atenta das fontes, tento desconstruir essas evidências de época: sob essa vontade obstinada de traduzir as "línguas" de Hélène Smith, se revela uma surdez particular dos estudiosos para compreender que as manifestações linguageiras do inconsciente deviam ser procuradas antes na voz e no corpo do que no suposto sentido das produções linguísticas. Chega-se a essa conclusão com base no exame das interrogações de uma antropologia da voz no espaço cultural e intelectual no Ocidente. É um trabalho que me acompanha há muito tempo, que eu arrasto comigo em minha mente e do qual sei que ainda preciso desvendar, apesar de seu estado relativamente avançado, um fio condutor que me falta encontrar. Deixei-o, portanto, por um instante, no *back burner*, como dizem os americanos.

Mas o projeto mais importante no qual estou atualmente engajado, aquele que me preocupa mais, aquele que está no *front burner*, é uma aventura do mesmo tipo daquela tentada quando nos lançamos, Alain Corbin, Georges Vigarello e eu, na concepção e, depois, na realização da *História do corpo*. O editor, diante do sucesso tanto acadêmico quanto midiático e comercial da obra, nos pediu para empreendermos uma outra síntese histórica coletiva sobre a longa duração. Tinha uma ideia em mente, já há algum tempo, um desses campos históricos, à semelhança daquele do corpo, em que as transformações recentemente sofridas foram consideráveis, de modo que isso convida a explorar, na longa duração, os fundamentos antigos, a base sobre as quais essas mudanças podem verdadeiramente ser apreciadas sob o ângulo da história. Esse campo histórico, aberto já há algum tempo, em particular pela história das mulheres, é aquele do gênero, uma dessas categorias, uma dessas realidades históricas que conheceram, depois de séculos de estabilidade relativa, as maiores transformações. Insisti, por outro lado, junto a meus colegas, para abordarmos a questão do ponto de vista de uma história do sexo "forte", do sexo considerado "dominante", do ponto de vista de uma história dos homens e, mais ainda, do que foi historicamente construído como próprio ao sexo masculino: uma *História da virilidade*. É, portanto, a história do "império do macho" que estamos elaborando, desde sua fundação antiga e medieval, sua consolidação entre o Renascimento e o Iluminismo, sua expansão durante o século XIX, quando aparecem as primeiras fissuras, e sua entrada em crise no século XX, que conduz a um tipo de crepúsculo do pênis no Ocidente.

Compreendam-me: não digo que a dominação masculina deixou de existir, digo que ela se transformou, que ela conheceu um conjunto complexo de desconstruções, de mutações, de restaurações contemporâneas ao longo das quais o poder fálico deixou, parece-me, de estar totalmente encarnado no órgão sexual masculino. Não posso entrar aqui nos detalhes dessas transformações nem na complexidade da questão, contentando-me, talvez, em tornar as coisas um pouco mais precisas nos assuntos que eu mesmo trato diretamente no interior dessa história coletiva.

No volume consagrado aos séculos XX e XXI, dos quais eu me ocupo mais particularmente, abordo um tema ao qual os analistas do discurso, como vocês, deveriam estar sensíveis, já que se trata da questão do gênero no campo da fala pública. Num ensaio que intitulei, em homenagem a Richard Senett, *O declínio do homem público*, tento circunscrever uma mudança de regime "sexuado" da fala pública, mostrando como a eloquência "viril" de ontem, o poder verbal e vocal do tribuno do início do século XX, a vontade de poder e a teatralidade fálica do orador fascista foram progressivamente transformados, devido a todo um conjunto de fatores tecnológicos (o rádio, a televisão), ideológicos (o reforço da democracia), assim como de determinações de "gênero" (a irrupção das mulheres na cena pública). Assistimos, portanto, a uma feminização da fala pública, que afeta profundamente as formas do carisma secular que esperamos do orador democrático, quer seja homem ou mulher: devido a isso, tanto para uns como para outros, estranhos desdobramentos de personalidade, em que se trata, ao mesmo tempo, de "falar viril" e de "falar sensível".

Uma última palavra sobre esse assunto: a resposta que acabo de lhe dar sobre esses aspectos de meu trabalho antecipa algumas perguntas que o senhor vai me fazer a respeito da Análise do Discurso. O senhor pode, com efeito, ver nesse exemplo em que medida as transformações históricas do campo do discurso permanecem, para mim, um objeto de preocupação. Essas questões se situam, entretanto, deste lado da Análise do Discurso, elas exploram suas condições de possibilidade, analisam o que eu havia anteriormente chamado, em *Langages 62*, nem tanto as condições de produção do discurso – que eu então levava à enunciação de uma sequência discursiva determinada –, mas as "condições de formação" do discurso, isto é, o conjunto de condições historicamente pertinentes que determinam a produção, a circulação e a recepção dos enunciados numa formação discursiva concebida como processo histórico de formação do enunciável. Dizer as coisas desse modo me distancia, certamente, do projeto inicial daquilo que foi a Análise do Discurso, mas provavelmente muito menos das noções que Foucault desenvolveu em *A arqueologia do saber*, naquilo que diz respeito à natureza histórica dos processos discursivos. Por outro lado, não estamos mais lá: agora são "mensagens mistas", condensações complexas e fluidas de imagens e de discursos, cujo funcionamento e efeitos convém compreender.

Volto, depois desse parêntese, ao segundo dos temas que eu abordo na *História da virilidade*: nela dei continuidade a uma reflexão, iniciada no começo dos anos 1990, na Califórnia, sobre a construção da imagem do corpo viril. Tinha, então, feito uma história do músculo nos Estados Unidos, mostrando como as longínquas origens religiosas, pastorais do músculo e a redenção moral pelo suor foram convertidas de maneira "weberiana" num mercado e num espetáculo obsedantes da exibição da força viril. Dessa vez, além da glorificação muscular orquestrada por Hollywood, exploro os fundamentos inquietos dessas excrescências e desses desdobramentos fálicos, mostrando os medos masculinos, os quais me parecem constituir a denegação, revelando aí um luto travestido do poder viril e, para finalizar, interrogando os substitutos imaginários, biológicos e tecnológicos (clones, ciborgues, robôs, reduplicações viris...) inventados para conjurar essa perda.

C.A.F.: Na ocasião do I Colóquio de Análise do Discurso, que aconteceu em São Carlos/SP, em outubro de 2006, o senhor afirmou que não é analista do discurso, mas seu nome é constantemente citado como referência para os analistas do discurso. Refiro-me, por exemplo, à noção de "memória discursiva", que o senhor desenvolveu. Gostaria de saber sua opinião sobre esse assunto.

J.J.C.: Estou feliz que o senhor tenha me colocado essa questão, pois eu não gostaria que ela fosse uma fonte de mal-entendidos. Eu lhe dizia, para começar, que me alegro com o diálogo que se estabeleceu entre nós. Esse diálogo, na verdade, se iniciou a propósito da Análise do Discurso e do papel que pude nela representar. Nunca fiz, entretanto, mistério: a Análise do Discurso não se encontra mais no centro de minhas preocupações por razões que expus em várias ocasiões, o que não quer dizer que as transformações históricas do campo da fala pública tenham deixado de me interessar; muito pelo contrário, como tentei expressar ao responder sua primeira pergunta.

Mas o que eu sinto mesmo, hoje, pelo próprio fato desse diálogo continuar, é que seja possível, apesar das divergências que possamos ter, que os trabalhos do qual esse conjunto de pesquisas surgiu – com as quais eu contribuí nos anos 1970 e no início dos anos 1980 ao lado de Michel Pêcheux –, destacavam questões dentre as quais muitas ainda estão vivas, e isso apesar de uma linguagem e estilo teórico, aquele próprio ao marxismo, que não tem mais tanta continuidade hoje. Quanto a isso é possível perceber especificamente que, no Brasil, mas também na França, a reciclagem do discurso político pelas mídias "líquidas", a efemeridade, a brevidade, a metamorfose consumista da fala pública fazem da reconstituição de uma memória discursiva uma aposta ao mesmo tempo teórica e política particularmente importante. Ora, essa questão – articulada àquela das formações discursivas, do interdiscurso, dos pré-construídos – se encontrava bem no centro do dispositivo teórico que nós tentávamos então construir. Sua pertinência me parece confirmada, hoje, pela transformação dos modos de dominação ideológica, cada vez mais fundamentados sobre uma "política do esquecimento". Não uma política do esquecimento como aquela conhecida antigamente no contexto totalitário, feita de censura, de silêncio e de interdição de falar. Muito pelo contrário: uma política do esquecimento por distração, por saturação, por efemeridade e obsolescência quase instantânea das falas, e pela aceleração dos fluxos de informações, a submersão do político no *story-telling* e na imagem. É por isso, parece-me, que as questões que a Análise do Discurso colocava – num outro momento, num outro contexto teórico e político –, e que eu conheci e pratiquei, guardam algo de sua pertinência. É o que torna nossas trocas possíveis e frutuosas hoje. Mas é por isso, também, que a Análise do Discurso deve se reinventar e encontrar as perspectivas e os métodos que lhe devolverão uma influência sobre a materialidade contemporânea, inédita, das discursividades líquidas, quer seja na França ou no Brasil.

C.A.F.: Como está hoje a relação dos historiadores com a Análise do Discurso na França? Há projetos de pesquisa com os linguistas? Quais deslocamentos deverão ser efetuados pelos historiadores que quiserem trabalhar com a Análise do Discurso ou, ao menos, entrar num diálogo teórico produtivo com ela?

J.J.C.: Tenho receio de não ser a pessoa mais indicada para responder essa questão. Não saberia, na verdade, lhe responder pelo ponto de vista daquilo que se passa com o lugar que a Análise do Discurso ocupa na França, pois eu me mantenho cuidadosamente à parte, por razões que tive a oportunidade de expor. Não vou voltar a isso aqui, senão para dizer que o apagamento da história e do político ali reina e que essa Análise do Discurso não tem nada a ver com aquela que ainda hoje se identifica com o nome de Pêcheux. É um contrassenso situá-los na filiação um do outro. Deixe-me dar-lhe um indício suplementar disso, de passagem, que mostra que uma etapa foi vencida: um encontro internacional organizado em Paris (*AADS 2008: Discourse Analysis*

& Social Demand) desfaz-se em fórmulas insípidas de qualquer teorização da relação entre discurso e história ("Desde sua origem, a Análise do Discurso esteve engajada num diálogo com a sociedade", "a relação da teoria [do discurso] com o mundo exterior"), exclui aquela última de seu campo e, para finalizar, dirige uma oferta de serviços àquelas instituições "que, cada vez mais frequentemente, exprimem uma demanda de conselhos, de perícia, de diagnóstico". Livre do pesado fardo da história e do político, eis, então, aquela Análise do Discurso que chegou lá onde desejava chegar há muito tempo, sem o reconhecer, no suculento mercado dos discursos competentes.

O que acontece no campo da história? Aqui eu estou mais apto a lhe responder, particularmente pelo domínio da história que eu pratico, a história cultural, cujo campo, objetos e atores parece que conheço relativamente bem. Estariam estes relacionados com materiais discursivos? O tempo todo. Estenderiam eles suas preocupações em direção à Análise do Discurso? De maneira alguma.

No entanto, convém operar aqui distinções. Não é verdade dizer que todos os historiadores ignoram a Análise do Discurso. Em sua origem, a relação entre discurso e história foi objeto de vibrantes elogios por parte de historiadores, como Régine Robin, e a necessidade de situar o discurso na história material foi continuamente relembrada por Michel Pêcheux, embora de um modo mais encantatório do que por ocasião de trabalhos concretos. Esse caminho foi, entretanto, seguido por alguns, notadamente por Jacques Guilhaumou, que consagrou uma boa parte de seu trabalho em fazer existir uma via para a Análise do Discurso na história como disciplina. Pode-se reconhecer agora, com o devido distanciamento e sem que isso coloque em causa a qualidade do próprio trabalho, que essa orientação foi um fracasso, a Análise do Discurso não "pegou" em história e é provável que essa tentativa, na forma que ela conheceu, permaneça sem futuro.

Há, por outro lado, historiadores que, se não seguiram aquela via, permanecem sensíveis à questão do discurso, particularmente por sua ligação ao pensamento e ao trabalho de Michel Foucault, como Roger Chartier ou Arlette Farge, embora de maneira visivelmente diferente. E, depois, há numerosos teóricos para quem o discurso constitui o ordinário e a massa da documentação da história. Eles dispõem de *savoir-faire*, de modos de leitura e de interpretação dos documentos, textos e arquivos, que fazem parte da bagagem metodológica, do trabalho do historiador, sem que para tanto sintam a necessidade de recorrer aos protocolos de leitura particulares que a Análise do Discurso oferece.

Diria que nisso há apenas más razões. Há, primeiramente, o caso dos estudos que se efetuam na longa duração: é evidente que para quem trabalha sobre um período longo de dois, três ou quatro séculos, as questões discursivas que se colocam não são aquelas que poderiam se resolver ao nível dessa posição aguda e rigorosa sobre a materialidade sintática da língua que a Análise do Discurso incluiu em seu programa. Isso seria simplesmente impossível, pois se encontra em relação com conjuntos discursivos muito mais vastos, bem mais moventes, bem mais heterogêneos do que aqueles em que as noções de pré-construído, o funcionamento das relativas ou ainda da nominalização permitiriam compreender o que quer que seja. Trabalha-se, portanto, num nível de generalidade, de amplitude e de instabilidade dos processos discursivos que não permite isso. Sem contar que, ao longo de três ou quatro séculos, a própria língua pode mudar ao ponto de tornar problemática a própria possibilidade de uma análise linguística.

Eis uma primeira resposta, mas isso não quer dizer que para ciclos mais curtos, para o tempo que se denomina "médio" em história ou para o tempo "curto", aquele do acontecimento, não seja possível inspirar-se, por vezes, em métodos de Análise do Discurso "à antiga". Mas, ainda nesse caso, as coisas não são tão simples. A Análise do Discurso, se ela era utilizada como método pelo historiador, teria lhe fornecido apenas ferramentas parciais. Os textos são, certamente, uma parte importante dos documentos da história, mas somente uma parte da massa do arquivo: listas e tabelas, séries estatísticas, imagens e muitas outras formas documentais; é num tal conjunto de documentos, e ligados a eles por laços que não se poderia ignorar, que a realidade do discurso se apresenta para o historiador. E disso não resulta, evidentemente, nada que não se possa expurgar ou reduzir: perceber a complexidade material da história tem o objetivo de salvaguardar a própria complexidade, a heterogeneidade, a massa de materiais que o passado nos dá e que a constituem.

Tenho receio de acabar, assim, com uma consideração pouco encorajadora, mas não desejo concluir com uma impossibilidade radical e enterrar para sempre a esperança que Pêcheux tinha fundado no elo entre o que ele chamava de "o real da língua" e aquele da história na constituição das materialidades discursivas. Parece-me, entretanto, que, para que se tenha um elo, um diálogo teórico possível entre Análise do Discurso e história, seja preciso, inicialmente, que a história, e com ela a memória, sejam reintroduzidas no programa da Análise do Discurso. Há nisso uma primeira consequência: o analista do discurso deve se tornar historiador do seu domínio empírico, desse segmento de realidade histórica na qual ele recolherá dados que organizará em *corpus*. Dessa maneira, as coisas me parecem muito claras: na ausência de conhecimento histórico suficientemente consistente das "condições de produção" de um *corpus* de dados discursivos, a análise propriamente linguística, formal desses dados não está suscetível de fornecer nenhuma garantia quanto à pertinência da interpretação. Dito de outro modo: ao se ignorar o que é representado historicamente neste ou naquele *corpus* discursivo, a detecção de frases restritivas explicativas ou determinativas, ou ainda o estudo do funcionamento das nominalizações não terão utilidade alguma.

Segunda consequência, ligada à precedente: é preciso experimentar de maneira mais consistente e sistemática a realidade daquilo que se chama pré-construído, interdiscurso, memória e formação discursiva no *corpus* e nas problemáticas históricas verdadeiras; é preciso que se questione o valor heurístico desses conceitos não os colocando à prova de três ou quatro panfletos políticos, enunciados publicitários ou recortes de imprensa, mas colocando à prova materiais históricos amplos, densos, complexos. A mim é igualmente evidente – mais ainda no período em que nos situamos, aquele de correntes de fluxos líquidos e contínuos de informação que combinam textos e imagens – que a Análise do Discurso se condenará à impotência num prazo relativamente curto se ela não se questionar sobre o complexo laço significativo do discurso das imagens.

Eis, parece-me, algumas das condições para que se instaure um diálogo entre os linguistas que escolheram trabalhar a partir da Análise do Discurso e os historiadores. Ou então, simplesmente para que o trabalho de análise dos discursos reencontre, ao mesmo tempo, algo do seu programa original e restitua, novamente, sentido aos protocolos interpretativos que elabora. Mas lhe seria preciso, então, reconhecer algo que não é institucionalmente fácil admitir para uma disciplina satélite da linguística: que o discurso, no sentido pleno da história, "não é um objeto linguístico", ou que é um objeto apenas "parcialmente" linguístico. Sendo assim, os analistas de discurso, que tanto citam o Foucault d'*A arqueologia*, não poderão reclamar de não terem sido advertidos: o enunciado "não é nem sintagma, nem regra de construção, nem forma canônica de sucessão e de permutação"/"o enunciado não é uma unidade do mesmo gênero da frase, proposição ou ato de linguagem".

C.A.F.: Como o senhor vê hoje a presença dos postulados de Michel Foucault nos estudos sobre o discurso? Ela ainda existe?

J.J.C.: Na Análise do Discurso, hoje, parece-me que reina certa confusão, e, por esse estado de coisas, nós, Pêcheux e eu, provavelmente sejamos em parte responsáveis. Afinal foi Pêcheux quem primeiramente aclimatou a noção de "formação discursiva" em seu próprio trabalho, e fui eu que segui suas pegadas, procedendo à transferência, da forma mais sistemática que pude, de várias noções d'*A arqueologia* – enunciado, redes de formulações, domínio de memória – para a Análise do Discurso. Além disso, em seguida, na França, isso foi sendo repetido e simplificado ao sabor dos manuais e dos dicionários, e as coisas se sedimentaram numa "vulgata" difícil de destruir. Essa transferência, no entanto – e pode-se dizer isso com distanciamento –, foi originalmente operada *contra* o próprio Foucault, sob dois aspectos: primeiramente, porque o próprio Foucault tinha se distanciado daquilo que ele desenvolvera em *A arqueologia*; e, em segundo lugar, como acabei de dizer, porque ele tinha, de alguma maneira, tomado a precaução de nos advertir em seu próprio texto que essa transferência não lhe parecia verdadeiramente legítima.

Dessa maneira, a questão que se coloca para a Análise do Discurso poderia ser formulada assim: pode-se ter razão *com* Foucault *contra* Foucault? A resposta para isso ainda deve ser esboçada. O fato de que Foucault tenha podido se distanciar da vertente arqueológica de suas pesquisas, e até mesmo renegá-la, não me parece um problema insuperável. Há, no pensamento foucaultiano, formas de continuidade em que rupturas aparentemente se dão a ver, como já tive anteriormente a oportunidade de dizer. E os textos, uma vez publicados, vivem a sua vida própria, mesmo se eles devam, para isso, escapar às intenções ou aos desejos de seus autores. A segunda objeção, inscrita no coração d'*A arqueologia*, é mais séria, e merece reflexão: o enunciado "não é nem sintagma, nem regra de construção, nem forma canônica de sucessão e de permutação"/"o enunciado não é uma unidade do mesmo gênero da frase, proposição ou ato de linguagem". Dito de outro modo, como eu lembrava anteriormente: o discurso não é um objeto linguístico. Assim, o que eu tinha acreditado poder ignorar, contornar ou provisoriamente suspender na época em que me esforçava em adaptar a perspectiva foucaultiana para a Análise do Discurso, chegou até mim: retrospectivamente, dei razão a Foucault quanto a esse ponto e, certamente, hoje sou mais foucaultiano do que era antes. Tenho, então, tendência de dar razão a Foucault desde que pratico a pesquisa histórica, desde que me imergi, às vezes perdido, no espesso labirinto do arquivo, desde que experimentei a profundidade e a complexidade do material da história, o que não era ainda o caso na época em que eu escrevia o que se tornaria o *Langages 62*.

Refletindo bem sobre isso, entretanto, talvez exista uma saída para este dilema: ela voltaria a dizer que "o discurso é tomado por um objeto linguístico enquanto ele não o é". O enunciado certamente pode ser dotado de propriedades linguísticas, sintáticas, semânticas, textuais, mas isso não faz dele uma unidade do discurso. "[O] que se destaca é uma forma indefinidamente repetível e que pode dar lugar às enunciações mais dispersas". Para isso, é preciso manifestar outras propriedades, não linguísticas, discursivas no sentido próprio da palavra, pois não se poderia confundir o discurso e o texto. O enunciado como átomo de discurso e o enunciado como fragmento de texto não poderiam ser tomados um pelo outro. Disso resulta todo um conjunto de consequências.

Em primeiro lugar, o fato de que a questão do discurso é apenas acessória ou, secundariamente, um problema linguístico. É a partir da reconstrução histórica das formações históricas, e somente a partir delas, que se deixam descobrir essas "formas indefinidamente repetíveis" que são os enunciados. Deixe-me tentar lhe dar um exemplo disso. Há uns vinte anos, Claudine Haroche e eu tentamos compreender, na *História do rosto*, o processo histórico pelo qual, entre os séculos XVI e XVIII, viemos a dar-lhe um sentido individual, subjetivo, cada vez mais sensível à leitura e à expressão das emoções; fizemos aparecer a existência e as transformações do que chamamos um "paradigma da expressão". Esse paradigma da expressão não é redutível a um gênero de discurso já constituído, embora atravesse numerosos tipos de discursos: só se saberia postular sua existência e, eventualmente, reconstituí-lo, a partir de um conjunto muito vasto de textos heterogêneos, uns em relação aos outros, dispersos no interior de instituições distintas umas das outras, disseminados na fala de atores sociais que não sabem que eles o enunciam ao mesmo tempo em que o fazem, até mesmo revelando sua presença em práticas, "técnicas do corpo" que inspira e na qual se encarna. Mas nesses textos, no interior dessas instituições, ao longo dessas palavras, através dessas práticas, esse paradigma deixou traços: nós os encontramos nos manuais de civilidade, nos tratados de retórica, nos "espelhos" dos príncipes, nas artes da conversação e naquelas do silêncio; mas também em livros de medicina, em obras de fisiognomonia. Todos esses livros contêm muitos textos, mas nenhum discurso, no sentido d'*A arqueologia*. Aliás, encontramos também muitos indícios da presença desse paradigma nas representações não linguísticas: imagens, a rica tradição iconográfica que acompanha os tratados de fisiognomonia ou ainda os manuais que ensinam a reproduzir a expressão humana e que as academias colocam à disposição dos pintores; mas ainda gestos, expressões, posturas...

Existe ainda, no entanto, algo que dá a esse conjunto textual e iconográfico, disperso ao longo de três séculos numa miríade de gêneros, de instituições, de locutores e de práticas, uma unidade. Um fio tênue, mas tenaz, que atravessa e tece a tela das palavras e das imagens, um discurso "transverso" indefinidamente repetido, que permite as "enunciações mais dispersas" no interior desse amplo *corpus*: o fio "interdiscursivo", que é aquele da própria formação discursiva, esse *paradigma da expressão* que atravessa as textualidades da época clássica, liga-os, ordena-os, assegura a passagem de um a outro, percebendo, ao mesmo tempo, a unidade e a dispersão de um leque inteiro dos saberes que, entre os séculos XVI e XVIII, vêm exprimir o elo entre o corpo e a alma, a aparência e a interioridade do sujeito. Uma tal formação discursiva não se encontra de maneira alguma em estado natural na superfície dos textos, ela não se confunde com um gênero de discurso que uma classificação de época teria pré-estabelecido, ela não é mais a expressão de um século ou de um período, menos ainda de um autor. Sua configuração de conjunto, a duração de seu desdobramento no tempo, as unidades que a compõem e que correspondem a tantos traços que ela deixa ao longo dos textos e das imagens, tudo isso deve ser construído. Agora, e somente agora, nos encontramos verdadeiramente no domínio do discurso, em sua "arqueologia".

Existem, desde então, unidades mínimas de discurso que se deixam descobrir, que se deixam deduzir dessa construção, que se dissemina e se desloca como tantos traços no interior desse vasto *corpus*. No exemplo que tomamos, essas "formas indefinidamente repetíveis" parecem ater-se à pouca coisa, mas é sua simplicidade, seu próprio minimalismo que asseguram sua repetibilidade, sua surpreendente ubiquidade, que permitem seu deslizamento e sua transferência de texto a texto, de uma instituição a uma outra, de um locutor a outro. Esses enunciados, em sua formulação mais geral, têm a seguinte forma:

X {denota, significa, indica, mostra...} Y, onde X se refere a um traço, um índice, marca ou característica manifestas da aparência exterior do corpo, e Y remete a um caráter, uma tendência, uma paixão, um estado psicológico da alma (como em: "A testa reta denota o homem de bem, o nariz curvo revela o trapaceiro...").

Isso quer dizer, então, que os enunciados obtidos ao final dessa construção, essas unidades mínimas do paradigma da expressão como formação discursiva, tomam aqui a forma de frases simples. Estaríamos em contradição com uma formulação foucaultiana? Seria o enunciado, apesar de tudo, apenas um esquema de frase elementar? De maneira alguma. Primeiramente, porque ele foi obtido ao final de uma construção cuja própria formação discursiva era o objeto, e não em seguida a constatações formais efetuadas ao longo do texto.

Em seguida, porque esses enunciados são suscetíveis a outras formulações possíveis, não linguísticas, equivalentes, no entanto, do ponto de vista do discurso, às formas de sua enunciação verbal. Assim, em *La physionomie humaine* (1586) de Gian Baptista Della Porta, as imagens gravadas da "testa reta" ou do "nariz curvo", assim como as fisionomias que elas distinguem e das quais elas indicam o caráter, não são nada mais do que manifestações enunciativas formuladas numa materialidade diferente, do "mesmo" enunciado. Em outras palavras: o enunciado é apenas "secundariamente" ou "acessoriamente" ou "parcialmente" linguístico. O enunciado e o discurso são tomados por objetos linguísticos enquanto eles não o são.

C.A.F.: Na França, atualmente, Michel Foucault é uma referência no meio universitário e intelectual?

J.J.C.: Ele nunca deixou de ser. Tenho, aliás, o sentimento de ter começado a responder sua questão com aquilo que eu acabo de lhe dizer, que estava inteiramente atravessado pela convicção de que o pensamento de Foucault está muito vivo hoje. Esse pensamento está vivo ao mesmo tempo nos trabalhos que ele continua a inspirar nas ciências humanas, na história e na filosofia, mas ele tem uma presença muito mais difusa. Ele preenche uma função crítica radicalmente necessária ao ponto em que nós chegamos, o das formas de alienação inéditas que o capitalismo produz na era da globalização. Eu gostaria ainda de acrescentar que, para aqueles que, como eu, interrogam o devir contemporâneo do corpo e as formas de assujeitamento que agem sobre ele, a noção de "biopoder" constitui uma intuição muito produtiva quanto à análise das novas forças que, nos limites do direito, da medicina, do genético e do político têm por alvo o corpo individual.

Deixe-me, entretanto, lhe responder quanto à atualidade geral do trabalho de Foucault, mantendo-me aqui o mais perto possível de suas questões sobre o discurso e a história. Acontece que, muito recentemente, dois historiadores, e não dos menores, voltaram-se a essas questões, colocando-as em relação com aquele que foi o projeto foucaultiano de arqueologia. O primeiro é Paul Veyne, grande historiador de Roma e amigo de Foucault, numa obra que saiu em 2008: *Foucault, sa pensée, sa personne*. O segundo é Roger Chartier, em sua aula inaugural da Cadeira *Escritos e culturas na Europa Moderna*, no Collège de France.

Seria preciso aconselhar a leitura da obra de Paul Veyne para todos aqueles que se preocupam com a questão que o senhor acabou de colocar, aquela do uso do termo "discurso" em Foucault. Os dois primeiros capítulos do livro são largamente consagrados a isso. Eu não vou entrar aqui em detalhes da análise, mas sim dizer simplesmente que, se Paul Veyne não desqualifica nenhum pouco o uso da noção, ele insiste, entretanto, nos mal-entendidos que ela ocasionou. Ele indica os deslizes do emprego do termo nos textos de Foucault (este, às vezes, se serve de "discurso" onde aquele utiliza "prática discursiva", "pressuposição", "episteme", "dispositivo"...) e destaca as confusões de que foi objeto um termo "que abusou muito dos leitores": o discurso foi considerado um objeto linguístico enquanto ele não o é, como acabei de tentar dizer. O discurso deve ser compreendido a partir daquilo que Foucault chama de dispositivo, isto é, um conjunto heterogêneo de instituições e de leis, de coisas e de ideias, de atos e de práticas, de falas e de textos, de dito e não dito. "O próprio discurso é imanente ao dispositivo que se modela sobre ele e que o encarna na sociedade; o discurso faz a singularidade (histórica), a estranheza de época, a cor local do dispositivo". É um "terceiro elemento", uma "diferença última" que, para além das palavras e das coisas, "impregna" os elementos heterogêneos do dispositivo que lhe dá uma existência material e histórica.

A atualidade de Foucault está bastante presente na aula inaugural de Chartier, consagrada à revolução das formas que se opera na passagem do escrito à tela. No centro desse processo, Chartier situa uma história das representações que ressoa ecos dos poderes que Foucault empresta ao discurso: "produzidas por distanciamentos que fraturam as sociedades, elas também as produzem". Eu poderia ter dado muitos outros exemplos diferentes: a obra de Foucault ainda impregna o trabalho contemporâneo do pensamento.

C.A.F.: O senhor disse, em "O professor e o militante" que era preciso ser militante de esquerda para ser analista do discurso. Ainda que eu mesmo o seja, eu não compartilho dessa opinião. O que o senhor quis dizer com isso?

J.J.C.: Eu estou contente que o senhor tenha me colocado essa questão, pois ela vai me permitir dissipar um lamentável mal-entendido. O que eu quis anteriormente dizer nesse texto é que a história da Análise do Discurso na França seria incompreensível se não levássemos em conta sua dimensão política: o fato de que, na origem, aqueles que contribuíram para fundá-la eram militantes não apenas de esquerda, mas marxistas, que pensavam que uma certa "política da leitura", apoiada sobre o marxismo e a linguística, permitia levantar os véus que a dominação ideológica punha sobre as formas culturais da vida política e social. E o que eu digo ainda hoje é que a história da Análise do Discurso permanece bem incompreensível se omitimos esse fator determinante para rebaixá-la, como comumente se faz, sobre a simples gênese de um método de análise de textos que teria se desenvolvido no interior da linguística. As origens da Análise do Discurso, nesse tipo de política, seu laço com o marxismo, de forma alguma secundário, mas determinante quanto à forma que ela pôde então tomar, é o fato pouco confessável da história da Análise do Discurso, seu recalque maior, seu segredo de família, seu pecado original. É por isso que insisti nessa questão, por preocupação, de certo modo, com a anamnese. Eu nunca quis, ao contrário, dizer que era preciso ser de esquerda ou marxista para fazer desde e sempre Análise do Discurso. Se esse fosse o caso, tenho muito receio de que hoje, na França, não se conseguiria contar os analistas de discurso nos dedos de uma única mão...

Nilton Milanez e *Janaina de Jesus Santos* (Tradutores)

A leitura e seus suportes
entrevista com Roger Chartier

Fábio César Montanheiro (Entrevistador)

Roger Chartier
Professor-pesquisador na área de História da École des Hautes Études en Sciences Sociales. Autor de várias obras na área de história das práticas culturais e de história do livro e da leitura. Sua reflexão teórica, embasada também nos estudos discursivos, abriu novas possibilidades para pesquisas nesse campo do conhecimento.

Fábio César Montanheiro: Cópia manuscrita, cópia impressa, edição de textos antigos com rigor filológico, microfilmagem, digitalização... Ao longo do tempo o homem sempre buscou preservar sua memória pela reprodução de textos, por intermédio dos dispositivos técnicos disponíveis em cada época. Em cada um desses modos, preservava-se igualmente a ordem do discurso. Em que medida a passagem de um dispositivo para outro interfere na recepção dos textos e não propicia uma desordem do discurso?

Roger Chartier: "Forms affect meaning",[1] escreveu D. F. McKenzie em seu livro *Bibliography and the sociology of texts* (que deveria ser traduzido em português após o ter sido em francês, italiano e espanhol). Nesse sentido, toda transferência de um texto, de um suporte a outro (do rolo ao códice, do manuscrito ao impresso, do impresso ao microfilme ou ao suporte digital), é, ao mesmo tempo, uma possibilidade de conservação do discurso e uma radical transformação de sua forma textual. Ler uma obra antiga em um livro constituído de cadernos, folhas e páginas – que, justamente por isso, torna possível a indexação, a localização, a reunião, em um único objeto, de uma obra inteira ou de várias obras – é uma leitura totalmente diferente daquela da "mesma" obra por um leitor grego ou romano que a encontrava dispersa entre vários rolos, sem dispor de índice e que, além disso, não podia escrever ao mesmo tempo em que lia. O mesmo se verifica no caso da digitalização de livros impressos cujos textos são dados a ler sobre a tela, numa disposição e organização totalmente diferente daquela do códice e que torna impossível, por exemplo, a relação imediata e material entre o fragmento lido ou comentado e a totalidade da obra. Toda transferência de um texto de um suporte a outro deve, portanto, ser imperativamente acompanhada pela conservação e a possibilidade de consulta das formas anteriores desse mesmo texto. Essa observação talvez seja útil numa época em que se desenvolvem projetos ambiciosos, concorrentes e, certamente, necessários para a constituição de bibliotecas eletrônicas.

F.C.M.: Com a utilização das novas tecnologias parece haver, contudo, uma preocupação não apenas com a multiplicação, mas também – senão principalmente – com a acessibilidade. Qual o impacto de toda essa proliferação de textos junto aos leitores? Seria correto estabelecer uma correlação entre grande quantidade de materiais disponíveis e maior dificuldade/complexidade no processo leitor?

R.Ch.: As sociedades sempre foram perseguidas por dois temores contraditórios em relação ao escrito: de um lado, o medo da perda, do desaparecimento, da falta; de outro, o pavor diante do excesso de textos, da multiplicação de livros inúteis, da desordem dos saberes. Foucault situou essa tensão entre a proliferação dos discursos e os procedimentos que visam rarefazê-la em sua aula inaugural no Collège de France, *A ordem do discurso*. Como historiador é possível abordá-la opondo todos os esforços feitos para afastar os riscos da perda (desde a reprodução de textos até a construção de bibliotecas universais) e as técnicas destinadas a controlar o excesso e a ordenar os discursos. A proliferação textual permitida e prometida pelo mundo digital torna essa tensão ainda mais aguda, visto que a própria forma do escrito eletrônico priva o leitor do critério mais fundamental da ordem do discurso, isto é, o elo estabelecido – e por todos perceptível – entre gêneros textuais, objetos escritos e tipos de leitura. A evidência material das diferenças entre o livro, a revista, o jornal, a carta, a ficha etc. é, na cultura impressa, o critério primeiro que distingue os discursos e lhes atribui, ou não, autoridade. A continuidade textual do mundo digital apaga essas distinções e, em consequência, torna mais difícil a classificação dos discursos em função de seu gênero ou de seu estatuto de verdade. Ao permitir a difusão potencialmente universal e imediata dos conhecimentos, a textualidade digital permite, também, a difusão dos erros e das falsificações. Disso decorre a absoluta necessidade de dar aos leitores das novas telas os instrumentos que guiam sua navegação nos arquipélagos textuais do mundo digital.

F.C.M.: Cada vez mais, grandes bibliotecas e institutos de pesquisa vêm disponibilizando em rede obras raras e documentos de seus acervos. Como o senhor avalia a onipresente disponibilidade desses textos, antes intramuros, agora disponíveis inclusive para múltiplos acessos simultâneos e para todo tipo de público, não apenas o especializado?

R.Ch.: Essa disponibilidade exponencialmente multiplicada de acesso aos textos, possibilitada pela conversão digital, é uma oportunidade magnífica para a democratização dos saberes e a presença crescente da escrita na cultura da imagem atualmente dominante. A única exigência do historiador frente a essa formidável promessa é a de trazer à memória que a missão das bibliotecas é também a de conservar, catalogar e tornar acessível o patrimônio escrito em todas as formas, sucessivas ou simultâneas, que ele assumiu. A venda ou a destruição das coleções de jornais impressos do século XIX nas bibliotecas americanas após terem sido microfilmadas é um alerta útil contra a ilusão que faz pensar que todas as formas de um texto têm equivalentes e que, consequentemente, uma vez que certa obra foi preservada em um novo suporte, não é mais necessário conservar nem tomar conhecimento dos objetos que a abrigaram anteriormente.

F.C.M.: O Google Books disponibiliza livros integral ou parcialmente, ou apenas dados bibliográficos sobre eles. Sem se ater ao critério de raridade, o condicionante para esta ou aquela forma de disponibilização recai sobre a vigência ou caducidade dos direitos autorais. Em que medida a veiculação desse material na web pode influenciar mudanças na legislação sobre o *copyright*?

R.Ch.: Não é apenas a digitalização dos livros impressos que coloca com mais intensidade a questão do *copyright*, mas, de forma mais geral, a característica primeira do texto eletrônico, aberto às reescrituras do leitor, móvel e maleável, e permitindo continuamente uma nova composição. O conceito de propriedade literária, que funda o *copyright*, supõe, contrariamente, uma imutabilidade da obra, sempre idêntica a si mesma qualquer que seja sua forma e sempre atribuível a uma criação individual. Disso decorrem as duas possibilidades futuras do mundo digital: ou a imposição à textualidade eletrônica dos dispositivos conceituais e técnicos de fixação e estabilização do texto, condição de sua apropriação e dos direitos autorais; ou, contrariamente, a redefinição de categorias tradicionais da ordem dos discursos, substituindo a noção de propriedade literária e intelectual pela criação coletiva, anônima, contínua do conhecimento ou da ficção. Desde o século XVIII, no mundo do impresso, essas duas perspectivas opuseram os defensores da propriedade dos autores sobre suas obras (Diderot, por exemplo) e aqueles que, como Condorcet, afirmavam a ilegitimidade de toda apropriação individual das ideias.

F.C.M.: Os sistemas de busca computadorizados não se restringem à busca do livro. Eles também favorecem a busca de palavras e termos-chave no interior do texto. Se por um lado isso facilita e agiliza a atividade do leitor na busca e na composição de seu objeto, não levaria, por outro, a uma fragmentação do processo de leitura, na medida em que o livro não é mais tomado como unidade discursiva? Ao adotarmos esse *modus faciendi*, estaríamos diante de uma nova prática de construção do saber – que se assentaria sobre uma, digamos, desordem do discurso – ou diante de uma prática já existente, realizada, porém com novas ferramentas?

R.Ch.: A leitura do texto digital sobre a tela é uma leitura descontínua, segmentada, que se apropria de todos os textos eletrônicos (sites, jornais, revistas, livros) impondo-lhes a lógica de consulta e de utilização dos bancos de dados. Disso resulta esse risco maior que você assinala: aquele de uma fragmentação que não percebe mais os textos como unidades discursivas construídas com uma coerência própria, a da ficção ou a da demonstração. É verdade que, no Renascimento, essa leitura que fragmenta era aquela que fundamentava a técnica e os repertórios dos lugares-comuns, que propunham citações, exemplos ou sentenças totalmente descontextualizadas e prontas a serem reempregadas. É possível igualmente dizer que o códice, com suas folhas separadas, favorece ou supõe uma leitura descontínua que se detém a algumas passagens, que permite folhear as obras, e não obriga a ler o livro em sua totalidade. Mas existe uma grande diferença entre essas duas formas de descontinuidade, a do códice e a da tela do computador. Na primeira, a forma material do livro ou do objeto impresso impõe a percepção da totalidade do discurso; na segunda, o fragmento não está de forma alguma associado à totalidade textual da qual ele é extraído. É por isso que, provavelmente, as obras de referência encontram atualmente, em sua forma digital, um suporte privilegiado, ao passo que aquelas que lemos (como diz Umberto Eco) permanecem mais comumente publicadas e impressas na forma tradicional.

F.C.M.: A biblioteca tende a ter seu acervo transformado em obra de museu?

R.Ch.: Eu espero que isso não ocorra jamais. As coleções manuscritas e impressas das bibliotecas preservam e trazem ao conhecimento os textos do passado nas formas e nos suportes que seus leitores leram ao longo dos séculos. Se desejarmos compreender as obras no interior de sua história particular, se desejarmos que nossas sociedades possam manter uma relação lúcida e dinâmica com o passado, é indispensável que a cultura escrita em sua totalidade e cada obra em particular, em suas múltiplas materialidades, estejam sempre acessíveis e vivas. As funções da biblioteca como instituição que torna compreensíveis as heranças que nos fizeram ser o que somos hoje não desaparecem com o papel, fundamental, sim, que elas devem desempenhar na constituição e na divulgação das coleções digitalizadas. Muito pelo contrário, provavelmente.

Fábio César Montanheiro (Tradutor)

Nota

1 Formas afetam sentido.

PARTE 2
Fundadores de discursividades

Geometria discursiva entre Nietzsche e Foucault

Nilton Milanez
Janaina de Jesus Santos

Diferentes concepções historiográficas dão origem a diferentes conhecimentos históricos, gerando uma dispersão de estudos e uma tensão entre eles. Friedrich Nietzsche, na *Segunda consideração intempestiva:* da utilidade e desvantagem da história para a vida, pensa a história além de exemplificações de formas gerais do ser e questiona o conhecimento histórico e sua busca de objetividade. Michel Foucault apreciou em sua *Arqueologia do saber* uma concepção da história afastada da influência metafísica da filosofia, adotando características das novas ciências sociais. Neste capítulo, levantamos alguns questionamentos para pensarmos história, memória, descontinuidade, acontecimento, homem comum e produção de saber, a partir das aproximações entre os escritos de Friedrich Nietzsche e Michel Foucault. Acreditamos que esse tipo de discussão é pertinente à Análise do Discurso para pensarmos epistemologicamente os lugares de produção de conhecimentos pelos quais passam os sujeitos, que se deixam seduzir e passam a ser guiados, transformando o nosso presente. Face a esse começo monstruoso e inevitavelmente, para nós, imprevisto, estamos diante de uma desordem sobre a qual não podemos medir seu tamanho, suas incongruências ou contornos. Como diria o próprio Foucault (2000a: XII), "seria a desordem que faz cintilar os fragmentos de um grande número de ordens possíveis na dimensão, sem lei nem geometria, do heteróclito".

(Des)ordens e regularidades na ciência e na filosofia

Durante vários séculos, a história esteve vinculada à filosofia, sendo caracterizada pelo idealismo e pela metafísica. No século XIX, a consciência histórica emancipou-se do idealismo e o substituiu pela ciência e pela história. Partindo da consideração da metafísica como impossível, o conhecimento passa a ser apreendido pela sensação, assentado em relações de causa e efeito. Esse positivismo passa a predominar entre os historiadores e inicia-se uma luta contra a influência da *filosofia da história* sobre a *ciência história*. A estruturação do conhecimento sobre bases empíricas positivas levou ao nascimento de uma nova consciência histórica, na qual as diferenças humanas no tempo são enfatizadas e as dimensões objetivas do tempo, passado e presente, são diferenciadas. Como conhecimento das diferenças humanas, a história científica dará ênfase ao evento – irrepetível, singular, individual, único.

A irreversibilidade parece ser uma solução diante de um objeto localizado e datado, imbuído de uma situação espaço-temporal irrepetível, singular: a história científica parece assumir o evento. A ideia de que a história era mera exemplificação de formas gerais do ser ou de leis de eterno retorno foi abandonada, sendo adotado o princípio da individualidade histórica, irredutível a qualquer princípio absoluto. Assim, a história não será uma ciência de leis e essências, pois não há modelos supra-históricos, dados *a priori* que garantiriam a racionalidade e inteligibilidade do processo histórico efetivo. A consciência histórica é finita, limitada, relativa a um momento histórico, o que conduz ao ceticismo quanto à possibilidade de um conhecimento histórico objetivo e universal. Não é um princípio supra-histórico que organiza o processo efetivo, mas sim a própria história que organiza o pensamento e a ação, os quais só são possíveis em um lugar e em uma data determinada entre sujeitos que ocupam lugares moventes.

Inicialmente, a história efetiva tinha um curso racional e a narração histórica pretendia ter a racionalidade do próprio processo. A humanidade, o sujeito universal, tomava consciência de si por meio da narração histórica. Nessa época historicista, esforça-se no sentido de separar *faire l'histoire* de *faire de l'histoire*, procura-se separar o sujeito do conhecimento do seu objeto, visando à objetividade. A história tenta, pois, ser mais empírica e distante de qualquer *a priori* especulativo. Diferenciando do pensamento de Hegel, não se iguala o presente eterno à capacidade do presente atual de reter o passado e antecipar o futuro. A filosofia abole a história quando nega a diferença entre o passado e o presente e reduz as diferenças históricas ao tempo presente do Espírito. A consciência histórica historicista nasce da compreensão desta diferença e da renúncia de procurar a fórmula básica da história do mundo. A busca da objetividade conduz à convicção de que a história não pode ser produzida.

Essa ambição da história científica de se separar da filosofia da história e alcançar uma objetividade parece frustrada ao observarmos traços claros de Hegel e dos iluministas nos historiadores. O historiador é incapaz de abordar o material histórico sem pressuposições e sem ideias filosóficas. O próprio Hegel já mostrava o caráter incontornavelmente subjetivista da história científica. A busca da objetividade por meio do método crítico, considerava Hegel, não tornava a história "crítica". Esse método era utilizado para sustentar pontos de vista gerais, que não nasciam do próprio material histórico, mas do pesquisador que o interpretava e o explicava.

Observamos que, no século XIX, houve um esforço de rompimento com a filosofia, em tentativas de constituição de uma história objetiva e afastamento das formulações universalizantes dos filósofos. No século XX, entretanto, a escola dos *Annales* conseguiu afastar-se da influência metafísica da filosofia, optando pelo apoio teórico das novas ciências sociais e aproximando o conhecimento histórico de um conhecimento cientificamente conduzido.

Heterotopias nietzscheanas sobre história

História e vida, para o filósofo Friedrich Nietzsche, constituem-se mutuamente, abrindo vias para outras questões como sua contraparte na morte e a discussão sobre a própria felicidade. Em sua *Segunda consideração intempestiva*, Nietzsche (2003: 9) compara o animal e o homem, relacionando a percepção de tempo e a felicidade: "[...] em meio à menor como em meio à maior felicidade é sempre uma coisa que torna a felicidade o que ela é: o poder-esquecer ou, dito de maneira mais erudita, a faculdade de sentir-se ahistoricamente durante a sua duração." Questiona-se, pois, como o homem pode viver a história e ao mesmo tempo ser a-histórico. Nietzsche responde prontamente que o animal é sempre a-histórico por não ter noção de presente, passado e futuro; já o homem sofre de uma "febre histórica", que possibilita usar o que passou em prol da vida e de fazer história uma vez mais e, assim, ser impelido para o futuro. O supra-histórico seria o homem que reconheceria a condição de todo acontecimento e, por isso, não se sentiria seduzido a continuar vivendo e colaborando com a história.

Essa introdução nos faz pensar sobre seu objetivo de discutir formas de história como a monumental, a antiquária e a crítica. Descobrimos que ao se referir à história crítica, Nietzsche se posicionava contra esse tipo de atitude, como também o faz em relação às duas outras. Destacamos três pontos que Nietzsche aborda sobre a história monumental: a) negação da história monumental, pois dá voz somente aos célebres, que nela buscam encontrar a fama, ou seja, "a candidatura a um lugar de honra no templo da história onde ele mesmo pode ser uma vez mais mestre, consolador e admoestador" (Nietzsche, 2003: 18-19); b) o apagamento da voz do "homem vulgar" na história monumental; c) a história monumental se debruça sobre "efeitos em si" (Nietzsche, 2003: 23).

Assim, primeiro, de acordo com Nietzsche (2003: 22-23), "[a] história monumental ilude por meio das analogias: através das similitudes sedutoras, ela impele os corajosos à temeridade, os entusiasmados ao fanatismo". Segundo, a história antiquária é caracterizada pela noção de pertencimento que se imprime ao homem, momento em que somos o elo entre o passado e o presente, não tendo como referenciais a irrupção de grandes acontecimentos nem de grandes personagens: "[...] a história pertence em segundo lugar ao que preserva e venera, àquele que olha para trás com fidelidade e amor para o lugar de onde veio e onde se criou [...]" (Nietzsche, 2003: 25). A história transforma-se na história do indivíduo, que se vê na história e se reencontra consigo, mas com um olhar além da vida individual.

> Aqui fica claro o quão necessariamente o homem, ao lado do modo monumental e antiquário de considerar o passado, também precisa muito frequentemente de um terceiro modo, o modo crítico: e, em verdade, este também uma vez mais a serviço da vida. (Nietzsche, 2003: 29)

E, terceiro, com base na história crítica, corremos o risco de fazermos a crítica pela crítica, a crítica em demasia ao passado, sem considerar as contribuições que traz ao presente e ao futuro. A história deve ser a ciência do "vir a ser universal", em que se mesclem o resultado das gerações anteriores e nosso conhecimento, sempre na tentativa de se colocar a serviço do futuro.

Entre história e memória: a (des)ordem da descontinuidade

Para compreendermos essas questões sobre a história, interessam-nos, pois, dois pontos que, em si mesmos, são duas faces de uma mesma moeda: o esquecimento e a memória. Eles estariam intrinsecamente ligados no ponto em que a memória é o lugar da história, sendo que para o homem fazer história é necessário esquecer para viver. Este esquecimento possibilita o *surgimento do novo*, do retorno do mesmo como novo, do seu acontecimento. Assim, segundo Nietzsche (2003: 9), "[a] todo agir liga-se um esquecer". Temos, aqui, portanto, elementos muito conhecidos de nós, analistas do discurso: a constituição de mecanismos de produção da história, a memória que a perpassa e a noção de descontinuidade. Tentemos retomar o fio da meada que nos leva da história descontínua ao cerne do sujeito. Caminhemos.

Nesse sentido, repetimos Jean-Jacques Courtine:[1] "não há história sem memória". A memória parece, portanto, estar no centro para a compreensão do homem e da história. Para Nietzsche (2003: 12): "somente pela capacidade de usar o que passou em prol da vida e de fazer história uma vez mais a partir do que aconteceu, o homem se torna homem". Ao propor o homem atravessado pela história, o filósofo coloca em oposição o homem histórico, o homem a-histórico e o homem supra-histórico: "Que se saiba mesmo tão bem esquecer no tempo certo; que se pressinta com um poderoso instinto quando é necessário sentir de modo histórico, quando de modo a-histórico" (Nietzsche, 2003: 11). Isto é, fazer agir a memória e o esquecimento a partir de um sentido histórico para impulsionar a vida, sendo que tanto o histórico como o a-histórico são constituintes. Para Nietzsche (2003: 9-10), "[...] é possível viver quase sem lembrança, sim, e viver feliz assim, como o mostra o animal; mas é absolutamente impossível viver, em geral, sem esquecimento".

Podemos, nesse percurso, identificar em Nietzsche a noção de descontinuidade discutida por Foucault, que pode ser lida em *As palavras e as coisas*, *A ordem do discurso* e, também, em *A arqueologia do saber*, ou seja, a quebra com a história tradicional, aquela de um *continuum*, da relação de causa e efeito:

> [...] se os acontecimentos discursivos devem ser tratados como séries homogêneas, mas descontínuas umas em relação às outras, que estatuto convém dar a esse descontínuo? Não se trata, bem entendido, nem da sucessão dos instantes do tempo, nem da pluralidade dos diversos sujeitos pensantes; trata-se

> de cesuras que rompem o instante e dispersam o sujeito em uma pluralidade de posições e de funções possíveis. Tal descontinuidade golpeia e invalida as menores unidades tradicionalmente reconhecidas ou as mais facilmente contestadas: o instante e o sujeito. (Foucault, 2000b: 58)

Michel Foucault propõe pensar o cotidiano e a história de modo diferente da proposta da história tradicional: ele pensa as mudanças históricas como processo permeado pela dispersão e descontinuidade, em que todos os sujeitos estão envolvidos. Longe de se interessar pela origem histórica inalcançável, propõe o acontecimento e a ruptura como pontos de discussão "é sempre sobre o fundo do já começado que o homem pode pensar o que para ele vale como origem" (Foucault, 2000a: 346) e, por assim dizer, como a sua própria origem.

Desse modo, os acontecimentos na arqueologia das ciências são acontecimentos que expressam sua finitude para que surja o novo em seu lugar, caracterizado pelo limiar epistemológico que o tornou possível. A arqueologia das ciências humanas marca, portanto, um deslocamento teórico em relação aos estudos da história tradicional e, em se tratando do caráter da descontinuidade, percebe a história nas rupturas e relações sem causalidade entre acontecimentos.

Percebemos, então, a diferenciação entre começo e origem. Para uma arqueologia do saber os fenômenos simplesmente começam em pontos históricos particulares, não se originam em algum lugar que seria como o lugar próprio da sua verdade: um espírito de época, uma mentalidade coletiva ou uma consciência individual. Mas, numa única palavra, um sujeito. O tempo é uma sucessão de descontinuidades, de começos nos já-começados; não é o devir de um pensamento ou de uma razão que, desde a sua origem, se arrasta na evolução lenta e contínua do seu progresso.

É tomar como documento fundamental os enunciados para, por meio deles, perceber as diferenças entre os discursos no tempo em que a arqueologia do saber opera. E de que forma se dá este estudo das descontinuidades discursivas? Ele incide, em essência, sobre os arquivos,[2] na definição particular que Foucault, este novo arquivista, lhes dá: o domínio das coisas ditas. Tal estudo não pretende, à semelhança da história do pensamento, interpretar os enunciados: não se trata de desvendar sentidos ocultos no que está aparente, encontrar não ditos no que está dito. Essa interpretação, invariavelmente, remeter-se à ideia de um sujeito em que residiria a verdade do enunciado. Não é o caso da arqueologia; esta é uma análise. Para Foucault (2000c: 139),

> interpretar é uma maneira de reagir à pobreza enunciativa e de compensá-la pela multiplicação do sentido; uma maneira de falar a partir dela e apesar dela. Mas analisar uma formação discursiva é procurar a lei de sua pobreza, é medi-la e determinar-lhe a forma específica.

A descontinuidade arqueológica problematiza a categoria sujeito. Foucault demonstra que, antes de fonte dos discursos, o sujeito é apenas uma posição ocupada por aquele que enuncia algo. Do mesmo modo, ao rejeitar a linearidade das mudanças históricas, ele evidencia as transformações discursivas que possibilitam novas regras de enunciação. Em outras palavras, essa arqueologia mostra que as condições de possibilidade de uma determinada história, apreendida no nível das transformações discursivas, não dependem de um sujeito. Importante trazer as próprias palavras de Foucault (2000c: 237), que diz: "longe de mim negar a possibilidade de mudar o discurso: tirei dele o direito exclusivo e instantâneo à soberania do sujeito".

Da mesma maneira, uma clareira entre história e saber se acende, relação que se dá a ver constitutivamente. Esses longos laços são firmados por Nietzsche hoje, ao discutirmos o 5° parágrafo de *Segunda consideração intempestiva,* reafirmado por Foucault na introdução da *Arqueologia do saber*, discutida anteriormente. Para Nietzsche (2003: 33), "*O saber histórico irrompe, aqui e ali*, sempre novamente a partir de fontes inesgotáveis, o estranho e incoerente impõem-se, a memória abre todas as suas portas e, ainda assim, nunca estão suficientemente abertas" [grifo nosso]. Evidencia-se aqui um caráter específico do pensamento de Nietzsche, que é justamente o tema da descontinuidade, compreendendo-a como irrupção de acontecimentos, relevando um fenômeno de ruptura. Judith Revel (2004: 68) nos explica:

> O descontínuo nietzschano é, antes de tudo, o registro em que se afirma a singularidade dos acontecimentos contra a monumentalidade da História, contra o reino das significações ideais e das teleologias indefinidas: é a narrativa dos acidentes, dos desvios e das bifurcações, dos retornos, dos acasos e dos erros que "mantém o que se passou na dispersão que lhe é própria". O Nietzsche que interessa a Foucault é primeiramente o das Considerações Extemporâneas [que nós conhecemos como Segunda Consideração Intempestiva], que critica o projeto de uma história que tenha por função "reconhecer, em uma totalidade fechada sobre si, a diversidade enfim reduzida do tempo" [...].

A descontinuidade, portanto, está presente na obra de Nietzsche não somente na discussão e busca pela compreensão da história, mas na fragmentação de sua própria narrativa filosófica, marcada por planos diversos que se sobrepõem, se interrompem, se bifurcam, dispersando-se. Essa dispersão é característica apontada por Foucault na constituição da maneira como nos posicionamos diante da história e do discurso. Isso faz com que a história seja um livro inacabado, um porvir, ou ainda, se preferirem, um devir. A linha quebrada dos questionamentos, marcando o passo da descontinuidade, apresenta-nos uma unidade, um ponto em comum que faz com que relacionemos acontecimentos díspares em momentos diferentes.

Grosso modo, Foucault nos falará de história a partir dos postulados da Nova História, pensando o sujeito em seus microacontecimentos, na sua irrupção e nas emergências históricas que escrevem e nos inscrevem na História. Em Nietzsche, encontramos essa referência quando ele discute sobre a relação a-histórica do animal em relação ao homem: "o animal vive a-historicamente, ele passa pelo presente como um número, sem que reste uma estranha quebra" (Nietzsche, 2003: 8). Resumindo, a história serve para que pensemos a nossa história, aquela intimidade escondida que com o passar do tempo perde seu pudor e se lança publicamente aos olhos devoradores dos homens que buscam compreender, como nós, a si mesmos. E, para aqui finalizar, deixamos nosso sentimento de um sonho incerto, de uma desordem face a essas alteridades temporais e heterotópicas, trazendo mais um lugar para semelhanças, regularidades e ordem das coisas, olhando mais para o mesmo do que apontando para um espaço aberto entre instabilidades e incongruências. Isso porque nosso olhar, sobretudo, recai sobre o homem, o sujeito do nosso tempo, um sujeito do presente.

História como acontecimento

Foucault era um diagnosticador do presente (Artières, 2004) e, assim, inscrevia seu trabalho à sombra de Nietzsche, um dos primeiros a designar essa atividade na filosofia. Foucault queria devolver ao nosso presente suas rupturas e instabilidades, da maneira que sugere Nietzsche. Porém, Nietzsche (2003: 28) mostra isso em seu negativo, ao dizer que "o sentido antiquário de um homem [...] tem sempre um campo de visão maximamente restrito; ele não percebe a maior parte do que existe [...]". Já Foucault concentrava suas preocupações no acontecimento, nas séries dos discursos, nas práticas, nos comportamentos, nas instituições, elementos todos "que se estendem até nós" (Revel, 2005: 20-21).

Esse *nós*, portanto, é situado por Foucault no interior de um presente. Inicialmente, o filósofo tratará *presente* e *atualidade* como sinônimos. Contudo, uma diferença vai se destacar entre o que vem antes de nós, precedendo-nos, mas que continua e o que determina uma ruptura na periodização que nos envolve. Referimo-nos aqui à presença do *novo*, colocado por Nietzsche (2003: 28-29) na *Segunda consideração intempestiva* e também, até onde observamos, em sua *Genealogia da moral* (Nietzsche, 2006: p. 47; §1) "para que novamente haja lugar para o novo", que se dá por meio da atualização dos acontecimentos, retomado, ao nosso ver, por Foucault (2007b: 26), em "o novo não está no que é dito, mas no acontecimento de sua volta". Fica claro, assim, que o que caracteriza a atualidade é o sentido histórico do acontecimento.

Como nosso objetivo é compreender essa discussão no interior da Análise do Discurso, trazemos o conceito de *acontecimento discursivo*,[3] cujo estatuto dá lugar às relações dos enunciados entre si, levando em conta tanto as relações entre grupos de enunciados e as relações entre enunciado, ou ainda, grupos de enunciado e acontecimentos que se insiram em outra ordem. Para Foucault (2000c: 57),

> [...] o acontecimento não é nem substância nem acidente, nem qualidade, nem processo; o acontecimento não é da ordem dos corpos. Entretanto, ele não é imaterial; é sempre no âmbito da materialidade que ele se efetiva, que é efeito; ele possui seu lugar e consiste na relação, coexistência, dispersão, recorte, acumulação, seleção de elementos materiais [...].

Essas relações direcionam a expansão de um espaço no qual se desenvolvem as possíveis interpretações para esses acontecimentos: espaço constantemente aberto para interpretações e sempre propondo atualizações. Da mesma maneira, Foucault sugere o estabelecimento da soma de todas as técnicas de interpretação do social e do homem, que têm sido utilizadas desde o mundo grego. Assim, poderíamos ler a história dos homens e de seus saberes. Efetivamente, somente a interpretação é capaz de dar sentido e consentir o sentimento que nasce da relação da interpretação com a opinião em torno e a partir dos enunciados, produzindo outras interpretações, portanto, outros acontecimentos.

Para finalizar, trazemos antes elementos para serem pensados do que conclusões precipitadas sobre essa intrincada e tão estimável relação. Por isso ainda nos perguntamos: para onde foi a ligação entre a vida e a história? Nietzsche compara a história com uma grande floresta em que a vida vai determinar a forma como será utilizada essa ou aquela árvore da história – as várias formas, métodos, teorias da história e historiografias não passam de árvores dessa floresta que, por sua vez, está no solo fértil da vida de um homem, de uma nação, de um povo, de uma cultura.

A história é para a vida na medida em que possibilita pensar o passado e construir lugar para os homens do futuro, que encoraja esse homem para se lançar no mundo através do conhecimento, viabilizando sua constituição como uma ciência que não se fecha sobre si. A história antiquária cria o pertencimento a um *nós*, estabelecendo ligação entre passado e presente, mas não consegue sair de seu espaço e estabelecer relações com o exterior. Portanto, não produz saber e não constrói o futuro, não validando o conceito de história como uma ciência universal que está por vir. Esse presente é marcado pela vida, com sua unidade, regularidade e dispersão, assim como o discurso, de acordo com Foucault. Então, uma vez mais questionamos: para onde foi a ligação entre a vida e a história? A ligação está na prática da vida, nas *práticas discursivas* (Foucault, 2000c), que nos possibilitam estar com os pés no presente e olhar para a exterioridade, para o passado e o infinito – a partir dos conceitos foucaultianos de unidade e dispersão.

Nessa linha, unidade e dispersão parecem nos colocar diante de lugares opostos para os enunciados, o último como uma desordem, um papel negativo, e o primeiro como uma ordem possível para restabelecer o poder e a unidade das ideias. Mas, os dois fazem parte de um mesmo elemento, o funcionamento enunciativo de momentos, como nos dirá Foucault em *As palavras e as coisas*, cuja desordem ou vaga semelhança restituem uma certa ordem, colocando-se por conta da própria imaginação, o que duplica a representação e como também impede uma verdade analítica no que se refere às identidades e às diferenças das coisas. Por isso, podemos colocar lado a lado os pensamentos de Nietzsche e de Foucault, porque, para além de um sonho, descrevem a desordem de nossos próprios sonhos, de nossas pluralidades como sujeitos no emaranhado das coisas que se assemelham. Essas similitudes arrecadam e reúnem discursos muitos próximos uns aos outros, que se repetem, se recordam, se sobrepõem de maneira a compor uma ordem que começa a compor determinadas arqueogenealogias que nos provocam e despertam o sujeito estrangeiro e arrojado que também nos constitui.

O lugar do homem comum na história

Em a *Segunda consideração intempestiva*, ao pensar as três formas de considerar o passado, Nietzsche problematiza o homem comum nessa relação com o fazer histórico, comparado-o com os homens ilustres. Valendo-se de ironia, diz: "A história diz respeito antes de tudo ao homem ativo e poderoso, ao homem que luta em uma grande batalha e que precisa de modelos, mestres, consoladores e que não permite que ele se encontre entre seus contemporâneos e no seu presente" (Nietzsche, 2003: 19). Esse é o veredicto da história monumental, a história dos grandes feitos e dos grandes homens, em que o valor está em marcar pela força e coragem um "lugar de honra no templo da história" (Nietzsche, 2003: 19), configurando como oposto o homem vulgar, o passeante fraco e sem esperança, fadado à mortalidade.

O homem vulgar é o homem comum, que se alimenta do cotidiano de modo tímido, em relação aos quais os heróis fazem contraste:

> O hábito embrutecido, o pequeno e baixo preenchendo todos os recantos do mundo, fumegando em torno de tudo o que é grandioso como o ar pesado da terra, se lança como obstáculo, enganando, reprimindo, sufocando o caminho que o grande tem de percorrer até a imortalidade. (Nietzsche, 2003: 19)

Foucault, em sua *A arqueologia do saber*, trata das questões da história, rejeitando também essa história monumental, a história tradicional, e destacando, em outro texto, "A vida dos homens infames" (Foucault, 2001), o lugar que os homens comuns têm na construção da história. Portanto, essa relação fama/infâmia cruzam os discursos nietzschianos e foucaultianos.

Assim como Nietzsche, Foucault fala da predominância de discursos que propagam os grandes feitos, os grandes homens, as grandes conquistas em oposição aos discursos que falam do cotidiano e seus homens comuns/vulgares: aqueles servem de modelo a ser fixado ao longo do tempo e seguido por todos, que nunca será totalmente atingido. E a vida íntima, de homens comuns, é materializada por meio de discursos e escritas já destinadas à duração breve, inseridos nas relações de poder que são exercidas sobre o corpo social, em que há uma obrigação de dizer. Trata-se de pessoas de existência obscura, sem grandezas instituídas e valoradas, destinadas a não deixar rastro, assim como a maioria das pessoas. Tudo o que se considera indigno de ser narrado é construído na faixa do ordinário, muitas vezes marcado pela violência, a maldade ou a desventura.

Foucault nos explica que, durante muito tempo, somente os gestos dos grandes homens pareciam merecer ter registro na história e se, às vezes acontecia de o homem comum participar de alguma forma de glória, devia-se isso a algum feito extraordinário, um feito que no cotidiano se destacasse, como se escondesse um segredo a ser desvendado ou que se mostrasse importante de algum modo. Isso só aconteceu quando do choque com o poder. O cotidiano deixa de pertencer ao silêncio, ao rumor que circula ou à confissão. Todas essas coisas que constituem o ordinário, o detalhe sem importância, a vida sem glória, a vida comum podem e devem ser ditas, ou melhor registradas, impressas, colocadas em circulação. Elas se transformam em coisas passíveis de descrição e de transcrição ao mesmo tempo em que estão atravessadas por mecanismos de poder.

Firmamos, então, a posição em que, desde o século XIX, grandes pensadores têm falado sobre a história que privilegia somente um lado da moeda, o dos grandes, e ainda no século XXI, estamos discutindo isso e quiçá outros ainda nem a discutam, tomando a história tradicional como a única verdade. Portanto, tanto a história monumental, a antiquária, quanto a crítica, foram formas de dizer como não se colocar diante da história. Como se posicionar diante dela, então? Fica a questão. Nietzsche (2003: 27) nos deixa claro, em sua *Segunda consideração intempestiva,* que "a história serve à vida e é dominada por pulsões vitais", cuidando e preservando as condições sobre as quais surgiu para aqueles que virão depois, "uma avidez incansável e cosmopolita pelo novo e pelo cada vez mais novo" (Nietzsche, 2003: 27), apontando um borrão na história que dá vazão a narrativas do cotidiano nas quais o ordinário passará a ter o papel principal, mostrando suas vidas singulares e infames. Com isso, fica de lado a ordem de um pensamento clássico, um desconforto diante de um ordenamento que nos parecia natural para dar lugar a uma desordem difícil de capturar, mudando a ordem dos signos e disposições históricas já tão enraizadas. Cai por terra, portanto, a ordem do sistema das regras de sucessão e causalidades, deixando brotar as palavras de dias ordinários e os des(ni)-velamentos do discurso.

O conhecimento: digerir pedras ou produzir saberes?

No final do século XIX, Nietzsche não mais via a vida regendo-se sozinha e sequer via o conhecimento "domesticando" o passado, considerando a fixação de seus contemporâneos alemães em fazer da história uma ciência, mas tomando, sim, o passado para domesticar, dirigir e direcionar o presente. Em meio ao historicismo e ao cientificismo positivista, o filósofo pondera que pensamos e existimos não porque fazemos ciência, mas fazemos ciência porque pensamos e existimos, dando novo alento à vida e ao homem que vive e faz história.

Esse cientificismo é criticado por Nietzsche ao afirmar que o saber não deve ser enciclopédico, sendo *per si* cumulação interior: "[...] o homem moderno arrasta consigo por aí uma massa descomunal de pedras indigeríveis de saber" (Nietzsche, 2003: 33). Assim, Nietzsche levanta algumas questões em torno do saber e do conhecimento, fazendo uma crítica contundente (e por que não dizer atual) sobre os vários "saberes" que não mantêm nenhuma relação com o conhecimento; pelo contrário, são pedras de saber que, engolidas inteiras, sem "mastigação", causam indigestão.

Esse homem moderno estaria, então, marcado como o herdeiro do passado, acumulando conhecimento sobre várias culturas ao longo de vários séculos, mas sem se envolver, sem relacionar os saberes, sem aprofundamento. Segundo Nietzsche, o homem moderno é detentor apenas do saber enciclopédico, sem conseguir se apropriar dele.

> O saber, consumido em excesso sem fome, sim, contra a necessidade, não atua mais como um agente transformador que impele para fora e permanece velado em um certo mundo interior caótico, que todo e qualquer homem moderno designa com um orgulho curioso com a *interioridade* que lhe é característica. (Nietzsche, 2003: 33)

Estaríamos, como disse Nietzsche (2003: 41), "viciados em história"? O problema nisso tudo é que estamos preocupados em elencar seus fatos, desconsiderando a história e o seu princípio fundamental que é o acontecimento. Por isso, o pensador afirma que o homem moderno vive a saturação exacerbada da história. Isso é compreensível se entendermos que o homem se colocaria diante da história de maneira a mantê-la intacta, reforçando-a pelas personalidades célebres que a sustentam. Novamente a discussão gira em torno da produção de saber, ou seja, o homem moderno reproduz o saber que incorpora, sem considerar suas posições e lugares que nela ocupa.

Chama-nos a atenção, portanto, o não questionamento de uma posição, dizendo que a eleição de um fato exclui outros e traz, assim, consequências e intervenções cujas fronteiras precisam ser determinadas. Nietzsche diz:

> Suponhamos que alguém se ocupe com Demócrito, então a pergunta sempre fica para mim na ponta da língua. Por que não Heráclito? Ou Fílon? Ou Bacon? Ou Descartes? – e assim por diante, arbitrariamente. E, então: porque justamente um filósofo? Por que não um poeta, um orador? E por que em geral um grego, por que não um inglês, um turco? (2003: 45)

Foucault compreenderá esse pensamento nietzschiano por meio do questionamento: por que este e não outro enunciado em seu lugar? Ou, citando Foucault, em *A arqueologia do saber*: "Mas entre eles, que relações existem? Por que esta enumeração e não outra?" (Foucault, 2000c: 49). Ao considerarmos as intervenções de Nietzsche e Foucault, tomamos os discursos e a história que os determina como irrupção de acontecimentos, "numa pontualidade e dispersões temporais que permitem que o discurso se repita, seja sabido, esquecido, transformado ou até mesmo apagado de nossos olhares" (Milanez, 2007: 78). Isso converge para a ideia, do lado de Nietzsche, de que o homem trata a história como algo "da qual nada surge a não ser histórias" (2003: 43), excluindo dela a noção de acontecimento que lhe é intrínseca; já do lado de Foucault, temos a noção de acontecimento enunciativo:

> Relações entre os enunciados (mesmo que escapem à consciência do autor; mesmo que se trate de enunciados que não têm o mesmo autor; mesmo que os autores não se conheçam); relações entre grupos de enunciados assim estabelecidos (mesmo que esses grupos não remetam aos mesmos domínios nem a domínios vizinhos; mesmo que não tenham o mesmo nível formal; mesmo que não constituam o lugar de trocas que podem ser determinadas); relações entre enunciados ou grupos de enunciados e acontecimentos de uma ordem inteiramente diferente (técnica, econômica, social, política). Fazer aparecer, em sua pureza, o espaço em que se desenvolvem os acontecimentos discursivos não é tentar restabelecê-lo em um isolamento que nada poderia superar; não é fechá-lo em si mesmo; é tornar-se livre para descrever, nele e fora dele, jogos de relações. (Foucault, 2000c: 32)

Podemos ver na discussão de Foucault a ideia de acontecimento por meio da qual Nietzsche queria ver a produção histórica, uma história que tornasse "qualquer personalidade *livre* (Nietzsche, 2003: 43). Para Foucault, uma história compreendida como acontecimento discursivo, que se torna, como lemos acima, "livre para descrever, nele e fora dele, jogos de relações". Enfim, delineiam-se caminhos que se inserem no âmbito da maneira como produzimos uma forma de pensar, que gera outras formas de compreensão, interpretação, ou seja, saberes, em torno de nossa ação na escrita da história.

Por isso, concordamos com Foucault (2002: 26) mais uma vez, ao dizer que há "sempre no conhecimento alguma coisa que é da ordem do duelo e que faz com que ele seja sempre singular". Ou seja, ao tratarmos de práticas cotidianas, um estudo científico ou uma conversa no fim do corredor, enfrentamos lugares e posições que nos colocam em um ringue enunciativo, que alavanca certa identidade para o sujeito que o destaca em sua singularidade pelo trabalho desenvolvido em sua produção de saber.

Geometria de ordens dos discursos?

Quando pensamos na geometria dos estudos de Nietzsche e Foucault, visamos tratar de conceitos iniciais com o objetivo de pensar nossos objetos de estudo no interior da Análise do Discurso. Acreditamos ter estabelecido um plano de ângulos, descontinuidades temporais e discursivas que apresentam lugares e espaços diferentes, mas que antes de um descompasso, produzem uma desordem na produção dos conhecimentos, porque tocam espaços discursivos díspares, trazendo composições para o surgimento de enunciados que estudam o lugar do *novo*.

Identificar acontecimentos discursivos ou tomá-los como objetos de estudo nos colocam diante da ausência de lei ou geometria, como já nos alertou Foucault, reafirmando heterogeneidades que vêm com a força de uma ordem e um encadeamento ao mesmo tempo científico e filosófico. Com isso, ficam-nos claros os intrincamentos dos olhares fugazes entre Nietzsche e Foucault, ao ouvirmos que é

> por essa massa de coisas ditas, pelo surgimento de todos esses enunciados, por tudo o que neles pode haver de violento, de descontínuo, de batalhador, de desordem também e de perigoso, por esse burburinho incessante e desordenado do discurso. (Foucault, 2000b: 50)

Isso nos mostra que o saber se organiza segundo bases incontroláveis que, neste caso, buscou acenar a forte posição filosófica que envolve os trabalhos de Michel Foucault para a Análise do Discurso, dando-nos a oportunidade de investigar esta disciplina sob solos arqueológicos que poderiam trazer novas compreensões e abrir vias para outros lugares que permitissem revolver e repensar os canteiros da Análise do Discurso.

Estamos cientes das ausências e incompletudes propostas pelo nosso próprio recorte, mas, antes de tudo, gostaríamos de dar um lugar à Friedrich Nietzsche como espaço discursivo a ser investigado para a compreensão de nossos objetos de estudos. Procuramos, portanto, na ânsia das relações de enunciados possíveis, vislumbrar espaços heterotópicos por meio dos quais irrompe o sujeito em meio às suas palavras e imagens que o compõem no seio de sua sociedade disciplinar e nas fronteiras das disciplinas que atravessam a Análise do Discurso no Brasil.

Notas

1 Palavras proferidas por Jean-Jacques Courtine por ocasião dos encontros que antecederam o I CIAD – I Colóquio Internacional de Análise do Discurso, ocorrido na UFSCar, em 2006, em São Carlos, durante as problematizações sobre "A normalização do corpo anormal".

2 Serão frutuosas as observações e a leitura acurada encontradas em: Vanice Sargentini, "A descontinuidade da História: a emergência dos sujeitos no arquivo". Em: Pedro Navarro e Vanice Sargentini (orgs.), *M. Foucault e os domínios da linguagem*: Discurso, poder, subjetividade, São Carlos, Claraluz, 2004, pp. 77-96.

3 Para aprofundar a leitura sobre essa questão, sugerimos Pedro. O acontecimento discursivo e a construção da identidade na História. Em: Pedro Navarro e Vanice Sargentini (orgs.), *M. Foucault e os domínios da linguagem*: Discurso, poder, subjetividade, São Carlos, Claraluz, 2004. Uma resenha desse livro feita por Cleudemar Alves Fernandes está disponível no endereço http://www.revel.inf.br/site2007/_pdf/8/resenhas/revel_8_resenha_de_michel_foucault.pdf.

Bibliografia

ARTIÈRES, P. Dizer a atualidade. O trabalho de diagnóstico em Michel Foucault. In: GROS, F. (org.). *Foucault*: a coragem da verdade. São Paulo: Parábola, 2004, pp. 15-37.

FOUCAULT, M. *As palavras e as coisas*: uma arqueologia das ciências humanas. Trad. Salma Tannus Muchail. São Paulo: Martins Fontes, 2000a.

_______. *A ordem do discurso*. Trad. Laura Fraga de Almeida Sampaio. São Paulo: Loyola, 2000b.

_______. *Arqueologia do saber*. Trad. Luiz Felipe Baeta Neves. Rio de Janeiro: Forense Universitária, 2000c.

_______. La vie des hommes infâmes. In: DEFERT, D.; EWALD, F. (orgs. com a colaboração de Jacques Lagrange). Paris: Quarto; Gallimard, 2001.

_______. *A verdade e as formas jurídicas*. Trad. Roberto de Melo Machado e Eduardo Jardim Morais. Rio de Janeiro: NAU, 2002.

Milanez, N. A escrita do corpo: fios e linhas do jogo escriturístico na revista. In: Fonseca-Silva, M. C.; Possenti, S. (orgs.). *Mídia e rede de memória*. Vitória da Conquista: UESB, 2007, pp. 77-91.

Nietzsche, F. *Segunda consideração intempestiva*: da utilidade e desvantagem da história para a vida. Trad. Marco Antônio Casanova. Rio de Janeiro: Relume Dumará, 2003.

______. *A genealogia da moral*: uma polêmica. Trad., notas e posfácio Paulo César de Souza. São Paulo: Companhia das Letras, 2006.

Revel, J. O pensamento vertical: uma ética da problematização. In: Gros, F. (org.). *Foucault*: a coragem da verdade. São Paulo: Parábola, 2004, pp. 65-88.

______. Atualidade. *Foucault*: conceitos essenciais. Trad. Nilton Milanez e Carlos Félix Piovezani. São Carlos: Claraluz, 2005, pp. 20-1.

Pondo desordem na ordem... um paradoxo?

M. Cristina Leandro Ferreira

Antes de mais nada, declaro que aceito com gosto, ainda que com algum receio, a proposição/provocação de falar da (des)ordem do discurso. Ou seja: assumir de vez o paradoxo de falar da ordem a partir do lugar da desordem. Não seria talvez esse caráter instável e paradoxal, aliás, mais um fato estrutural incontornável da ordem do discurso?

Mas falar em ordem do discurso pressupõe que se fale antes de sua desordem, isto porque nos situamos no espaço deslizante, mutante e, por vezes, periclitante, das coisas não logicamente estabilizadas. Aquele universo, de que nos falava Pêcheux, que abarca os sentidos, mas também o sem-sentido, ou ainda, se preferirmos, os sentidos do não sentido. O fato de pressupor a desordem não elide, contudo, o estatuto da ordem, conceito que integra o complexo quadro teórico da Análise do Discurso.

Pretendo trabalhar com esse conceito de ordem/desordem como bússola, e não, como ponto fixo no mapa do discurso, até porque é sempre bom cuidar "para não cortar os pés do paciente, porque eles não cabem na teoria", como advertiria algum psicanalista.

Do mesmo modo que se costuma pensar no discurso como lugar de reflexão, isto é, instância de produção de sentidos em cuja materialidade se confrontam o linguístico e o ideológico, podemos considerar o dispositivo teórico da Análise do Discurso como "lugar de observação", funcionando como um observatório do discurso, o qual tornaria visíveis as propriedades do discurso.[1] Proponho uma reflexão sobre esse lugar privilegiado de observação dos fenômenos da linguagem, investigando agora o estatuto da ordem, sua pertinência e compatiblidade ao campo discursivo.

Remontando a Foucault...

Para falar de ordem *do discurso* é preciso fazer referência a Foucault, que consagra essa expressão em seu texto, apresentado no Collège de France, em sua aula inaugural. E para situar Foucault numa discussão que concerne à Análise do Discurso francesa, é imperativo que se trace brevemente o ambiente vivenciado na época – entre o fim dos anos 1960 e o início dos anos 1970.

As relações entre foucaultianos e pecheutianos costumam se moldar por uma sensação de *estranhamento* e *familiaridade,* na linha mesma da noção psicanalítica, tal como trabalhada por Freud, em seu texto "O estranho" (*Das unheimlich,* 1919). Desse modo, é possível perceber que *a experiência do estranho* que perpassa esses dois autores parece indicar um momento de ruptura na trama por ambos tecida. Alguns movimentos ambivalentes de acolhimento e rejeição pontuam certas teses ardorosamente defendidas pelos epígonos de cada um dos autores, confirmando o argumento de que "o estranho provém de algo familiar que foi reprimido e que retorna", como dizia Freud (1919). Esse lado "estrangeiro", entre Michel Foucault e Michel Pêcheux, que os afasta e os irreconcilia, emerge junto com o lado "familiar", que os aproxima e, amistosamente, os acumplicia.

Foucault e Pêcheux não eram dois desconhecidos. Muito ao contrário. Foram pesquisadores contemporâneos, fortemente carismáticos, que exerceram grande influência em uma legião de pensadores das ciências humanas, afetando, sobremodo, filósofos, historiadores, linguistas, psicanalistas, sociólogos e antropólogos. Compartilharam, assim, um mesmo espaço acadêmico, intelectual e político, em um momento de intensa e febril discussão de paradigmas novos que deveriam subverter a lógica complacente da estrutura institucional então vigente na cena francesa.

Entre eles há diferenças profundas e irredutíveis, como o aspecto da militância política, que ia além do embate teórico, sem estar, contudo, dele dissociado. Para Pêcheux sempre esteve presente que a construção de um corpo teórico-metodológico, como o da Análise do Discurso, era uma forma aberta e direta de intervenção na vida política e intelectual da sociedade francesa. Já Foucault parecia inclinar-se por outra forma de atuação não tão institucionalizada nem definida por estamentos rígidos.

Mas há também, entre eles, paradoxalmente, noções em comum que insistem em se distinguir. A primeira delas, e a mais referida pelos analistas do discurso, é a de *formação discursiva.* A noção certamente tinha um caráter de retomada epistemológica que interessava a Pêcheux, já enredado nas suas estratégias de constituição de um dispositivo teórico para analisar o discurso que rompesse com o vezo conteudista que predominava (e ainda predomina) nas ciências sociais. Esse ponto de ancoragem comum não serviu, todavia, para aliar os dois filósofos no embate comum em torno do campo discursivo.

Se não eram *desconhecidos*, Foucault e Pêcheux não eram também propriamente *íntimos*. Havia um *estranhamento* declarado entre ambos que pode ser lido de várias perspectivas. Uma delas se dá pelo viés da psicanálise, que nos propõe o reconhecimento desse *estranho* como *efeito de nossa própria constituição*. Ou seja: haveria uma forma de leitura da subjetividade que nos permitiria interpretar esse *estranhamento* entre os dois, como sintoma de questões essenciais que os afetavam e que estavam longe de serem resolvidas.

Pêcheux, mais especificamente, nunca escondeu o fascínio que tinha pelo colega, proporcional ao incômodo que suas ideias nele produziam. O viés da política e do político, tão acentuados e valorizados por Pêcheux, certamente, estavam no centro desse *mal-estar*.

Estranhos *entre* si e estranhos *em* si mesmos, assim pode-se resumir o modo como se dava o (des)encontro entre ambos. É possível, portanto, nessa relação, detectar marcas de estranhamento que passam pelas questões externas, de cunho teórico, representadas por noções-chave, como *sujeito*, *ideologia e poder*, e marcas de estranhamento, que passam por questões internas, que se instalam no sítio mais recôndito da morada do ser, como o *inconsciente*. Ao destacarmos a noção freudiana de *estranho, como aquilo de mais íntimo que nos habita, o desconhecido que mora em nossa casa,* pretendemos relacioná-la a uma afirmação atribuída ao próprio Foucault, como sendo *um forasteiro de si mesmo*. O próprio Foucault, portanto, ao que parece, vivenciava esse lado estrangeiro, não só em relação aos outros e à sociedade, mas, também, em relação a si mesmo.

A discussão proposta por Foucault para falar da *ordem do discurso* é compatível com a paixão assumida por ele por outro conceito: *o sistema*.

O sistema como objeto de paixão

A noção de *sistema* traz em si marcas de uma herança estruturalista que insiste em não ser apagada. O sistema faz acionar sentidos que apontam para a eterna tensão entre a sobredeterminação e a escolha livre, pois assinala o lugar da demarcação regulada dos limites e também o espaço da transgressão consentida, das brechas dentro desses mesmos limites. Em Saussure, o termo pressupõe um princípio organizacional e um caráter de totalidade, garantidos pela *estruturalidade* da língua, enquanto sistema de signos inscrito na ordem da consistência e da completude.

Foucault (apud Coelho (org.), s.d.), ao analisar a geração de Sartre, a considerou "corajosa e generosa", afirmando que ela tinha "a paixão da vida, da política e da existência". Já a sua geração havia descoberto outra coisa, uma outra paixão: a paixão do conceito e do que ele denominaria *sistema*. Para Foucault, o sistema preexiste ao próprio homem e ao próprio pensamento e a muda conforme as épocas e as sociedades, mas está sempre *presente, sempre já-lá,* poderíamos acrescentar. Diz ainda Foucault (s.d.: 32):

> A tarefa da filosofia atual [...] é a de pôr a claro esse pensamento de antes do pensamento, esse sistema de antes de todo o sistema... Ele é o fundo donde o nosso pensamento *livre* emerge e sobre o qual cintila durante um instante...

No bojo do estruturalismo, reinante nas décadas de 1950 a 1970, foi-se desenvolvendo o que Pêcheux considerou, em um de seus últimos escritos, uma certa inclinação do movimento que o levava a cair numa "nova forma de narcisismo teórico, o narcisismo da estrutura" (1990: 46). É interessante e, de certa forma, paradoxal essa advertência, já que ao longo do percurso triunfal dos estruturalistas, à custa de padronizar a língua e normalizar o sujeito, acabou resultando, precisamente, o caráter antinarcísico do movimento. E disso dão testemunho as diversas *feridas narcísicas* que assinalam os principais momentos da história da cultura ocidental.[2]

É Foucault que, em *As palavras e as coisas*, define o movimento estruturalista, "não como um método novo, e sim como a consciência desperta e inquieta do saber moderno". E para os rumos desse *saber moderno* importava rechaçar o vago psicologismo então predominante e fundamentar suas bases na legitimidade do pensamento científico.

O próprio Pêcheux (1990: 43) reconhece que o estruturalismo (tal como se desenvolveu particularmente na França dos anos 1960, em torno da linguística, da antropologia, da filosofia, da política e da psicanálise) pode ser considerado uma tentativa antipositivista, visando a levar em conta este tipo de real, sobre o qual o pensamento vem dar, no entrecruzamento da linguagem e da história.

Mesmo crítico em relação ao estruturalismo vigente, que encantava e dominava largo espectro das ciências humanas, Pêcheux não fica alheio às construções teóricas feitas por alguns dos principais pensadores estruturalistas, como Althusser, Lacan, Derrida, Barthes e o próprio Foucault.

Essas mesmas noções, a estrutura entendida como sistema, e o acontecimento, entendido como historicidade, vão ser peças-chave na compreensão do pensamento foucaultiano, em mais um ponto que toca os dois filósofos. Ainda que haja diferenças marcantes no modo como eles as definiam.

O caráter sistêmico da noção de estrutura

É Claude Lévi-Strauss, um dos principais artífices fundadores do estruturalismo, quem traz uma definição de *estrutura*, onde aparece a remissão a *sistema*. Uma *estrutura* oferece "um caráter de sistema, que consistiria, assim, em elementos combinados de tal forma que qualquer modificação num deles implicaria uma modificação de todos os outros" (Coelho, s.d.: XXI).

Pode-se entender, então, que a estrutura estaria de tal forma integrada ao sistema que funcionaria como um verdadeiro eixo de sustentação, fazendo as vezes de um arcabouço interno a conferir-lhe um efeito de completude e homogeneidade. Por essa concepção de *estrutura concebida como sistema,* só há espaço para uma estrutura tida como *fechada, estável e homogênea,* pois só assim estariam asseguradas as relações de solidariedade e harmonia requeridas pelo bom funcionamento do sistema.

Roger Bastide organizou, nos anos do apogeu do estruturalismo na França, um colóquio sobre o uso e o sentido da palavra *estrutura*, onde aponta a origem do termo no latim, designando o modo como um *edifício* é construído. Esse sentido vai desdobrar-se em duas direções: a ideia do *corpo* como construção (anatomia) e a ideia da *língua* (e, portanto, de um texto ou de uma obra literária) também como construção. Segundo Bastide, é a partir de 1930 que se dá a grande voga da palavra *estrutura*, devido a vários fatores.[3]

É contra essa concepção de estrutura, forjada pelo estruturalismo, que se voltam os intelectuais liderados por Pêcheux, no final da década de 1960. Isso porque essa estrutura, assim guindada ao centro das atenções, representava um todo estável, fechado e homogêneo, que não admitia a falta, não dava lugar para a incompletude, nem abria espaço para a diferença. Portanto, a estrutura do estruturalismo não servia às pretensões dos analistas do discurso.

Mas e a estrutura em si, não valeria ser ressignificada para vicejar com força no território do discurso sob novas bases e com distinta especificidade?

Presença do sistema na teoria de Michel Pêcheux: a grande virada

Pêcheux pensou a *língua*, o *sujeito*, a *ideologia* e o próprio *discurso*, enquanto *estruturas* distintas da concepção reinante sob a grade estruturalista. E isso porque tais noções são compreendidas por Pêcheux, como *sistemas* cujas fronteiras não são fechadas e cujo princípio de organização não está no centro.

Assim, dá-se um descentramento da estrutura, na linha do pensamento de Derrida: a estrutura estaria presente apenas como um de seus efeitos (*efeito de estrutura*) e seu fechamento funcionaria como *efeito de uma ausência*. O que antes não cabia na ordem do sistema, dado seu caráter de totalidade, consistência e completude, passa agora a ser constitutivo de sua estrutura.

Assim como Derrida, Lacan também se refere ao descentramento do sujeito. Ao construir o célebre aforismo de que "o inconsciente está estruturado em linguagem", admite que a linguagem com sua estrutura preexiste à entrada nela de cada sujeito num dado momento do seu desenvolvimento mental. Dessa forma, o sujeito não está no centro de si mesmo e tampouco é a fonte do sentido; e o lugar onde está não tem centro, mas é uma *estrutura*. Importante acentuar que esse caráter antecipatório e determinante da *linguagem* em relação ao sujeito, aproxima-se, como já vimos, do que Foucault entendia por *sistema*.

São visíveis as consequências da entrada em cena dessa singular noção de *estrutura* – enquanto sistema – na concepção de *língua* dos analistas do discurso, que passam a considerar, então, como estruturais fatos linguísticos tidos sempre como marginais. Com isso, se eliminaria a falsa polêmica de uma visão concêntrica de língua que comportaria um núcleo, as margens e um exterior. Na esteira dessa mudança, a língua passaria a considerar como *estruturais* fatos linguísticos como os do equívoco. Tem-se aí, materializado, o sistema com suas possibilidades de "furo", o sistema que deixa ver algo que se presentifica, ao perturbar sua ordem.

Nas acepções de real com que trabalha a Análise do Discurso – *o real da língua, o real do sujeito, o real da história* – estão presentes o traço da incompletude e da não sistematicidade. Portanto, ainda que preservando a noção de *sistema* e de *estrutura* no quadro teórico do discurso, vai se dando uma alteração dessas noções no modo como eram empregadas no estruturalismo. Isso se deve, em parte, ao atravessamento da psicanálise, levando em conta as *faltas* e as *falhas* da estrutura; e ao trabalho da ideologia, com seu ritual de assujeitamento, também não isento de falhas. Por essas brechas e por essas bordas, entra em cena o *equívoco, o sujeito do inconsciente* e a *contradição*, enfim, as materialidades do próprio discurso. Em *Discurso: estrutura ou acontecimento?*, Pêcheux assume de vez o *caráter estrutural do discurso,* e rende-se também ao sistema, ao conceber o discurso como *um sistema ao qual se acessa e ao qual se desvela por suas falhas.*

O *sistema* discursivo e a ordem do discurso

O *sistema discursivo* apresenta os traços comuns atribuídos ao termo pelo estruturalismo, como *organização*, *arranjo*, *solidariedade* e *regularidade*. É pertinente, por isso mesmo, lembrar a conhecida metáfora do jogo de xadrez associada à concepção de sistema, em que uma peça do jogo só vale integrada no conjunto das demais peças. A noção de valor saussuriano, como se vê, continua indispensável e fundamental para se compreender o funcionamento dessa *velha noção* de sistema. É interessante observar, a respeito do mestre genebrino, que ele já havia empregado também muito antes a noção de *ordem discursiva,* considerando-a situada no cruzamento/encontro da sincronia da língua e da diacronia contextual.

O sistema discursivo, porém, tal como se está propondo, traz algumas especificidades absolutamente singulares, que o distinguem sobremodo da acepção corrente e o situam como uma *nova noção* no âmbito das pesquisas linguísticas.

Tais particularidades do sistema discursivo têm a ver, sobretudo, com duas condições:

(1) o *não-fechamento* de suas fronteiras, que se daria como um *efeito*;
(2) a *não-homogeneidade* de seu território, que se daria como uma *ilusão*.

Disto decorrem implicações profundas para a significação das demais noções que circulam nesse espaço discursivo. Entre elas, destacaríamos:

- a materialidade (com sua natureza não apenas linguística (mas também histórica);
- a estabilidade (que não se encontra sempre logicamente estabilizada); e
- o acontecimento (como a exterioridade que não está fora e que representa o lugar de ruptura com os sentidos estabelecidos).

A noção de *ordem* se ajusta com perfeição a essa concepção de discurso como sistema, ao ser considerada a contrapartida histórico-semântica densa da organização, na distinção clássica proposta por Orlandi.

Poderíamos resumir, afirmando que o *sistema discursivo* oscila numa *tensão paradoxal* entre:

- *a simetria e o equívoco;*
- *o preenchimento e o furo;*
- *o todo sistematizado e o não sistematizado;*
- *a sobredeterminação e a escolha livre.*

É *tudo isso o* que faz da estrutura, que é constitutiva desse sistema, um corpo atravessado de falhas, a exemplo da língua. Desse modo, se quisermos trazer à cena as noções de *ordem* e *organização* (Orlandi, 1996: 45-51), tão produtivas no modo de se compreender o funcionamento discursivo, diríamos que o *sistema* tem a ver com a *ordem*, ao passo que a *estrutura* seria entendida como *organização*.

Por esse espaço da não totalidade do sistema é que vão ocorrer as *transgressões* tanto à (i) língua, quanto ao (ii) discurso, (iii) ao sujeito e à (iv) história. Conforme vimos, (i) as *transgressões da língua* se dariam pelo *equívoco*, como pontos de deriva e lugar do impossível; (ii) as *transgressões do discurso* se dariam pela *ruptura dos sentidos* sedimentados e a consequente emergência de novos sentidos; (iii) as *transgressões do sujeito* se dariam pelo *inconsciente,* e se manifestariam na língua enquanto "tropeços" do sujeito; e (iv) as *transgressões da história* se dariam pela *contradição*.

Tais desdobramentos teóricos só se tornam possíveis, no entanto, ao considerarmos uma nova concepção de estrutura, em seu caráter sistêmico. Essa nova concepção eleva e desloca a noção de estrutura a um novo paradigma no seio das ciências da linguagem e torna a noção de *sistema discursivo* um objeto compatível no quadro teórico da Análise do Discurso.

O mesmo se pode dizer com relação à (des)ordem do discurso, condição indispensável para que se examinem essas perturbações e rupturas na ordem do discurso como sendo próprias e incontornáveis ao discurso, ou melhor ainda, como sendo *o real do discurso.*

Pondo um fim e deixando em aberto...

Pensando agora em termos do modo foucaultiano de entender a noção de sistema, poderíamos conjecturar como se daria e de que formas se revestiria o rompimento de sistemas, como o da saúde, o penitenciário, o educacional, o político, o religioso... Quais seriam as forças desestabilizadoras desses sistemas, qual seria, por fim, *esse sistema por detrás do sistema*? Estaria na paixão ao sistema uma chave possível para abrir essa "caixa-preta"? Estaria no domínio da paixão ao sistema, sem onipotência nem submissão, a condição de possibilidade para nos movermos nesse território e penetrar sua densa opacidade?

E com relação a Pêcheux, se usarmos seus próprios termos, "só há causa daquilo que falha", poderíamos situar no discurso e na sua ordem (ou desordem) o que não cessa de falhar?

Esperamos que de algum modo essas perguntas ressoem e, se possível, façam eco e juntem-se a outras vozes. Foucault e Pêcheux merecem. E a Análise do Discurso que se faz no Brasil, também.

Notas

1 A noção de observatório é trabalhada por Milner (1989) e retomada por Marandin (1994), ao proporem a sintaxe como a ferramenta essencial na constituição de um observatório do discurso.

2 Com Copérnico, o homem deixou de ser o centro do universo; com Darwin, o homem deixou de ser o centro do reino animal; com Marx, o homem deixou de ser o centro da história e, finalmente, com Freud, o homem deixou de ser o centro de si mesmo e percebeu que ele próprio é constituído por uma estrutura – a estrutura da linguagem.

3 Entre os fatores apontados por Bastide, estão os presentes na economia, com a crise de 1929, que demonstrou que nem tudo se poderia explicar em termos de conjuntura, exigindo-se, pois, uma análise de estrutura; na psicologia, com o desenvolvimento da psicologia da forma; na matemática, com a elaboração de uma teoria dos modelos.

Bibliografia

Coelho, E. P. (org.). *Estruturalismo*: antologia de textos teóricos. Lisboa: Portugália, s.d.

Foucault, M. *L'ordre du discours*: leçon inaugurale au Collège de France prononcée le 2 décembre 1970. Paris: Gallimard, 1971.

______. *As palavras e as coisas*. 4. ed. São Paulo: Martins Fontes, 1987.

______. *A arqueologia do saber*. 3. ed. Rio de Janeiro: Forense Universitária, 1987.

Freud, S. O Estranho. *Obras Psicológicas Completas de Sigmund Freud*. Rio de Janeiro: Imago, 1996. [Ed. Standard Brasileira].

Indursky, F.; Leandro Ferreira, M. C. *Michel Pêcheux e a Análise do Discurso*: uma relação de nunca acabar. 2. ed. São Carlos: Claraluz, 2007.

Orlandi, E. *Interpretação*. Petrópolis: Vozes, 1996.

Pêcheux, M. *Discurso*: estrutura ou acontecimento? Campinas: Pontes, 1990.

Enunciado, objetos de discursos e domínio de memória

Conceição Fonseca-Silva

Iniciamos nossa reflexão com um breve comentário sobre o funcionamento do enunciado na tradição gramatical, na filosofia analítica de Oxford e na lógica clássica para, em seguida, tratarmos, na perspectiva foucaultiana de enunciado, objetos de discurso e domínio de memória na (des)ordem do discurso.

Em se tratando da tradição gramatical, os estoicos apresentavam a definição de enunciado como sendo a expressão de um *sentido completo* que comporta um nome e um verbo. No século XIII, no entanto, Prisciliano afirmava que um enunciado completo podia ser constituído de um nome e de um verbo, mas não necessariamente, pois o que define um enunciado é o sentido completo, independentemente de quais elementos são empregados para tanto. No século XVIII, Condillac, por sua vez, descrevia o enunciado como uma organização cujo centro é o verbo. Nos manuais de gramática atuais, essas questões se confundem e o enunciado aparece como sinônimo de período, oração e frase. Como mostramos em Prado e Fonseca-Silva (2005; 2007), isso pode ser observado, entre outros, em definições das gramáticas de Bechara (1999) e de Cunha e Cintra (2001):

> [à] unidade linguística que faz referência a uma experiência comunicada e que deve ser aceita e depreendida [...] pelo nosso interlocutor se dá o nome de *enunciado* ou *período*. (Bechara, 1999: 406)
>
> Entre os tipos de enunciado há um conhecido pelo nome de *oração*, que pela sua estrutura, representa o objeto mais propício à análise gramatical, por melhor revelar as relações que seus componentes mantêm entre si. [...] Mas [...] o enunciado também aparece sob forma de *frase*, cuja estrutura interna difere da oração porque não apresenta relação predicativa. (Bechara, 1999: 407)
>
> Frase é um enunciado de sentido completo, a unidade mínima de comunicação. (Cunha e Cintra, 2001: 119)

No que diz respeito à Filosofia Analítica de Oxford, Austin (1962),[1] ao tratar dos atos de fala, estabeleceu duas categorias de entidades linguísticas, quais sejam: as frases e os enunciados. Segundo o autor, as frases teriam relação com as condições de verdade e seriam puramente constatativas, ou seja, teriam a propriedade de ser verdadeiras ou falsas; os enunciados, por sua vez, implicariam as condições de felicidade e seriam performativos, ou seja, teriam a sua própria função e implicariam a realização de ação. Ao observar que, dependendo de certas convenções, determinada entidade linguística não pertenceria exclusivamente à categoria dos constatativos ou à dos performativos, pois poderia ter características de ambas, o autor reformulou a teoria e postulou que os enunciados teriam forças ilocucionárias variáveis, que poderiam ser expressas de forma explícita ou implicitamente nos respectivos enunciados. Para ele, a distinção constativo-performativo não se sustentava, já que seria possível transformar qualquer enunciado constativo em performativo; e todos os enunciados seriam performativos, pois realizam uma ação quando enunciados.

O autor identificou três atos simultâneos que se realizam em cada enunciado: o (1) *locucionário*, que consiste na emissão de um conjunto de sons, organizados de acordo com as regras da língua e que implica um ato de referência e um ato de predicação, ou seja, consiste na emissão de um enunciado composto por orações aceitáveis do ponto de vista gramatical, com uma referência e sentido determinados; o (2) *ilocucionário*, que atribui a esse conjunto uma força de pergunta, de asserção, de ordem, de promessa etc., isto é, trata-se do modo de emprego do ato locucionário: o locutor produz um efeito comunicativo em relação ao seu interlocutor; e (3) o *perlocucionário*, que é destinado a exercer certos efeitos sobre o interlocutor: convencê-lo, assustá-lo, agradá-lo, desagradá-lo, ou, em outras palavras, é a modificação sofrida pelo interlocutor no momento do ato de fala, que pode ser traduzida pela fala, por gesto ou por uma expressão facial do interlocutor. Dessa forma, afirma que todo ato de fala é ao mesmo tempo *locucionário*, *ilocucionário* e "perlocucionário". Assim, quando se enuncia "Eu prometo que amanhã à tarde...", há o ato "locucionário", ato de enunciar cada elemento linguístico que compõe a frase; há o ato "ilocucionário", ato de promessa que se realiza na linguagem; e o ato "perlocucionário", que se realiza pela linguagem, cujo efeito pode ser de ameaça, agrado ou desagrado.

Searle (1969; 1979) retoma e sistematiza a Teoria dos Atos de Fala postulada por Austin, estabelece o ato ilocucional como a base da comunicação linguística e propõe a taxionomia dos atos ilocucionários, dividindo-os em cinco categorias, a saber: (1) os *assertivos* (o propósito ilocucional é comprometer o falante, ou seja, com a crença do locutor quanto à verdade de uma proposição expressa: afirmar, asseverar, dizer); (2) os *diretivos* (o propósito ilocucional é levar o alocutário a fazer algo: ordenar, pedir, mandar); (3) os *comissivos* (o propósito ilocucional é comprometer o locutor com uma ação futura: prometer, garantir); (4) os *expressivos* (o propósito ilocucionário é o de expressar um estado psicológico a respeito de um estado de coisas, especificado na condição de sinceridade e no conteúdo proposicional: desculpar, agradecer, cumprimentar, felicitar, dar pêsames); e (5) os *declarativos* (o propósito ilocucional é o de operar sobre o conteúdo proposicional para indicar a direção de ajuste entre o conteúdo proposicional e a realidade, isto é, o estado de coisas representado na proposição expressa é realizado ou feito existir pelo dispositivo indicador da força ilocucionária, a palavra basta a si mesma e *dizer faz existir*: proclamar, invalidar, sancionar, batizar, demitir, condenar, renunciar, nomear, declarar guerra, declarar culpado, consagrar).

No que tange à lógica clássica, proposição é um enunciado declarativo de um juízo, passível de qualificação. Em seus escritos, Aristóteles caracteriza a lógica como uma ciência do raciocínio, que obedece a três princípios fundamentais: (1) *Princípio da identidade* (toda objeto é idêntico a si mesmo e toda proposição é igual a si mesma); (2) *Princípio da não contradição* (uma proposição não pode ser verdadeira e falsa ao mesmo tempo, ou seja, dada uma proposição e sua negação pelo menos uma delas é falsa); (3) *Princípio do terceiro excluído*[2] (toda proposição é verdadeira ou falsa, não havendo outra possibilidade).

Pelo princípio da identidade "A é A" ou "todo A é A". Os diferentes enunciados em (a) expressam a mesma proposição. O mesmo acontece em (b):

(a) "O carro é azul".
"The car is blue."

(b) "A Terra gira em torno do sol."
"É verdade que a Terra gira em torno do sol."

Pelo princípio da não contradição "A e não-A", uma proposição não pode ser, simultaneamente, *verdadeira e falsa, pois* "efetivamente, é impossível a quem quer que seja acreditar que uma mesma coisa seja e não seja" (Aristóteles, 1970, 3, 1005 b: 22-44), como em (c) e (d):

(c) A roda é redonda.
(d) A roda não é redonda.

Ou seja, a roda não pode ser redonda e não ser redonda ao mesmo tempo. Pelo princípio do terceiro excluído, um enunciado é *uma* proposição quando admite um dos dois valores lógicos: *falso ou verdadeiro*, pois "quem diz de uma coisa que é ou que não é, ou dirá o verdadeiro ou dirá o falso" (Aristóteles, 1970, 7, 1011 b: 28-30). Dessa forma, um enunciado declarativo ou é verdadeiro ou é falso, como em (e) e (f). Ou "a terra gira em torno da lua" ou a "terra gira em torno do sol".

(e) A terra gira em torno da lua. (F)
(f) A terra gira em torno do sol. (V)

Nessas rápidas observações, é possível perceber que, na ordem da gramática, da filosofia analítica e da lógica clássica, há equivalência entre enunciado e o que os gramáticos chamam de período, oração e frase, e o que os filósofos analíticos de Oxford (Austin e Searle) chamam de ato de fala e o que os lógicos clássicos chamam de proposição. Na ordem do discurso, entretanto, podemos pensar o enunciado em outro movimento. Como veremos mais adiante, na perspectiva em que se situam os trabalhos de Foucault, por exemplo, não há nem equivalência nem identidade entre período, oração, frase, ato de fala e preposição. E a presença dessas unidades não é suficiente para que seja possível o reconhecimento de um enunciado como função da existência, como unidade elementar do discurso, de objetos de discurso e de domínios de memória.

O enunciado como função de existência e como unidade elementar do discurso

Em Prado e Fonseca-Silva (2005; 2006), salientamos que o enunciado a que se refere Foucault (1969) em seus estudos não está no mesmo nível do período, oração, frase, do ato de fala ou da proposição. Para o autor, há enunciados que não correspondem à estrutura linguística da frase, período ou oração. Uma série de palavras dispostas em coluna como as apresentadas em (i) e (j) não são frases:

(i)	(j)
Eu escrevo	Eu escreverei
Tu escreves	Tu escreverás
Ele escreve	Ele escreverá
Nós escrevemos	Nós escreveremos
Vós escreveis	Vós escrevereis
Eles escrevem	Eles escreverão

Em (i), encontramos o enunciado das diferentes flexões pessoais do indicativo presente do verbo *escrever.* E em (j), o enunciado das diferentes flexões do futuro do indicativo do mesmo verbo. Na perspectiva foucaultiana, gráfico, quadro classificatório, curva de crescimento, árvore genealógica, pirâmide de idades etc. constituem exemplos de enunciados. E as frases que os acompanham são interpretações ou comentários desses enunciados.

Foucault (1969) defende também que não há equivalência total entre ato de linguagem e enunciado, já que nem sempre podemos reconhecer a existência de um enunciado em um ato ilocutório, pois um enunciado não é suficiente para efetuar um ato de fala. Salienta que juramento, prece, contrato, promessa, demonstração, por exemplo, exigem várias fórmulas distintas, e que, portanto, podemos encontrar mais enunciados do que os atos de fala. O autor argumenta, ainda, que a presença de uma estrutura proposicional também não é necessária e suficiente para que haja um enunciado, seja porque podemos encontrar diferentes enunciados em proposições semelhantes que apresentam o mesmo valor de verdade, como as que exemplificamos em (l) "Todos os alunos foram aprovados" e em (m) "É verdade que todos os alunos foram aprovados"; seja porque podemos encontrar um enunciado em proposições distintas, como em (n) "O atual rei da França é careca" (p1 = A França tem um rei; p2 = O rei é careca).

Se, na perspectiva do autor, há enunciados que não correspondem à estrutura linguística da frase, período ou oração, não há equivalência total entre ato de linguagem e enunciado e a presença de uma estrutura proposicional não é necessária e suficiente para que haja um enunciado, o que permite, então, definir o enunciado? Para ele, os critérios que permitem definir a identidade de uma frase, de um ato de fala e de uma proposição são diferentes dos que descrevem a unidade singular de um enunciado definido como *unidade elementar do discurso*, como *função de existência* que incide sobre um conjunto de signos linguísticos ou não linguísticos.

O enunciado como função de existência e unidade elementar do discurso possui quatro características que o definem, numa aparente desordem: (1) *referencial* constituído de leis de possibilidade ou regras de existência tanto para os objetos que se encontram nomeados, designados ou descritos quanto para as relações que se encontram confirmadas ou negadas; (2) *sujeito* que não é gramatical nem o autor da formulação, mas um lugar indeterminado vazio, posição que pode ser exercida por diferentes indivíduos; (3) *domínio associado* ou *domínio de memória* que é constituído pelo conjunto de formulações no qual o enunciado se inscreve, ou seja, pelo conjunto de formulações às quais o enunciado se refere para repeti-las, modificá-las ou transformá-las, apresentando relações possíveis com o passado e o futuro eventual; (4) *existência material repetível* em redes, em campos de utilização, pois o enunciado integra-se a operações e estratégias em que sua identidade pode ser mantida ou apagada.

Nessa ordem, o discurso não pode ser pensado como a manifestação dos sujeitos pragmáticos, indivíduos-autores das formulações, que vivem no tempo sem esquecimento nem rupturas. E também não pode ser pensado como um conjunto de signos que remetem a conteúdos ou representações. Ao contrário, deve ser pensado como um espaço de exterioridade em que se desenvolve uma rede de posições de sujeitos distintas. Nessa perspectiva, o enunciado é uma função de existência, é a unidade elementar do discurso. E o discurso é, por sua vez, um conjunto limitado de enunciados que se opõem numa mesma formação discursiva como uma prática especificada no elemento do arquivo, do qual fazem parte as regras de formação dos discursos.

Ao discutir a questão da descrição das relações entre enunciados no campo do discurso, Foucault (1969) problematiza as relações que podem ser descritas entre enunciados prévios e coloca em questão a noção de *regras de formação* em vários níveis. Interessam-nos aqui as regras segundo as quais são formados os objetos de discurso que surgem numa dispersão, numa aparente desordem.

Objetos de discurso e o jogo de relações discursivas de poder-saber

Ressaltamos em Barbosa, Fonseca-Silva e Silva (2006) que um objeto de discurso, tal como postula Foucault (1969), existe sob as condições positivas de um complexo de relações de poder-saber estabelecidas entre instituições, processos econômicos e sociais, formas de comportamentos, sistemas de normas, técnicas, tipos de classificação, modos de caracterização. Essas relações definem o que permite o aparecimento de um objeto de discurso, sua justaposição em relação a outros, sua posição, diferença, irredutibilidade e heterogeneidade, situando-lhe *num campo de exterioridade*.

Essas relações, conforme o autor, podem ser descritas pelos sistemas das relações propriamente discursivas, pois estão *antes* e *em certa medida*, no *limite* do discurso: de um lado, oferecem os objetos dos quais o discurso pode falar; de outro lado, determinam o feixe das relações que o discurso deve efetuar para poder falar de tal(is) ou qual(is) objeto(s), nomeá-lo(s), analisá-lo(s), classificá-lo(s), explicá-lo(s). Afirmamos em Fonseca-Silva (2005) e reafirmamos em Barbosa, Fonseca-Silva e Silva (2007), entretanto, que as relações discursivas nem caracterizam a língua que o discurso X ou Y utiliza, nem as circunstâncias em que ele se desenvolve. Essas relações discursivas de poder-saber caracterizam o próprio discurso como uma *prática discursiva* que forma *os objetos de que fala*. Disso resulta que, se os objetos de discurso se constituem nos jogos de relações discursivas de poder-saber, eles devem ser pensados numa certa (des)ordem, ou seja, não podem ser pensados como os mesmos nas diferentes épocas e nas diferentes instâncias.

Em relação a diferentes épocas, Foucault (1961) mostra, por exemplo, que o objeto de discurso *loucura* não é o mesmo na Renascença – "em que a loucura ocupa os lugares que a lepra ocupara na Idade Média; os loucos são escorraçados e confiados a barqueiros, passageiros por excelência, prisioneiros da passagem" –, nem na Idade Clássica – "em que a loucura é vista como desrazão e os loucos, chamados de 'desprovidos de razão', eram excluídos do convívio social, vítimas da grande internação, acorrentados nos hospitais gerais" –, nem na Modernidade – "em que a loucura é vista como uma doença mental e os loucos são tratados em asilos e hospitais psiquiátricos".

Em se tratando de diferentes instâncias, o objeto de discurso *loucura* também não é o mesmo para o sistema judicial e nem para a psiquiatria no século XIX. Com base nos estudos de Foucault, ressaltamos em Fonseca-Silva (2004; 2005) que as regras de formação do objeto de discurso *loucura* no século XIX são asseguradas numa certa (des)ordem por um conjunto de relações de poder-saber que se encontram dispersas entre instâncias de emergência, delimitação e especificação. Isso significa que o jogo das relações discursivas de poder-saber do objeto de discurso *loucura* se dá entre:

- os planos de especificação (categorias penais) e o plano psicológico;
- a instância judiciária e a instância de decisão médica;
- o filtro constituído por todo aparelho de informação jurídica (interrogação judiciária, informações policiais, investigação) e o filtro constituído por todo aparelho de informação médica (questionários médicos, exames clínicos, pesquisas dos antecedentes, narrações biográficas);
- as normas de comportamento dos indivíduos (familiares, sexuais e penais), o quadro dos sintomas patológicos e as doenças de que eles (sintomas) são os sinais;
- a restrição punitiva, na prisão, e a restrição terapêutica, no meio hospitalar.

Essas regras se encontram descontínuas e são responsáveis pela unidade do discurso psiquiátrico que se caracteriza pela dispersão, só aparentemente, em desordem. Se tomarmos o objeto de discurso *doença* no jogo das relações discursivas de poder-saber, veremos que sua constituição se dá, também, numa aparente desordem, pois não é o mesmo de uma época para outra. No conjunto das relações de descontinuidade entre a medicina nos séculos XVII e XVIII e a medicina no século XIX, Foucault (1963) mostra que, no final da Idade Clássica, o solo epistemológico criou condições de possibilidade para novos discursos, para outras formas de dizer dos objetos de discurso. Com base no autor, observamos em Fonseca-Silva (2005) e em Barbosa, Fonseca-Silva e Silva (2007) que a medicina moderna (clínica) diz respeito a outro objeto, pois deriva de um recorte em um novo domínio. Há um deslocamento de um espaço de representação (taxonômico, superficial) para um espaço objetivo, real; de um espaço de configuração da doença, considerada espécie nosográfica, para um espaço de localização da doença, o espaço corpóreo individual. E, nesse deslocamento, ocorre mudança no modo de existência do discurso médico, já que a medicina moderna não se refere às mesmas coisas e não se utiliza da mesma linguagem da medicina clássica.

Há uma des(ordem) entre o discurso médico da Idade Clássica e o da Idade Moderna. No discurso da medicina clássica, a doença é uma essência que se define pela estrutura visível, pela superfície plana dos sintomas como fenômeno da própria natureza, classificada num quadro de semelhanças (seguindo modelo da história natural). No discurso da medicina moderna, por sua vez, a doença é algo corporal e analítico, ou seja, não há diferença entre sintoma e doença, já que uma doença é um conjunto de sintomas capaz de ser percebido pelo olhar do médico: o sintoma é o signo da doença que se define pela relação com o próprio doente.

O objeto de discurso *doença*, dessa forma, deve ser compreendido no jogo dessas relações discursivas de poder-saber que indicam mudanças no discurso médico, dadas as condições de possibilidade de uma época para outra. Se, por um lado, a medicina se apresenta como um campo mais ou menos estável, por outro lado, não podemos dizer o mesmo dos seus objetos de discurso e dos domínios que estes formam, pois na aparente desordem, o ponto de emergência e o modo de caracterização dos objetos não permanecem estáveis e constantes.

Isso indica que qualquer objeto de discurso deve ser compreendido no jogo de relações discursivas de poder-saber e ser relacionado ao conjunto de regras que permitem formá-lo como objeto de discurso e que constituem suas condições de aparecimento histórico, ou seja, as condições históricas para se dizer algo a seu respeito, as condições para um domínio de parentesco com outros objetos, as condições para que se possa estabelecer com eles relações de semelhança, vizinhança, afastamento, diferença, transformação. Em síntese é preciso salientar que não se diz qualquer coisa em qualquer época ou em qualquer instância e que os objetos de discurso não surgem de forma imediata, pois aparecem sempre numa dispersão, como se desordenados.

Objetos de discurso, enunciados e domínio de memória

Os *objetos de discurso* devem ser descritos e organizados *no campo dos enunciados*, considerando suas formas de sucessão e de coexistência dentro de um *campo associado* ou *domínio de memória*. Dessa forma, como salientamos em Fonseca-Silva (2005), se tomarmos a loucura e a doença como objetos de discurso, o domínio de memória do objeto de discurso *loucura* diz respeito ao conjunto de todos os enunciados formulados sobre esse objeto e o domínio de memória do objeto de discurso *doença* diz respeito ao conjunto de todos os enunciados formulados sobre esse objeto. A organização do domínio de memória do objeto de discurso *loucura* compreende, portanto, formas de sucessão e coexistência de enunciados que dizem respeito a esse objeto e que se correlacionam segundo regras específicas. O mesmo acontece com a organização do domínio de memória dos objetos de discurso *doença*, *sexualidade*, *corpo*, *religião*, *gramática*, enfim, de quaisquer objetos de discurso.

Conforme explicamos em Fonseca-Silva (2004; 2005) e em Nascimento, Fonseca-Silva Silva (2007), na perspectiva foucaultiana, as formas de sucessão compreendem a (des)ordem das séries enunciativas, os tipos de dependência dos enunciados nessa des(ordem) e os esquemas teóricos, segundo os quais os grupos de enunciados formulados sobre um objeto de discurso, a exemplo de *loucura*, são agrupados. As formas de coexistência, por sua vez, compreendem a (des)ordem tanto do campo de presença, constituído pelos enunciados já formulados e retomados sobre o objeto de discurso *loucura*, quanto do campo de concomitância, constituído por enunciados que dizem respeito a outros objetos de discurso, a exemplo de *doença*, *corpo*, *sexualidade* etc., que, em certa medida, estabelecem, nessa des(ordem) relações que podem ser de gênese, filiação, transformação, continuidade ou descontinuidade, com o mesmo objeto, por exemplo.

Enfim, na (des)ordem do discurso, a organização de um domínio de memória de um objeto de discurso qualquer compreende formas de sucessão e formas de coexistência de enunciados. O domínio de memória, portanto, é o responsável tanto pela emergência quanto pela atualidade, tanto pelo acúmulo específico quanto pela transformação, tanto pelo desaparecimento quanto pelo retorno dos enunciados já formulados sobre um objeto de discurso qualquer.

Notas

1 Em 1955, na Universidade de Harvard, J. L. Austin proferiu uma série de 12 conferências, "The William James Lectures", que foram publicadas em 1962 com o título *How To Do Things With Words*.

2 Este princípio é bem discutido desde a Antiguidade Clássica. A partir do início do século xx, começaram a ser desenvolvidas lógicas que põem de lado o princípio do terceiro excluído, admitindo mais do que dois valores lógicos. Łukasiewicz, primeiro a elaborar uma lógica trivalente, admite o indeterminado, além do verdadeiro e do falso, como valor lógico (ver Łukasiewicz, 1910; 1930).

Bibliografia

Aristóteles. *Metafísica*. Edição trilíngue por Valentin Garcia Yebra. Madrid: Gredos, 1970.

Austin, J. L. *Quando dizer é fazer.* Porto Alegre: Artes Médicas, 1990. [Ed. original: 1962]

______. Performatif-Constatif. *Cahier de Royaumont-La Philosophie Analytique*. Paris, 1962, n. 4, pp. 271-304.

Barbosa, L. C.; Fonseca-Silva, M. C.; Silva, E. G. Sobre as regras de formação dos objetos de discurso e dos conceitos. *Anais IV SAD*. Salvador: Quarteto, 2007, v. 1, pp. 1-7.

Bechara, E. *Moderna gramática portuguesa*. Rio de janeiro: Lucerna, 1999.

Cunha, C.; Cintra, L. *Nova gramática do português contemporâneo*. Rio de Janeiro: Nova Fronteira, 2001.

FONSECA-SILVA, M. C. Foucault e a arqueogenealogia do sujeito. *Sujeito, identidade e memória*. Uberlândia: EDUFU, 2004.

______. *Reflexões sobre alguns conceitos em Foucault e em Pêcheux*. Texto inédito, 2005.

______; PRADO, C. O. O enunciado e a questão da interpretação em Foucault e Pêcheux. In: SANTANA NETO, J. A.; BARREIRO, J. M.; ROCHA, M. J. C. (orgs.). *Discursos em análise*. Salvador: UCSal, 2005, v. 1, pp. 334-52.

______; SILVA, E. G. *Entre o dentro e o fora*: no limite dos objetos e dos conceitos em AD. Texto inédito, 2006.

FOUCAULT, M. *História da loucura na Idade Clássica*. São Paulo: Perspectiva, 1978. [Edição original: 1961.]

______. *O nascimento da clínica*. Rio de Janeiro: Forense Universitária, 1979. [Ed. original: 1963]

______. *Arqueologia do saber*. Rio de Janeiro: Forense Universitária, 1987. [Ed. original: 1969]

______. *A ordem do discurso*. São Paulo: Loyola, 1996. [Ed. original: 1971]

ŁUKASIEWICZ, J. Über den Satz von Widerspruch bei Aristoteles. *Bulletin International de l'Académie des Sciences de Cracovie*: Classe de Philosophie, 1970, pp. 15-38. [Ed. original: 1910]

______; TARSKI, A. Untersuchungen über den Aussangenkalküls. *Comptes Rendus des séances de la Societé des Sciences et des Lettres de Varsovie*, 1956, classe III, v. 23, pp. 30- 50. [Ed. original: 1930]

NASCIMENTO, F. A. F.; FONSECA-SILVA, M. C.; SILVA, E. G. Funcionamento dos conceitos de memória e de arquivo. *Anais IV SAD*. Salvador: Quarteto, 2007, v. 1, pp. 1-6.

PRADO, C. O.; FONSECA-SILVA, M. C. Em torno de questões sobre enunciado e interpretação. In: FONSECA-SILVA, M. C.; SILVA, E. G. (org.). *Pesquisa em Estudos da Linguagem V*. Vitória da Conquista: Uesb, 2007, v. 1, pp. 9-16.

SEARLE, J. *Speech acts*. Cambridge: Cambridge University Press, 1969.

______. *Expression and Meaning*: Studies in the Theory of Speech Acts. New York: Cambridge University Press, 1979.

Uma definição da ordem discursiva midiática

Pedro Navarro

Entrar na ordem dos discursos, como bem alertou Michel Foucault, é algo arriscado, haja vista os poderes que pesam sobre quem fala; assim, a melhor forma de começar é buscar nesse filósofo uma voz que nos preceda e que, de início, defina os rumos que estas reflexões irão tomar sobre a relação saber, ordem e verdade. Segundo Foucault:

> A verdade é deste mundo; ela é produzida nele graças a múltiplas coerções e nele produz efeitos regulamentados de poder. Cada sociedade tem seu regime de verdade, sua *política geral* de verdade: isto é, os tipos de discurso que ela acolhe e faz funcionar como verdadeiros, os mecanismos e as instâncias que permitem distinguir os enunciados verdadeiros dos falsos, a maneira como se sanciona uns e outros; as técnicas e os procedimentos que são valorizados para a obtenção da verdade; o estatuto daqueles que têm o encargo de dizer o que funciona como verdadeiro. (1998: 5)

Para pontuar alguns aspectos que possam indicar as especificidades da ordem discursiva na qual se caracteriza a mídia, fundamentamos nossa discussão em três perspectivas: a primeira analisa, à luz de Pêcheux (1997), o modo como se processa a articulação entre descrição e interpretação do real nos discursos da mídia, considerando que esses dois movimentos de leitura ordenam a produção dos acontecimentos; a segunda perspectiva encontra, nas noções de *ordem discursiva* e *poder* (Foucault, 1995; 1997), elementos teóricos que possibilitam analisar a relação entre prática jornalística e instituição, atentando para os procedimentos de controle, seleção e organização que determinam os discursos midiáticos, bem como para os efeitos de poder e verdade vinculados aos enunciados jornalísticos; a terceira retoma as reflexões de Barthes (1970), de Robin e Maldidier (1981) e de teóricos do jornalismo, com a finalidade de discutir as condições de produção da notícia, as quais envolvem as estratégias de construção e de recobrimento do real pelas formas retóricas da linguagem jornalística.

O discurso da mídia e os movimentos de descrição e interpretação do real

As reflexões de Pêcheux (1997) sobre o enunciado *on a gagné*, pronunciado pelas massas no dia em que François Mitterrand venceu as eleições para a presidência da França, ocorridas em 10 de maio de 1981, trazem para a análise uma questão que nos leva a considerar que o estatuto das discursividades que trabalham os acontecimentos no interior dos textos de comunicação de massa entrecruza proposições oriundas de *universos logicamente estabilizados*, que visam à descrição do real, com proposições pertencentes a outros universos *não logicamente estabilizados*, que realizam uma interpretação do real. Essa distinção nos autoriza a compreender que a escrita midiática promove uma descrição/interpretação dos acontecimentos.

Nesses termos, de um lado, localizamos uma prática de descrição do real, característica de determinados gêneros da atividade jornalística, a qual procura descrever os acontecimentos valendo-se do uso regulado de proposições e de evidências lógico-práticas, tais como: ilustrações, tabelas, números, mapas, gráficos, fotojornalismo; todos eles índices que remetem à construção de efeitos de real e às técnicas de produção da linguagem jornalística.

Sobre estas últimas, os manuais de redação e de estilo editados pelos jornais *O Estado de S. Paulo* e *Folha de S.Paulo* estipulam um conjunto de normas, que incide diretamente sobre o funcionamento do discurso jornalístico.[1] Dentre esse conjunto, destacamos, aleatoriamente, as seguintes:

(a) os fatos devem ser ordenados de tal modo que respondam às questões consideradas fundamentais pelo jornalismo: o que, quem, quando, onde, como e por quê;
(b) a resposta a essas questões deve ser organizada no *lead* – que corresponde à abertura da notícia – de modo objetivo e direto;
(c) a produção do chamado *texto-legenda* deve descrever a fotografia e relatar o fato ao leitor, por meio de uma linguagem direta e objetiva;

(d) rigor na apuração dos fatos e na seleção dos dados: todos os detalhes precisam ser conferidos e verificados, a fim de evitar que a reportagem contenha algum erro ou informação incompleta;
(e) colher todas as versões possíveis sobre o mesmo fato, confrontando-as e, a partir disso, selecionar as mais verossímeis;
(f) tratar de forma impessoal a personalidade que foi objeto de notícia;
(g) produzir textos imparciais e objetivos, que não exponham opiniões, mas fatos, deixando que o leitor tire suas próprias conclusões.

Em relação à pretensa produção da notícia como *espelho* do real, Pêcheux ensina que, nos espaços discursivos designados como logicamente estabilizados, entre os quais podem ser incluídos determinados gêneros jornalísticos,

> supõe-se que todo sujeito falante sabe do que se fala, porque todo enunciado produzido nesses espaços reflete propriedades estruturais independentes de sua enunciação: essas propriedades se inscrevem transparentemente em uma descrição adequada do universo (tal qual este universo é tomado discursivamente nesses espaços). (1997: 31)

De outro lado, configura-se uma prática discursiva que procura promover uma interpretação dos acontecimentos. Seguindo a linha de raciocínio desenvolvida pelo autor, podemos conferir ao discurso histórico o estatuto de uma prática que visa à interpretação do real. Elementos discursivos dessa atividade interpretativa constituem também a linguagem jornalística, manifestando-se, por exemplo, em comentários, editoriais, colunas assinadas, crônicas e matérias interpretativas, nas quais o jornalista expõe suas opiniões e versões diferentes de um mesmo fato.

O conhecimento histórico produzido pela escrita jornalística não se confunde, certamente, com o acontecimento tal como ocorreu na atualidade, pois é construído em um tempo diferente (tempo da escrita e da edição do texto jornalístico) do tempo real, em que os fatos irromperam na sociedade. Esse conhecimento é, pois, um produto que envolveu escolha de abordagem, reflexão sobre as informações e sua organização, problematização, interpretação, análise, ordenação temporal de uma série de acontecimentos e localização espacial na folha do jornal ou da revista. É um conhecimento que envolve, portanto, memórias individuais (a do jornalista) e memórias coletivas emolduradas pelo conjunto de acontecimentos organizados pela narrativa histórica.

Nesse sentido, essa escrita é um documento produzido por sujeitos historicamente determinados, que registraram, de modo fragmentado, pequenas parcelas das complexas relações coletivas. Como documento, essa escrita é compreendida como possibilidades construtivas, específicas do contexto em que os acontecimentos tiveram lugar na sociedade. Abarca diversos gêneros jornalísticos, tais como: capas de revistas, manchetes de primeira página, reportagens, artigos, encartes especiais, charges.

A esse respeito, a análise que realizamos da produção discursiva da mídia impressa sobre os 500 anos do Brasil, comemorados em abril de 2000, foi conclusiva. Constatou-se que os discursos constroem a representação dos objetos cujo surgimento foi possibilitado pelas comemorações, na fronteira limítrofe entre uma prática estabilizada de manipulação de significados e uma prática de transformação desses mesmos significados, sobre a qual não incide nenhum projeto de coerção das categorias reconhecidas como logicamente estabilizadas.

Ordem discursiva e mídia impressa

Os discursos, invariavelmente, empregam procedimentos cuja finalidade é a de garantir e a de solidificar sua legitimidade perante a comunidade que os recebe. Esses procedimentos são controlados por processos mais amplos de rarefação, que se sobrepõem à ordem discursiva.

Compreender o jornalismo como uma ordem discursiva significa, primeiramente, tomar a palavra *ordem* no sentido lato do termo: execução de uma ação, de modo metódico, seguindo regras preestabelecidas. É nesse sentido usual que o jornalismo impresso pode ser caracterizado como uma empresa na qual os funcionários seguem uma rotina de trabalho determinada pela pauta editorial. Além dessa acepção geral, a noção de ordem discursiva articulada à prática midiática supõe a existência de um conjunto de regras coercitivas de controle de produção das matérias e das reportagens, que os jornalistas devem observar para que a sua enunciação seja considerada, pela própria instituição midiática, uma enunciação jornalística.

Por esse raciocínio, a expressão *ordem discursiva* remete-nos diretamente às reflexões desenvolvidas por Foucault (1995) sobre os processos internos e externos de controle dos discursos. Segundo o autor, a produção de discursos na sociedade contemporânea é regulada por regras de controle, de seleção, organização e redistribuição dos enunciados e sujeitos. Tais procedimentos têm por finalidade afastar os poderes e os perigos do discurso, dominar seu aparecimento aleatório, esquivar sua espessura material.

O primeiro princípio de exclusão apresentado pelo autor é exercido do exterior, sendo o mais evidente a interdição: "sabe-se bem que não se tem o direito de dizer tudo, que não se pode falar de tudo em qualquer circunstância, que qualquer um, enfim, não pode falar de qualquer coisa" (Foucault, 1995: 9). As séries de interdições impedem, pois, que o discurso seja pronunciado aleatoriamente. Assim, espera-se que o sujeito observe determinadas regras que circunscrevem o lugar de onde fala, a posição que ocupa na sociedade e o que isso implica. Portanto, os sujeitos não são livres para formular qualquer discurso, pois só podem ser formulados os discursos que forem autorizados pelo sistema de relações que regula as práticas discursivas.

O autor de textos jornalísticos passa sempre pelo crivo editorial, que exerce a função de manter determinados padrões nos jornais e nas revistas, os quais são motivados por uma combinação de razões ideológicas e econômicas. Se considerarmos que o jornal ou a revista de maior sucesso será aquele ou aquela que tiver maior repercussão, isso contribui, então, para legitimar o discurso da imprensa entre seus leitores como fonte de credibilidade.

As razões ideológicas e de vendagem[2] determinam também a produção de notícias, matérias e reportagens a partir de fatos e acontecimentos que merecem destaque. Dito de outro modo, os aspectos ideológicos e econômicos determinam aquilo que o jornalista pode e deve escrever. É nesse jogo de legitimação e controle em que funciona a ordem discursiva midiática. Essa prática impõe ao fazer jornalístico certa configuração na produção e na veiculação da notícia, que abrange desde a seleção, passa pela forma de organização e chega à sua forma de apresentação. Essa configuração indica, nesse sentido, uma hierarquia na seleção, organização e apresentação das notícias.

Outra forma de controle dos discursos examinada por Foucault é a que diz respeito à oposição entre verdadeiro e falso. Desde a antiguidade até os dias de hoje, a vontade de verdade representa a busca de um discurso verdadeiro, capaz de impor saber e poder. Segundo o autor, na vontade de verdade há um sistema de exclusão, alicerçado num suporte institucional, que aplica, valoriza e distribui o discurso "verdadeiro" no interior da sociedade. Essa vontade de verdade exerce, ainda, um poder de coerção sobre os discursos, de tal modo que eles passam a buscar apoio e legitimidade no discurso verdadeiro, como uma forma de fundamentar e justificar sua prática na sociedade. Além de se utilizar de um suporte institucional, o desejo de sustentar um discurso de verdade é, ao mesmo tempo, reforçado e reconduzido pelas práticas discursivas. Sem dúvida, uma das formas de disseminação da cultura elitizada está na mídia impressa, que funciona como um discurso de verdade.

Um discurso de verdade é aquele que, ilusoriamente, se estabelece como um lugar de completude dos sentidos. A atividade jornalística, na incessante busca de garantir a credibilidade e valendo-se de técnicas padronizadas, produz textos para serem consumidos pela sua comunidade de leitores, textos cujo sentido já estaria estabelecido pelos seus autores.[3]

Tomando como orientação a análise que Foucault (1997) faz sobre o poder dado ao médico para a *produção de verdade*, podemos afirmar que a mídia é um campo institucional em que o sujeito que nela fala é, ao mesmo tempo, aquele que pode dizer a verdade dos fatos – pelo saber que detém sobre eles – e aquele que pode produzir os fatos na sua verdade e submetê-los à realidade – pelo poder que exerce na sociedade.

No entanto, a análise realizada por Foucault das descontinuidades que, ao longo da história, atingiram os discursos sobre a loucura conduz ao entendimento de que o saber é um processo nunca finito, construído nas e pelas práticas discursivas. Desenvolve-se não num contínuo evolutivo, mas numa descontinuidade histórica, pois está fadado a deslocamentos e transformações que a história lhe impõe. O saber é, portanto, um acúmulo de verdades parciais, que se estabelece não apenas em épocas diferentes, mas também numa mesma época, dependendo do vínculo entre instituições e práticas discursivas. É nesse sentido em que o discurso da mídia deve ser concebido: como um discurso que institui uma verdade parcial, jamais absoluta.

O resultado do trabalho da prática jornalística em instituir a "verdade" tem por corolário outra ilusão, aquela de retratar em seus textos a "realidade" – que é também uma construção resultante da escolha de alguns fatos e do apagamento de outros –, pois as técnicas e os procedimentos de investigação, apuração e das notícias praticados na mídia (entrevistas, análises, flagrantes do cotidiano, dados estatísticos, fotografias etc.) têm por função fazer do jornalista aquele que produz a notícia na sua verdade. Essa produção, segundo Nora, demanda

> a crítica da informação, a confrontação de testemunhos, a dissipação do segredo mantido pelos desmentidos oficiais, o colocar em questão princípios que apelam à inteligência e à reflexão, o apelo obrigado a um saber prévio que

> somente a imprensa escrita pode fornecer e recordar, [...] somente a imprensa dispõe de uma gama de virtualidades sem rival, um leque excepcionalmente rico de manipulação da realidade. (Nora, 1995: 182)

O poder dado ao jornalista lhe permite produzir, a partir desses procedimentos, a realidade, mediante um discurso que é socialmente aceitável.

Linguagem jornalística e produção do real

O discurso que se proclama imparcial e comprometido com a apuração rigorosa dos fatos manifesta o desejo de ser aceito pela comunidade de leitores como discurso de verdade. Como esse desejo é uma imposição da ordem discursiva midiática, e tendo em vista que o real não se deixa apreender diretamente, o verossímil no jornalismo encontra-se em relação direta com o efeito de real construído discursivamente. É essa verossimilhança que irá garantir credibilidade ao jornal e, consequentemente, criar a imagem do enunciador midiático como aquele que sustenta um discurso verdadeiro.

Os procedimentos narrativos próprios do discurso jornalístico empregam os efeitos realísticos apontados por Barthes (1970) com o intuito de garantir junto ao público leitor uma legitimidade. As duas vertentes do jornalismo apontadas por Melo (1994) – a reprodução do real e a leitura do real – sugerem que o trabalho de produção da notícia ancora-se na noção de transparência entre o real e os fatos narrados pela prática jornalística.

Segundo análise de Said (2003), os pressupostos técnicos que orientam o fazer jornalístico estão diretamente vinculados a determinados procedimentos discursivos, cuja finalidade é legitimar a produção da linguagem e, em decorrência, do saber. As definições jornalísticas sobre o que é e como se produz a notícia, sobre como se dá a relação entre acontecimento, estrutura e função social do jornalismo nascem do modo como, no interior dessa prática, a relação entre linguagem, saber e realidade são concebidas. Para Said,

> estas questões criam um efeito de incontestabilidade discursiva, assegurando a validade do discurso jornalístico não somente para o público [...], mas também para os próprios jornalistas, que, utilizando-se deste referencial técnico, são impelidos a criar um certo ambiente epistemológico que, a eles próprios, parece salvaguardar de possibilidades de crítica e de contraposições. (2003: 7)

Embora os procedimentos narrativos próprios da prática jornalística tendam a empregar estratégias de apreensão de certos vestígios do real para garantir a legitimidade de seus discursos, Tragtenberg acrescenta um dado importante a respeito da não correspondência entre a narrativa jornalística e o real. Segundo ele, o jornal coloca à disposição de seu público um conjunto desconexo de fatos que desorganiza qualquer estrutura racional presente no real; o que haveria de organizado no jornalismo é que tais fatos "são submetidos a normas mercadológicas através da generalização, padronização, simplificação e negação da subjetividade" (Tragtenberg, 1989: 8).

Na produção das matérias jornalísticas, as citações, entrevistas, imagens fotográficas, depoimentos de testemunhas, quadros e tabelas de porcentagens são sinais que remetem o leitor ao real – recursos utilizados pela imprensa para representar uma realidade apreensível e descritível, os quais Barthes (1970) denomina *efeito de real*. Essa noção designa o conjunto das estratégias de que se valem os chamados discursos realistas para a construção de uma realidade.

As estratégias de construção de efeitos de realidade funcionam como índices de referencialidade que conferem aos discursos um caráter verossímil, assegurando-lhes a credibilidade. Entretanto, é preciso considerar que as fotografias, entrevistas e citações são recortes do real que atestam a característica lacunar dos discursos. Segundo o que analisa Gomes (2000), tais índices deixam entrever algo que ficou de fora, excluído das matérias jornalísticas, uma vez que se trata de um viés e de uma descontextualização. Desse modo, a construção de verossimilhança sobrepõe-se, no jornalismo, à vontade de verdade. Ela manifesta o desejo que a prática discursiva midiática tem de ser aceita, pelos seus leitores, como uma fonte de verdade dos fatos que noticia.

Como sentencia Marcondes Filho (1989), a crença segundo a qual o discurso jornalístico detém a verdade e se caracteriza pela objetividade é falsa, dogmática e impossível. Mesmo sendo categórico em relação a essa condição da prática jornalística, o autor faz uma ressalva, afirmando que nem tudo no jornalismo é igualmente subjetivo ou mantém a mesma distância do real. Segundo ele,

> há apropriações mais ou menos próximas da *verdade dos fatos*. Estar-se-ia mais próximo – sem, contudo, jamais chegar – da objetividade, na medida em que [...] busque-se a informação que evita e denuncia sofismas, instrumentos de persuasão ocultos, afirmações injustificadamente peremptórias; que difunde

> outras interpretações dos fatos diferentes das dos dominantes, a fim de mostrar o caráter meramente parcial e hipotético das mesmas; que declara explicitamente o caráter questionável da própria escolha e da própria valoração. (Marcondes Filho, 1989: 14)

Ainda com relação à construção da realidade no e pelo discurso da mídia impressa, há que se considerar um elemento determinante que, no entender de Marcondes Filho, exerce o papel de *filtro* da notícia: o editor, que toma decisões quanto ao enfoque que deverá ser dado à notícia.

Como explica o autor, na produção da notícia entram em cena dois sujeitos: o jornalista, cuja tarefa é selecionar da realidade o fato que lhe interessa para transformá-lo em acontecimento, e o editor, que tem o poder de decidir qual será o enfoque dado à matéria, a quantidade de linhas destinadas ao seu desenvolvimento, o tamanho e os tipos do título e a colocação na página. Ao editor cabe, portanto, a missão de definir a política de como o fato deverá repercutir na sociedade, de como "um acontecimento pequeno pode fazer um escândalo, de como suprimir naturalmente a divulgação de ocorrências, como se elas simplesmente não tivessem realmente existido" (Marcondes Filho, 1989: 50).

Os pressupostos do jornalismo que dizem respeito ao aparato técnico que transforma a notícia, enquadrando-a nos padrões e nas normas da empresa, apontam para a relação já postulada por Foucault (1972) entre práticas discursivas e não discursivas. Ou seja, na ordem discursiva à qual o jornalismo impresso está submetido, a produção do fato em acontecimento, a escrita dele, portanto, deve atender ao modo de exposição, ao estilo do jornal. A padronização redacional, como analisa Marcondes Filho, tem incidência direta sobre o modo como o real será uniformizado, alinhavado, enfim, organizado.

O recobrimento do real pela retórica da prática jornalística

O estudo que Robin e Maldidier (1981) empreendem sobre o modo como o acontecimento *Charléty*, ocorrido em meio às manifestações de maio de 1968, na França, foi construído por quatro grandes jornais parisienses (*Le Figaro*, *L'Aurore*, *Combat* e *L'Humanité*) e ilustra o funcionamento das formas retóricas empregadas pela prática jornalística, que transformou esse acontecimento em espetáculo na reportagem, centro da argumentação no comentário e alusão ou evocação no editorial. Tendo em vista os objetivos deste texto, deter-nos-emos na análise que as autoras fazem do gênero reportagem, por fornecer subsídios para pensarmos as estratégias discursivas que criam um efeito de transparência entre o real e o acontecimento narrado.

Partindo do pressuposto de que a reportagem assemelha-se a uma narrativa, por ser "*un énoncé qui relate un événement passé ou supposé tel en donnant l'illusion d'un déroulement chronologique*" (Robin e Maldidier, 1981: 20), as autoras dividem o texto da reportagem em segmentos de narrativa de acontecimento e segmentos de narrativa de fala, procurando ver neles aquilo que se constitui em descrição, narração, cena dialogada ou julgamento.

Os quatro tipos de segmento de narrativa de acontecimento apresentados pelas autoras são:

(1) segmentos narrativos: no plano linguístico caracterizam-se pelo emprego de tempos da narração que denotam o acontecimento (tempos do pretérito, forma canônica de enunciação histórica, pretérito perfeito em oposição ao imperfeito, presente histórico ou presente jornalístico, que marcam uma mudança na progressão da ação);
(2) segmentos descritivos: elementos que se atêm aos objetos e às coisas na sua simultaneidade, evocando, pois, a atmosfera ou detendo-se em um ponto particular, sempre destacando do conjunto um aspecto, uma ação etc.;
(3) segmentos de cena dialogada: trata-se, no texto da reportagem, de segmentos de diálogo entre o jornalista e alguém que participa do acontecimento;
(4) segmentos de julgamento: no plano linguístico marcam rupturas de tempo, como passagem ao presente da enunciação, associada às formas variadas da presença do sujeito da enunciação; certos modalizadores, tais como "pode-se assinalar", "é necessário dizer claramente"; advérbios, adjetivos, verbos de julgamento, como "é interessante notar", "curiosamente". Os segmentos de julgamento podem, ainda, adquirir a forma de um enunciado predicativo, do tipo "é uma reunião campestre".

Tendo em vista o interesse das autoras em investigar o valor ideológico das formas da imprensa, seu estudo conclui que, no nível do discurso, os segmentos narrativos são integrados aos segmentos descritivos para criar um conjunto descritivo total que evoca a atmosfera da cena do acontecimento. Do conjunto (segmento narrativo integrado ao descritivo) resulta que as ações na reportagem constroem o acontecimento como um espetáculo, evidenciando uma estratégia retórica desse gênero jornalístico. Certos segmentos descritivos, por outro lado, aproximam-se de segmentos de julgamento por conterem elementos de modalização, como os vistos acima.

Os segmentos de narrativa de fala aparecem incluídos nos anteriores; eles apresentam, no entanto, outra lógica na sucessão dos acontecimentos narrados. Citações sinalizadas por aspas que reproduzem diretamente a fala, discurso indireto introduzido pela conjunção "que" funcionam como um enunciado sobre um enunciado original, conferindo ao discurso um efeito de distanciamento.

De acordo com essa análise, na retórica da reportagem os segmentos não são estanques. Se, no plano linguístico, é possível postular critérios puramente formais de descrição que estipulariam limites entre um segmento e outro, no nível do discurso (da retórica dos jornais, incluindo aí a ideologia presente nas formas) os segmentos se intercambiam para criar determinados efeitos, como o chamado processo-espetáculo.[4]

O espetáculo do acontecimento: efeito de real, efeito de objetividade, efeito de identificação e efeito de direto

Os processos-espetáculo são geralmente introduzidos pelos embreantes de descrição que marcam uma pausa no relato, permitindo ao jornalista ater-se a tal ou qual indivíduo ou a um grupo estranho aos autores principais, criando uma verdadeira ilusão de referencialidade. Nesse caso, a função do jornalista assemelha-se à de uma câmera que registra o real. Essa situação define aquilo que pode ser chamado de efeito de real.

O efeito de real, nos jornais, é coessencial à retórica da reportagem. De que modo se manifesta na trama desse gênero? É como se o jornalista deixasse falar os fatos e os cenários, registrando assim a "realidade" do acontecimento. Caracteriza a ilusão de que a realidade fala dela mesma. Mas a realidade pode funcionar na retórica da reportagem como garantia de que o julgamento do jornalista está bem fundamentado. Trata-se de outro funcionamento discursivo da prática jornalística, que consiste em colocar a realidade em relação com alguma forma de intervenção do sujeito da enunciação: o chamado efeito de objetividade, que é integrado ao segmento de julgamento que evoca a realidade. A narrativa será tanto objetiva quanto for a aproximação dela com a realidade representada. É a realidade a serviço do bom funcionamento do julgamento. Entretanto, o efeito de objetividade somente é obtido e garantido na trama da reportagem na medida em que o julgamento tira sua evidência da sua relação com a descrição, que a precede ou a segue.

Os segmentos de narração, de descrição e de julgamento podem colocar em cena outro funcionamento, o chamado *reconhecimento*.[5] O funcionamento retórico desse efeito é produzido nos segmentos de julgamento, por um léxico que conota uma adjetivação positiva, criando uma identificação entre o jornalista, os manifestantes e o público leitor. Determinados elementos linguísticos (emprego de adjetivo anteposto), figuras retóricas (metáfora, acumulação, gradação, entre outras) e frases cuja acumulação dos verbos, aliada à gradação e ao ritmo, cria a impressão lírica, podem ser considerados indícios do efeito de identificação produzido nas reportagens. Como concluem as autoras, tais indícios manifestam o espetáculo da cena narrada, o momento do lirismo, a fusão do "real" e do imaginário.

No segmento de fala, a conivência entre jornalista e entrevistado também se efetua. Nesse caso, o efeito de identificação se apresenta pela ausência de marcas linguísticas de distância, tais como: "segundo ele", "do seu ponto de vista" etc. Essa ausência induz a um efeito de adesão ao discurso citado, de tal forma que pode levar o leitor a partilhar do mesmo sistema de evidência.

Os segmentos de narrativa de acontecimento podem também produzir outro funcionamento, característico das tramas das novelas que criam o espetacular da cena apostando no suspense. Trata-se do chamado efeito de direto. Em algumas reportagens sobre o acontecimento *Charléty*, as autoras mostram que o segmento de descrição aliado ao de narração constrói o acontecimento como se ele fosse uma reportagem radiofônica: o presente é um verdadeiro presente da enunciação contemporânea do fato. Associam-se a esse funcionamento as formas linguísticas que imitam a simultaneidade, o acúmulo de verbos perceptivos, introdutores de descrição, os segmentos narrativos que se combinam aos descritivos para criar o espetacular da cena.

Segmentos de antecipação combinam-se aos segmentos de descrição, criando a atmosfera do acontecimento. A repetição dessa estrutura, aliada às formas que criam o efeito de direto, imita o suspense. Mais uma vez é o espetáculo do acontecimento. O político dissimulando-se atrás do espetacular.

O efeito de real pode ser também deslocado do cenário para as palavras. É o registro dos discursos dos oradores que ganha espaço nas reportagens. O jornal deixa a realidade falar dela mesma não pelo funcionamento de segmentos narrativos e descritivos que registram o calor e a atmosfera do acontecimento, mas pela restituição do discurso no desenvolvimento cronológico do real. O que interessa aqui é a ausência de marcas linguísticas de distância, que leva a pensar que o jornalista partilha do ponto de vista do entrevistado.

O efeito de real combinado ao efeito de objetividade permite ao jornal criar a imagem de um grande veículo de informação. Também combinado ao efeito de direto e ao suspense, permite que o político se dissimule atrás do espetáculo, do maravilhoso do acontecimento. E, enfim, combinado ao processo verbal, o efeito de real é deslocado para as palavras, que são assumidas pelos jornalistas, num processo de identificação deles com o acontecimento. A reportagem é construída como se fosse um filme do acontecimento, uma ressurreição do passado imediato, uma ilusão de reconstituição do desdobramento temporal.

Essa análise pode nos fornecer um exemplo de como o enunciado funde estrutura e acontecimento (Pêcheux, 1997). Por que essa focalização? Que sentidos materializam e quais outros excluem? Com isso, o acontecimento vai ganhando o lugar de espetáculo na mídia. É um funcionamento discursivo, um estatuto de discursividade que trabalha o acontecimento, ressignificando-o para a coletividade.

Embora a remissão ao texto da aula inaugural de Foucault no Collège de France indique o aporte da noção de prática discursiva para definir a atividade jornalística em foco, a recorrência a sintagmas, tais como: *fonctionnement idéologique des formes*, *L'efficace idéologique*, *types de preuvres qui impliquent des effets idéologiques variés*, *dans l'appareil* presse, assinala uma posição teórico-metodológica que coloca a questão da formação ideológica e o seu investimento no discurso como ponto de partida da análise empreendida por Robin e Maldidier.

Assumindo a perspectiva foucaultiana e anuindo às palavras de Veyne (1998), em sua crítica à noção de ideologia, podemos tirar a "veste drapeada" dessas formas retóricas que trabalham o acontecimento e ver descortinar-se um feixe de relações que caracteriza a prática discursiva midiática, isto é, a função enunciativa que objetiva os acontecimentos jornalísticos, construindo-os, por exemplo, na forma de segmentos de narração, de descrição, de julgamento ou de cena dialogada.

Por esse viés, não caberia interrogar o modo como a ideologia está investida na linguagem jornalística, mas a maneira como as práticas discursivas, na sua relação com as práticas não discursivas (o trabalho cotidiano do jornal, a pauta e as técnicas de padronização das edições), constroem os acontecimentos. Articulando a abordagem de Foucault (1972) com a de Robin e Maldidier, nessa intersecção de segmentos variados no texto de reportagem ou nos demais gêneros jornalísticos, podemos observar a materialização de processos discursivos que cruzam estrutura e acontecimento, bem como a manifestação de uma subjetividade que se dispersa nas diferentes posições de sujeito. Este ora narra, ora descreve, ora julga, compondo a escrita histórico-midiática do tempo presente.

Notas

1 Sobre este aspecto, ver mais detalhadamente os manuais de redação e de estilo dos jornais *O Estado de S. Paulo* e *Folha de S.Paulo* disponíveis respectivamente em www.estado.estadao.com.br/redac/norR.rpg.html, e http://www1.folha.uol.com.br/folha/circulo/manual_produção_c.htm. Acesso em: 22.07.2009.

2 Em relação a esse aspecto, as análises de Coracini (1999: 28) sobre a autoria no livro didático contribuem para refletir sobre o que "pode e deve ser dito-escrito-veiculado" na sociedade.

3 No tocante à recepção dos textos, a discussão sobre o que o público leitor pode "inventar" com as informações que recebe não tem lugar na prática jornalística. A seção de cartas dos leitores poderia se constituir em espaço para a manifestação das práticas cotidianas dos consumidores dos bens culturais veiculados pelos órgãos da imprensa. Mesmo sendo concebido como um gênero que abre um "espaço em certo sentido democrático, ao qual cada um pode recorrer", esse espaço é reduzido, bem como "obedece a critérios de edição que se coadunam com a política editorial da empresa" (Melo, 1994:177).

4 O olhar do jornalista focaliza não mais os atores principais, a massa na sua totalidade, mas indivíduos, relatando ações marginais pela relação que acredita haver entre elas e a trama narrativa.

5 As autoras retomam essa categoria althusseriana para mostrar que a retórica do discurso da reportagem aciona também um efeito de identificação, que sinaliza a conivência entre o jornalista e os participantes de um lado, e o jornalista e seus leitores de outro.

Bibliografia

Barthes, R. *El efecto de realidad.* Lo verosímil. Buenos Aires: Tiempo Contemporáneo, 1970.

Coracini, M. J. (org.). *Interpretação, autoria e legitimação do livro didático*: língua materna e língua estrangeira. Campinas: Pontes, 1999.

Foucault, M. *A arqueologia do saber.* Trad. Luiz Felipe Baeta Neves. Petrópolis/Lisboa/Vozes/Centro do Livro Brasileiro, 1972.

______. *A ordem do discurso.* Trad. Adalberto de O. Souza. Maringá: Universidade Estadual de Maringá, 1995. [Série Apontamentos n. 29]

______. *Resumos dos cursos do Collège de France (1970-1982)*. Trad. Andréa Daher. Rio de Janeiro: Jorge Zahar, 1997.

______. *Microfísica do poder*. Trad. Roberto Machado. 13. ed. Rio de Janeiro: Graal, 1998.

Gomes, M. R. *Jornalismo e ciências da linguagem*. São Paulo: Hacker; Edusp, 2000.

Manual de Redação. O Estado de S. Paulo. Disponível em: <www.estado.estadao.com.br/redac/norR.rpg.html>. Acesso em: 21.6.2003.

Manual de Redação. Folha Online. Disponível em: <http://www1.folha.uol.com.br/folha/círculo/manual_produção_c.htm>. Acesso em: 21.6.2003.

Marcondes Filho, C. *O capital da notícia:* jornalismo como produção social da segunda natureza. 2. ed. São Paulo: Ática, 1989.

Melo, J. M. *A opinião no jornalismo brasileiro*. 2. ed. rev. Petrópolis: Vozes, 1994.

Nora, P. O retorno do fato. In: Le Goff, J.; Nora, P. *História:* novos problemas. Trad. Theo Santiago. Rio de Janeiro: Francisco Alves, 1995, pp. 179-93.

Pêcheux, M. *O discurso*: estrutura ou acontecimento. Trad. Eni Orlandi. 2. ed. Campinas: Pontes, 1997.

Robin, R.; Maldidier, D. Du spectacle au meurtre de l'événement: Charléty (maio 1968). In: Pêcheux, M. et al (org.). *Matérialités discursives*. Lille: Presses Universitaires de Lille, 1981.

Said, G. *Algumas considerações sobre história, jornalismo e semiologia*. Disponível em: <http://www.intercom.org.br/papers/xxii>. Acesso em: 9.2.2003.

Tragtenberg, M. Prefácio. In: Marcondes Filho, C. *O capital da notícia:* jornalismo como produção social da segunda natureza. 2. ed. São Paulo: Ática, 1989.

Veyne, P. M. *Como se escreve a história*: Foucault revoluciona a história. Trad. Alda Baltar e Maria A. Kneipp. 4. ed. Brasília: Ed. UnB, 1998.

As relações entre a Análise do Discurso e a história

Vanice Sargentini

Como caminho para desenvolver nossas reflexões sobre discurso e história, propomos refletir sobre: (1) como o conceito de *história* adentrou nos estudos linguísticos, mais especificamente na Análise do Discurso, considerando momentos distintos e concepções diferentes do que se compreende por *história* na visada de autores que se inscrevem no quadro de estudos da Análise do Discurso; (2) como, em análises apresentadas por esses autores, emprega-se o conceito de história; e (3) como avaliar, no quadro atual da Análise do Discurso, a importância da espessura histórica na análise da discursividade.

Inicialmente há uma ambiguidade quando se discute a relação discurso/história e língua/história que precisamos desfazer ou ao menos situar. A relação da língua com a história foi motivo de reflexões de vários linguistas como, por exemplo, Benveniste (2005); entretanto, ainda que pertinente, não desenvolveremos nesse momento a análise dessa reflexão. Faremos, portanto, desde já um recorte, propondo-nos a analisar essa relação no domínio da Análise do Discurso. Feito isso, ainda resta a ambiguidade que se refere ao fato de que a articulação se dá entre linguistas e historiadores, bem como entre a história e a linguística no âmbito da Análise do Discurso (AD a partir daqui).

Há na história dessa disciplina a aproximação de linguistas e historiadores, comprometidos com a edificação da teoria e com o desejo de desenvolverem um trabalho conjunto. Por outro lado, na teoria da AD há o pertencimento da categoria da história como participante da produção dos discursos. Interessa-nos nesse texto, ainda que tendo o cuidado de manter certa autonomia que caracteriza cada um desses âmbitos, abordar as articulações estabelecidas pelos dois.

Partiremos do momento de construção do quadro teórico da Análise do Discurso, tempo no qual a participação de historiadores procura estabelecer a possível articulação entre linguística e história. Na sequência, pretendemos avaliar como o conceito de história participa do desenvolvimento da AD e como as análises empregam e reconhecem esse conceito.

Historiadores e linguistas: a Análise do Discurso como espaço de encontro

Robin (1977), em sua obra *História e linguística,* situa no discurso o lugar de encontro do linguista com o historiador, que, a seu ver, até então trabalhavam em dois polos distintos. Nesses polos se podiam reconhecer dois recalcamentos simétricos, sendo que o historiador recalca o significante, a materialidade da linguagem, e o linguista recalca o sujeito e a história. A superação desses recalcamentos exigia, então, a centralidade do discurso como objeto de análise.

Reconhecer esses recalques já é para os analistas de discurso e historiadores uma primeira expressão de desejo de diálogo a ser estabelecido entre as duas áreas, entretanto, o momento é fortemente marcado pelas concepções marxistas – os conceitos de discurso e condições de produção se entrelaçam com o conceito de ideologia e materialismo histórico. Nessa perspectiva, o que se compreende por história situa-se no domínio do exterior linguístico, que, por sua vez, passa a estabelecer relação com o linguístico para o estudo do discurso.

Interessa-nos, no domínio dos estudos da Análise do Discurso, compreender o que se nomeia por exterior linguístico. A noção de condições de produção, como proposta por Pêcheux (1969), articula-se com o conceito de formações imaginárias, porque valoriza a relação entre os lugares determinadamente definidos numa formação ideológica dada e a representação que subjetivamente se constrói desses lugares em uma circunstância de enunciação. A história, nesse quadro teórico, mantém-se à margem, situa-se nas bordas, uma vez que a noção de condições de produção apresenta-se como simples circunstância na qual os sujeitos do discurso interagem ao ocuparem seus lugares discursivos. As próprias metáforas de teatro ou de combate eleitas para figurativizar a noção de condições de produção antecipam a ideia de um campo fechado (palco de teatro ou ringue), no qual os sujeitos atuam e o restante fica no domínio da exterioridade (Courtine, 1981).

Alguns trabalhos inscreveram-se (e alguns ainda se inscrevem) nessa perspectiva das condições de produção *vista em sentido estrito como circuns-*

tância de enunciação ou em sentido amplo como contexto sócio-histórico-ideológico. Para citar um deles, faremos referência a um trabalho inicial do grupo de Pêcheux no qual desenvolve análise de folhetos:

> A aplicação do método de análise AAD, que apela a uma análise linguística prévia em enunciados elementares, leva em consideração pontos tratados acima, efetuando uma comparação regrada entre vários textos que constituem um *corpus* discursivo tido como representativo de um certo estado de condições de produção características de uma formação discursiva dada. Ressaltemos que uma decisão teórica extralinguística se encontra ligada a essa etapa da constituição do *corpus*. No que tange à ilustração que apresentamos a seguir essa decisão consistiu em reunir num *corpus* quarenta e três folhetos de propaganda política, distribuídos pela organização estudantil (FER) ao longo do mês de maio de 1968, o que supõe *a priori* que as condições de produção dominantes do discurso dessa organização permaneceram estáveis ao longo desse período. (Pêcheux, Haroche & Henry, 2007: 26)

Essa explicação sobre a forma de seleção do *corpus* e a suposição tomada *a priori* de que as condições de produção mantiveram-se estáveis fortalecem essa imagem de que os acontecimentos não serão observados em sua singularidade e que a história está marcada em um contexto externo à produção dos enunciados. Nesse quadro, ao mesmo tempo em que o discurso se apresenta como objeto da história, o discurso expõe a história situando-a no campo da superestrutura marxista. Fortalece-se a concepção de que o discurso é uma forma de dominação que os dominantes impõem aos dominados.

Dentre o quadro de historiadores, J. Guilhaumou (1984) destaca-se ao propor um modo de trabalhar a Análise do Discurso no que se convencionou chamar "do lado da história". Para tal, propôs e aplicou conceitos que se mostraram muito produtivos, em especial, o conceito de trajeto temático, para análises nas quais era possível acompanhar os deslocamentos inscritos nos *corpora* de análise em momentos distintos. Mas é no interior dos conceitos que sustentam a teoria da Análise do Discurso que surgem confrontos e rompimentos, produzindo nova forma de se compreender o conceito de história no âmbito da disciplina. Courtine (1981), em seu estudo sobre Análise do Discurso, no qual analisa o discurso comunista endereçado aos cristãos, apresenta as limitações do conceito de condições de produção e propõe uma redefinição, com vistas a reordenar essa noção à análise histórica das contradições ideológicas presente no conceito de formação discursiva. Se a noção de condições de produção é insuficiente, exigindo, portanto, redefinições, isso se dará por meio do conceito de formação discursiva que passa a ser compreendido no interior de sua heterogeneidade, capaz de abrigar enunciados divididos.

A afirmação de que todo conjunto de enunciados deve ser pensado como unidade dividida faz o conceito de história adentrar a análise dos enunciados, retirando-o da fronteira marginal a que estava submetido. Além da redefinição de condições de produção, a proposição do conceito de memória discursiva também modifica a relevância da história na Análise do Discurso, uma vez que os discursos fazem circular formulações anteriores, já enunciadas, produzindo um efeito de memória na atualidade de um acontecimento.

O emprego do conceito de história em trabalhos da Análise do Discurso

Além da tese de Courtine (1981) inscrever-se nessa articulação entre língua, discurso e história, outro trabalho produzido naquele momento também se preocupa em estabelecer essa articulação: trata-se do texto de Pêcheux (1983), *Discurso:* estrutura ou acontecimento, em especial o primeiro capítulo no qual Pêcheux apresenta a análise de um acontecimento discursivo a partir do enunciado "On a gagné". Nessa análise o autor abre um diálogo com a Nova História ao focalizar a particularidade da materialidade desse enunciado que "não tem nem a forma, nem a estrutura de uma palavra de ordem de uma manifestação ou de um comício político" (Pêcheux, 1997: 21), mas apresenta-se na ordem do acontecimento, das séries discursivas, dos enunciados subterrâneos. Os novos direcionamentos indicados por Courtine (1981) e as reflexões de Pêcheux (1997) inscrevem a história no interior dos discursos e não mais na exterioridade linguística.

Entretanto, aquela relação entre a AD e a história, iniciada por Regine Robin, e animada por J. Guilhaumou, parece ter se reduzido demasiadamente. Na França, parece não haver divulgação de pesquisas que se deem nesse campo como então instalado. A aproximação de Foucault aos estudos do discurso foi empregada inicialmente na tese de Courtine (1981) e, posteriormente, em reflexões pecheutianas; entretanto, considerando o momento de entrada dessa reflexão na AD, focalizou-se na teoria principalmente a noção de formação discursiva, com vistas à análise sintática de enunciados linguísticos. O que pensar, então da relação entre AD e história na atualidade?

A partir do final dos anos 1980, na França, talvez se possa dizer que a história segue seu rumo e a Análise do Discurso volta-se para a análise de textos diversos, em alguns casos para análise de situações pontuais, com preocupações descritivas. Nas análises produzidas no campo da Análise do Discurso, no momento em que o discurso político e a preocupação central, observa-se uma redução do histórico ao político, do político ao ideológico, do ideológico ao discursivo, do discursivo ao sintático (Courtine, 2006: 56). Assim, a espessura histórica, nos estudos de AD, submeteu-se ao risco de ser reduzida a questões de descrição gramatical. O flagrante apagamento da espessura histórica em trabalhos de Análise do Discurso de algum modo motivou o distanciamento das reflexões derivadas de Pêcheux.

E quanto aos historiadores e linguistas, esses mantiveram o diálogo? É bem verdade que um elo que os unia fortemente rompeu-se com os desmoronamentos políticos (e mesmo físicos) que sequestraram o pensamento marxista, encerrando-o no máximo em movimentos de contracultura.

Entretanto, ao se fechar uma porta, fica-se uma fresta. Defendemos que essa luminosidade parte ainda dos trabalhos foucaultianos, talvez não só de um Foucault preocupado com a linguagem ao publicar *As Palavras e as coisas*, ou com o método arqueológico em *A arqueologia do saber* ou a *Ordem do Discurso*, mas também o filósofo que, ao dialogar com os historiadores (ao mesmo tempo rejeitado por uns e admirado por outros), combate uma história feita de causalidade e continuidades, questiona os dogmas, duvida da verdade dos fatos. E para produzir análises elege dois eixos centrais: *o discurso e o a priori histórico*; dois eixos sempre e ainda pilares para a Análise do Discurso.

O discurso e o *a priori* histórico

Apresenta-nos ainda uma questão: o que compreendemos por discurso em relação com o *a priori histórico*? A busca para a resposta dessa questão conduz-nos a um livro recentemente publicado por P. Veyne, *Foucault, sa pensée, sa personne*. Esse historiador não tem por objetivo abordar o campo da Análise do Discurso, mas dá-nos importantes pistas ao refletir sobre *o conceito de discurso, a singularidade dos discursos na história universal e, finalmente, a defesa de que não há um* a priori *senão o histórico.*

Veyne (2008) faz-nos reavivar as proposições de Foucault e mostra-nos mais uma vez que o discurso é uma noção ampla que não pode ser reduzida ao enunciado linguístico. O conceito de discurso como proposto por Foucault compreende um conjunto de práticas que demandam análise. De exemplo, podemos citar o estudo de Foucault sobre os direitos penais através das idades, a análise das formas de punição nas quais estão implicados os gestos, as instituições, o poder, os costumes e até mesmo os edifícios (no caso, o projeto de panoptismo proposto por Jeremy Bentham); esse conjunto de práticas inscreve um dado discurso em circulação nas sociedades. Sabemos que fazer afirmações sobre os conceitos propostos pelo filósofo é sempre tarefa que exige delicadeza. O próprio conceito de discurso apresenta-se ao longo de sua obra por meio de um vocabulário técnico cambiante: o que Foucault nomeou discurso em *A arqueologia do saber*, em outros momentos chama também de práticas discursivas, ou ainda de epistemes ou dispositivos.

E como isso se relaciona com os trabalhos de Análise do Discurso que se situam neste encontro do discurso com a história? Consideramos, a partir de Foucault e das leituras de Paul Veyne (2008), que o objeto de análise em sua materialidade não está separado dos quadros formais dos quais emerge. Entretanto, todo fato histórico é uma singularidade. É sempre um risco apoiar-se nas ideias gerais, nas generalizações que banalizam e racionalizam a história. Vale mais a pena partir dos detalhes de práticas discursivas, embrenhar-se em explicitar os discursos, os enunciados, considerando que não há verdades gerais que atravessam a história (invariantes trans-históricas). É, portanto, a análise do que Foucault nomeia discurso, práticas discursivas, dispositivos que nos mostram ser tudo singular na história universal, havendo exatamente aí um espaço de trabalho para o analista do discurso. Enfim, é preciso partir da análise de tudo o que os homens puderam dizer e fazer em diversas épocas, trabalhando com uma noção de discurso ampliada, que nos leve a estudar o enunciado linguístico, mas também o conjunto de imagens, gestos, expressões, modos de circulação dos discursos, entre outros.

Em pesquisa que desenvolvemos sobre Análise do Discurso eleitoral presidencial, estudamos diversos aspectos de constituição, formulação e circulação desse discurso. Para se trabalhar com o discurso político na contemporaneidade, é imprescindível analisar a mídia televisiva, os *sites*, a instabilidade nos formatos dos programas de governo. Assim, seria redutor pensar somente o enunciado linguístico em um dado momento. Sobre o discurso político, é interessante considerar as mutações que sofreu com as interferências da tecnologia atual. Análises iniciais sobre o tema já nos mostram que tal discurso responde mais à lógica da comunicação comercial que à divulgação da propaganda política. Essa característica demanda a análise de imagens, que consideramos possível a partir do quadro teórico da AD.

O discurso, assim definido em sua amplitude, relaciona-se à noção de a priori *histórico*. Para Veyne (2008), não há *a priori* senão histórico, tudo é histórico, mesmo a verdade, que, por sua vez, não é evidente mas possui suas singularidades. E de que forma apanha-se essa densidade histórica? Pelos discursos. Daí a articulação por onde começamos: *discurso e história*. Veyne destaca que os discursos têm fronteiras históricas e o sujeito pensa no interior de – se o sujeito não fosse tão prisioneiro dos discursos do seu tempo, ele poderia pensar "não importa o que, não importa quando". Assim, diante dessa impossibilidade, os sujeitos pensam apenas no interior das fronteiras do discurso do momento. Apoiando-nos na figurativização dos peixes vermelhos e do aquário como proposta por Veyne (2008), é possível a esses peixes (os sujeitos) olharem por muito tempo por um bocal do aquário, mas que bocal é sempre provisório. Pressionado pelos novos acontecimentos e discursos, eles passam a olhar por outro bocal, mas não lhe restam opção senão a procurar um novo bocal. Para o autor, esse bocal (ou discurso) é o que se poderia chamar um *a priori histórico*.

Considerações finais

Nos trabalhos que desenvolvemos sobre o discurso político, inscrito em novos regimes de discursividade, os conceitos de discurso e de *a priori histórico*, como propostos por Foucault, revelam-se fortemente produtivos. Apoiamo-nos também no conceito de arquivo como forma de selecionar, recortar e explorar o material de análise. Se se mantém na AD a preocupação com a leitura social dos sentidos, é importante considerar que o discurso traça as fronteiras históricas de um acontecimento, e que, portanto, os sentidos são dados a partir dos quadros formais nos quais os sujeitos se inscrevem. Vinculamo-nos, portanto, à perspectiva foucaultiana para quem a sociedade não é o útero e o receptáculo final de todas as coisas, mas aquilo que se faz dela a cada época. Cito Veyne (2008) para amparar nossa reflexão e abrir caminhos para nossas pesquisas:

> A cada época, os contemporâneos estão, assim, encerrados em seus discursos como nos seus bocais falsamente transparentes, ignorando quais são esses bocais e mesmo que havia bocal. As falsas generalidades e os discursos variam através do tempo, mas a cada época eles passam por verdadeiros. Se bem que a verdade se reduz ao *dizer verdadeiro*, a falar conforme ao que se admite ser verdadeiro e disso se rirá um século mais tarde. (2008: 24, tradução nossa)

Se os discursos traçam fronteiras históricas (das quais somente um sujeito soberano pode escapar) e se o objeto de análise em sua materialidade (seja linguística, imagética, arquitetural) não se separa do quadro formal de que provêm, é importante analisarmos nas pesquisas esses discursos, considerando: (i) a fresta por onde podemos olhar sua singularidade a cada tempo histórico e (ii) a necessidade de partir dos detalhes de práticas discursivas e não de universais. Isso define uma metodologia na qual, para se fazer a Análise do Discurso, exige-se pensar a espessura histórica presente na discursividade.

Bibliografia

BENVENISTE, E. *Problemas de linguistica geral I.* Trad. Maria da Glória Novak e Maria Luisa Neri. 5. ed. Campinas: Pontes, 2005.

COURTINE, J.-J. L'analyse du discours politique: le discours communiste adressé aux chrétiens. *Langages 62*. Paris: Didier; Larousse, 1981.

______. *Metamorfoses do discurso político*: derivas da fala pública. Trad. Nilton Milanez e Carlos Piovezani Filho. São Carlos: Claraluz, 2006.

GUILHAUMOU, J. Itineraire d'un historien du discours (1974-1984). *Histoire et Linguistique*. Paris: MSH, 1984.

PÊCHEUX, M. *Analyse Automatique du Discours.* Paris: Dunod, 1969. [Trad. bras. parcial em: GADET, F.; HAK, T. *Por uma análise automática do discurso*: uma introdução à obra de Michel Pêcheux. Campinas: Unicamp, 1995.]

______. *Discurso*: estrutura ou acontecimento. Campinas: Pontes, 1997.

______; HAROCHE; H. A semântica e o corte saussuriano: língua, linguagem e discurso. In: BARONAS, R. (org.). *Análise do discurso*: apontamentos para uma história da noção-conceito de formação discursiva. São Carlos: Pedro & João Editores, 2007.

ROBIN, R. *História e linguística.* São Paulo: Cultrix, 1977.

VEYNE, P. *Foucault, sa pensée, sa personne*. Paris: Albin Michel, 2008.

PARTE 3
Brasil: mostra a tua cara

Vozes (des)ordenadas e (in)fames

Maria José Coracini

Vozes, inúmeros dizeres – já ditos e por dizer – atravessam e constituem todo discurso, marcado pela ordem – regras, normas, construídas, anonimamente, para preservar interesses e orientar comportamentos, atitudes e sentidos possíveis num dado momento histórico-social –, excluindo sentidos, dizeres outros, pensamentos e pessoas, que, por sua vez, quando e na medida em que podem, buscam formas – semelhantes e diferentes a um só tempo – de resistir ao poder que se esgueira por entre as frestas dos acontecimentos.

Este capítulo tem por objetivo discutir a relação entre a ordem e a desordem, a fama e a infâmia, a exclusão e a resistência, que rompe, dilacera as dicotomias, as polarizações em favor da hibridação, do imbricamento, do entrelaçamento das oposições que caracterizam a epistemologia ocidental. Estas se manifestam em diferentes situações sociais, sobretudo naquelas que se caracterizam pela exclusão e pela interdição. Serão enfatizadas, aqui, duas espécies de reclusão: uma, a partir do jurídico, outra, a partir da medicina psiquiátrica. Aliás, é possível afirmar que não há uma oposição radical entre essas duas situações, já que, em inúmeros casos, é o saber psiquiátrico que determina a prisão ou a liberdade dos chamados menores infratores, conforme o diagnóstico apresentado. Para fomentar a discussão, serão utilizados resultados de análise de três textos extraídos de jornais sobre adolescentes reclusos na antiga Fundação Estadual do Bem-Estar do Menor (Febem; atualmente Centro de Atendimento Socioeducativo ao Adolescente – Casa) e outros dois, escritos por uma mulher internada em manicômio, cujos desabafos foram gravados por uma visitante que viu neles verdadeiros poemas, dignos de serem publicados e repetidos. Esses poemas, produzidos oralmente e, mais tarde, transcritos, constituem um modo singular de resistir ao sofrimento, ao abandono, ao isolamento, à morte.

(Pós-)modernidade: (des)ordem e resistência

Referindo-se a Foucault e definindo o momento histórico-social que estamos vivendo como modernidade líquida, caracterizada pelo controle, por oposição à modernidade, ou seja, à solidez do capitalismo pesado proposto por Henry Ford (fordismo), Bauman (2001: 33-4) afirma que, no fordismo, o que imperava era a positividade da ordem para alcançar o progresso; daí o panóptico como estratégia para vigiar e disciplinar a sociedade, ainda marcada pelo regime patriarcal: tudo e todos no seu devido lugar, lugares predeterminados, seguros, dentro de grupos que se mantinham na coesão e coerência da racionalidade e da certeza. Ordem, segundo Bauman (2001: 66), "significa monotonia, regularidade, repetição e previsibilidade [...]. Isso significa que, em algum lugar, alguém (um ser supremo pessoal ou impessoal) deve interferir nas probabilidades, manipulá-las e viciar os dados, garantindo que os eventos não ocorram aleatoriamente". Esse mundo em sua forma sólida, enraizada, pesada, previsível, funcionava como "modelo de industrialização, de acumulação e de regulação" (Lipietz, apud Bauman, 2001: 67), "local epistemológico de construção sobre o qual se erigia toda uma visão de totalidade da experiência vivida" (2001: 68). Não é à toa que a bandeira do Brasil tem por lema "Ordem e Progresso": acredita-se que só se atinge o progresso onde se respeita a ordem, e esse era e é o ideal de um país que se dizia e se diz promissor.

Entretanto, essa era industrial *pesada* foi, pouco a pouco, sendo substituída por uma versão fluida da modernidade, que alguns denominam pós-modernidade, versão esta que se originou da própria modernidade: não é possível falar em ordem sem que, com ela e nela, se faça presente a desordem, o caos:

> A ordem é o contrário do caos: este é o contrário daquela. Ordem e caos são gêmeos modernos. Foram concebidos em meio à ruptura e colapso do mundo ordenado de modo divino, que não conhecia o acaso, um mundo que apenas era, sem pensar jamais em como ser. (Bauman, 1999: 12)

Assim, pensando e acreditando que o *espírito* da modernidade ainda está presente no que se denomina pós-modernidade – já que a racionalidade continua a ser um dos primados da cultura ocidental a que pertencemos, preconizado, inclusive e sobretudo, pelas ciências –, tomaremos a desordem como necessariamente imbricada na ordem, responsável pela organização social, religiosa, jurídica etc.

Vozes (des)ordenadas e infames – como acenado no título – organizadas segundo a ordem do discurso, regulação que, segundo Foucault (1996: 7), orienta a apropriação e o uso dos enunciados em conformidade com as leis e normas regularizadas por relações de poder; essas constituem as formações discursivas que, por sua vez, definem o que pode e deve ser dito, os comportamentos e as atitudes aceitos e aceitáveis, materializados em práticas discursivas, produzidas a partir de regras anônimas, que orientam, numa dada instituição, em um momento histórico e num espaço geográfico específicos, as verdades, as ações e os dizeres.

Mas é preciso considerar que as mesmas vozes que se inserem na ordem do discurso também se inserem em movimentos de desordem: trata-se de vozes fora da lei, excluídas do discurso hegemônico, marginalizadas, abafadas, silenciadas, mas que se apoiam no modo de organização, na ordem vigente.

Assim, algumas sobrevivem ao e no sistema, recalcam seus atos e desejos desordenados, sublimam suas agressões, seus fantasmas, fazem da lei em vigor seu oriente. Mas todos vivem na tensão entre a ordem e a desordem, entre o que é considerado bom e mau, bem e mal, certo e errado, entre o desejo do outro e o seu próprio, única maneira de agradar a si, agradando ao outro, sendo o objeto de amor do outro, ainda que, não raro, tenha de renunciar – total ou parcialmente – ao seu próprio desejo.

Há, entretanto, outras vozes, silenciadas, marginalizadas pelo poder, sufocadas pela ordem que constrói identidades, nelas fixa estereótipos, discriminações, produzindo subjetividades que não encontram lugar nas sociedades hegemônicas de discurso, nas formações discursivas – ao mesmo tempo regulares e dispersas. Não lhes resta senão produzir outras formações discursivas, que, embora marginalizadas, apartadas, dão origem a outras regras, outras leis, outros valores, para aí poderem falar, para aí encontrarem a possibilidade de sobrevivência. Assim, de forma paralela, outras relações de poder são produzidas, inserindo-se, à revelia do sistema, na ordem da globalização e do *marketing* que se serve da mídia como dispositivo para produzir o consumo. São as sociedades periféricas, que se desenvolvem em favelas, nos morros e à beira-rio das grandes cidades, semeando o medo e a violência nos cidadãos "de bem". São estas *comunidades* que nos interessam em particular, que resistem pela violência.

Resistência na (des)ordem

Antes de abordarmos textos que falam pelos e dos (in)fames – ao mesmo tempo sem fama e difamados pela rebeldia que, vez por outra, os faz emergir de seu anonimato para ganharem fama, graças aos crimes horrendos que comete(ra)m – ou aos textos que escreveram –, gostaríamos de propor uma aventura rumo a um passado longínquo, em que foram inventadas duas histórias que se tornaram míticas: Sísifo e Sherazade. Esses mitos universais – "feitos para que a imaginação os anime" (Camus, *O mito de Sísifo*) colaboram para a nossa reflexão em torno da resistência, engendrada pelo próprio poder (Foucault, 1979).

A primeira história, narrada por Albert Camus, conta o destino de Sísifo, que, por ter desafiado os deuses durante toda a sua vida, não acreditando em seus desígnios e vaticínios, desobedeceu às suas ordens, merecendo, por isso, o maior dos castigos: rolar uma pedra imensa até o alto de uma enorme colina. Lá chegando, a pedra deveria permanecer parada, mas, evidentemente, pela ação de seu peso, rolava encosta abaixo, retornando ao ponto de partida. Sísifo deveria, então, recomeçar tudo de novo, no mesmo dia, durante dias a fio, como afirma Camus:

> Neste [mito], vê-se simplesmente todo o esforço de um corpo tenso, que se esforça por erguer a enorme pedra, rolá-la e ajudá-la a levar a cabo uma subida cem vezes recomeçada; vê-se o rosto crispado, a face colada à pedra, o socorro de um ombro que recebe o choque dessa massa coberta de barro, de um pé que a escora, os braços que de novo empurram, a segurança bem humana de duas mãos cheias de terra. No termo desse longo esforço, medido pelo espaço sem céu e pelo tempo sem profundidade, a finalidade está atingida. Sísifo vê então a pedra resvalar em poucos instantes para esse mundo inferior de onde será preciso trazê-la de novo para os cimos. E desce outra vez à planície. (s.d.: 43)

Movimento semelhante ao nosso, que se repete todos os dias, na monotonia do trabalho, para ganhar o pão de cada dia com o suor do nosso rosto... Para sobreviver, tal como Sísifo, retomamos nosso trabalho no dia seguinte, o interrompemos no final do dia, sem nunca finalizar, na mesma hora, todos os dias, todos os anos, na expectativa de – quem sabe? – atingir a meta... Uns, operários, assalariados, seguem uma rotina monótona, sem a mínima criatividade, na ordem espaço-temporal do *métro-boulot-dodo* (metrô-trampo-cama); outros, mais privilegiados ou mais ousados, conseguem romper a monotonia pela criatividade e atividades variadas, mas todos, mais cedo ou mais tarde, tal como Sísifo, se sentem prostrados pela frustração de jamais alcançar o objetivo almejado ou de se ver na contingência de obedecer à ordem imposta para não sucumbir, não morrer ou não se precipitar no roubo e no crime como última alternativa à sobrevivência. Em todos os casos, trata-se de resistir a um sistema que destrói e mata...

Estratégia de resistência? Não resta dúvida. Sísifo resiste aos deuses, muito embora não lhe reste outra saída a não ser aceitar o destino que lhe é imposto, como castigo por ter desafiado os deuses, não cumprindo o que lhe era destinado. Por isso, se vê na contingência de viver cada dia na esperança de atingir, com seu esforço, o fim de seu castigo, consciente da dor que lhe era infligida e das razões de tamanha pena. Perseguindo esse mito, Camus escreveu *O Estrangeiro*, que, por ter cometido um crime, induzido pelo calor das praias, foi preso e condenado à pena de morte. Mersault não se revoltava, aceitava o que a vida lhe oferecia, resistindo – pela consciência e, sobretudo, pela aceitação da morte e do estrangeiro (estranho e, ao mesmo tempo, familiar) que era para si e para os outros – ao sofrimento que não considerava nem justo nem injusto: apenas estranho, tão estranho quanto o crime que cometera. Poderíamos dizer dessa personagem o mesmo que Camus diz de Sísifo:

> Em cada um desses instantes em que ele abandona os cumes e se enterra a pouco e pouco nos covis dos deuses, Sísifo é superior ao seu destino. É mais forte do que o seu rochedo. (s.d.: 97)

Modo de sobreviver e morrer com dignidade, de sofrer menos ou nada sofrer, de mostrar àquele que detém o poder e, por isso, impõe castigos, a sua força interna que o torna resistente às leis, à ordem, às identidades impostas. Mersault, sem nunca reclamar nem se revoltar, é julgado criminoso, ou melhor, vê um outro eu ser construído pelas autoridades constituídas e instituídas, pelas testemunhas que se contradizem, mas ajudam o promotor a transformá-lo no protótipo do infame, trazendo à baila fatos que nada têm a ver com o crime – acaso provocado pelo sol escaldante e pela perseguição de um grupo de homens, nas areias de uma das praias da Argélia.

Sherazade é outra história que demonstra uma outra maneira de resistir: contar – e inventar – histórias que narrava a seu marido, o rei, que, traído por sua primeira esposa, mandava matar todas as mulheres com quem se relacionava. Por essa razão, precisava criar uma estratégia para capturá-lo, sem enraivecê-lo, adiando ou evitando, assim, que a matasse. As histórias contadas ao longo de mil e uma noites, sempre deixando a última, incompleta, em suspense, foi o modo que encontrou para seduzir o sultão e manter aceso seu interesse pelas narrativas, que preenchiam suas noites solitárias. É o que nos diz um excerto desse conto:

> E assim Sherazade fez o mesmo naquela noite, contou [ao Sultão] mais histórias e deixou a última por terminar. Sempre alegre, ora contava um drama, ora contava uma aventura, às vezes um enigma, em outras uma história real. Procurava sempre a tenda dos contadores em busca de histórias para nunca repetir nenhuma. Todas as noites, Sherazade tinha uma história nova para contar ao Sultão. Ela agiu dessa maneira por mil e uma noites seguidas. (As mil e uma noites, 2008)

Nesse caso, a resistência se dá pela criatividade e pela paciência: para não correr o risco de ser morta ou desrespeitada, Sherazade cria uma estratégia para adiar atitudes de revolta do Sultão que foi traído por sua primeira mulher e, assim, sobreviver e conquistar a confiança e o amor do rei. De forma semelhante, age todo aquele que, com paciência, procura agradar o outro para conseguir o que deseja, ainda que, para isso, seja necessário aparentar certa submissão por um bom tempo.

Dessas histórias-mitos depreendem-se dois tipos de resistência:

(a) faz-se o que o outro deseja, entrando aparentemente no jogo, para garantir a própria sobrevivência. É o caso de Sísifo.
(b) busca-se driblar o outro pela criatividade, surpreendendo-o. É o caso de Sherazade.

Mas há, ainda, outros tipos de resistência. Há aquele que expõe a ilusão do apagamento da diferença, porque esta perturba a ordem e o progresso, fazendo emergir: o estranho que habita em cada um de nós, mas que não aceitamos, o estrangeiro que somos para nós mesmos, mas que não queremos admitir, o hóspede que incomoda por suas atitudes, linguagem, comportamentos, diversos dos nossos. Mas, ao mesmo tempo, como que por denegação, serve à manutenção da diferença, expondo-a sem expor: é o caso daqueles que fazem o que o outro quer, cumprem as regras, as exigências, numa aparente submissão, para, entrando no jogo, criar estratégias capazes de virá-lo a seu favor. É o que fazem, por exemplo, os índios quando aceitam e querem aprender a língua portuguesa e as leis dos brancos – e até sentem necessidade disso – para poderem, desse modo, criar condições de diálogo e, assim, apresentar seu ponto de vista e exigir seus direitos, na ilusão de uma igualdade que nunca existirá.

Oriundos de culturas-línguas diferentes, os índios se sentem estrangeiros no país que é mais deles que daqueles por eles denominados brancos. Inferiorizados, sem identidade, jogada no lixo da chamada civilização, muitos resistem – ou desistem, fazendo as adolescentes provarem do fruto vermelho de uma certa árvore, capaz de torná-las estéreis e, assim, acelerar a extinção de sua tribo, a fim de sofrer menos diante da lenta destruição de sua cultura. Foi o que aconteceu com o grupo bororo, cuja língua só tem rastros num compêndio produzido por um padre salesiano quando o último falante estava já bem velho, às vésperas de morrer.

Outras tribos indígenas resistem de outro modo, insistindo em se manterem índios pela conservação de parte de seus hábitos e costumes – moradia, festividades, artesanato, seminudez –, como ocorre com os xavantes de Mato Grosso, não sem que haja perdas e ganhos no inevitável contato com religiosos, visitantes, curiosos, enfim, com a poderosa civilização dos brancos. E há, ainda, uma pequena quantidade de indígenas que se inserem nas grandes cidades, escolarizam-se, chegam, por vezes, à universidade, para, incluídos, cidadãos reconhecidos, estarem aptos a exigirem da sociedade e dos políticos o cumprimento de promessas, a inclusão dos excluídos, a incorporação de seus hábitos. Não há dúvidas de que, inevitavelmente, tal aproximação traz mudanças em si e no outro, com quem entra em contato, pois toda relação de poder carrega em seu bojo a possibilidade de mútuas transformações, ainda que indesejadas, tanto nos chamados subalternos quanto nos chamados dominantes. Resistência pela inserção, como forma de assegurar a sobrevivência de seu povo e, assim, a sua própria...

Foucault (2004: 276-277), reiterado pelas experiências que vivemos no dia a dia, refere-se à resistência como estratégia decorrente de uma relação de poder: a mulher faz o jogo do marido para não apanhar; o aluno faz a vontade do professor para não tirar notas más e, portanto, não ser reprovado, ainda que não veja sentido nas atividades que lhe são solicitadas; em casa, a criança ou o adolescente obedece a seus pais para não ser castigado e, ao mesmo tempo, os engana, criando estratégias para burlar suas imposições; os homossexuais disfarçam ou escondem sua escolha sexual para não serem vítimas de discriminação e assim por diante. Trata-se, nesses casos, de entrar no jogo do poder para disso tirar proveito. Mas há casos em que a resistência se manifesta pela recusa explícita de participar do jogo da sociedade hegemônica. Destes, salientam-se dois:

(a) não se entra no jogo do outro, como modo de protesto ou rebeldia. É o caso de jovens que constroem sociedades alternativas do tipo *skinhead* ou *hippies* ou, ainda, é o caso daqueles que se recusam a entrar na ordem do discurso hegemônico, preferindo viver na rua a se submeter ao chefe ou patrão e a dar satisfações a parentes ou familiares. São aqueles que dizem estar na rua por opção, ainda que não passe de uma falsa liberdade, de uma escolha ilusória.
(b) não se entra no jogo do outro, para mostrar-lhe que se têm qualidades suficientes para resistir ao sofrimento da exclusão e, assim, encontrar um lugar para si, apesar de tudo... É o caso de imigrantes que não se sentem bem acolhidos no país hospedeiro – ou "hostipitaleiro" – ao mesmo tempo, hostil e hospitaleiro (Derrida, 1997) –, mas lá permanecem para enfrentar o desafio e mostrar o seu valor e sua capacidade de conseguir o que pretendem, custe o que custar.

Nuns, percebe-se o desejo de fazer parte do discurso, mas as portas permanecem fechadas: a eles não são dadas chances para entrarem e poderem participar do jogo. É o que acontece com os moradores de rua que aí permanecem por razões de pobreza e migração. É também o que acontece com aqueles que resistem pela violência, modo de estar no jogo, estando fora dele; de perturbar a ordem, estando dela excluído, caso também de adolescentes, detentos da antiga Febem, que, para denunciar os maus-tratos que sofrem, planejam e produzem rebeliões, fugas e, por vezes, manifestam-se, exibindo em letras garrafais, nos telhados de algumas unidades do complexo da Febem do Tatuapé, o grito de revolta: "Chega de opressão" (4.11.2005).

Em todos os casos de resistência aqui apresentados e noutros que, certamente, esquecemos, é preciso compreender que as resistências fazem parte das relações de poder, como afirma Foucault (2004: 276-277) e, desse modo, participam do que o mesmo filósofo denomina a *ordem do discurso*, esgarçando-a, rasgando-a, escancarando suas incoerências e seus "furos". Se o poder legitimado por uma instituição ou pelo reconhecimento de um saber que não se tem encontra-se disseminado e explica as situações de exclusão em favor dos incluídos, portanto, daqueles que, de alguma forma, estão alinhados com o poder, dele tirando vantagens, então, a resistência à exclusão deveria constituir a possibilidade democrática de cavar para si um lugar, em que seus direitos possam ser respeitados, em que cada um possa se realizar – no trabalho, na vida pessoal e intelectual. Mas não é o que acontece: numa sociedade neoliberal, as oportunidades não são as mesmas para todos, embora os discursos publicitário e político busquem convencer do contrário: se uns conseguem, a duras penas, romper a ordem preestabelecida e nela adentrar, muitos tentam fazer o mesmo, mas se arrebentam, encontrando apenas o caminho da violência, da agressão do roubo como forma de resistência.

Duas situações de (des)ordem, (in)fâmia e resistência

Inúmeras são as situações (des)ordenadas e (in)fames no meio urbano das grandes cidades brasileiras. Entretanto, como dissemos na introdução, focalizaremos neste capítulo duas situações de reclusão e, portanto, duas situações de resistência: a primeira, a respeito de adolescentes e jovens internados na antiga Febem, e a outra, a respeito de jovens ou adultos, considerados loucos, ou melhor, vítimas do estigma que recai sobre o demente, como um ser incapaz de racionalidade, de dizer a verdade e, portanto, de viver em sociedade. Em ambos os casos, a reclusão é, ao mesmo tempo, uma forma de disciplinar e uma forma de controlar, com o objetivo teórico de devolver cidadãos à sociedade, dóceis às exigências – regras, leis, normas, valores – aos quais devem obedecer sem questionar.

A delinquência e a demência, em certa medida, constituem duas situações de marginalidade e, portanto, de desrespeito à ordem e, evidentemente, à lei. Lei essa que dirige e governa todos os cidadãos de um grupo social determinado e castiga aqueles que, economicamente desprovidos, racionalmente abalados e inteiramente segregados, cometem infrações, leves ou graves, ou desafiam o efeito de segurança do grupo, calcado na rede racional e racionalizante dos valores que segregam todo aquele que se rebelar contra ela, rotulando-os de *loucos*, insanos, dementes (Foucault, 1996).

Considerando ambas as situações reveladoras de resistências à ordem estabelecida, a um só tempo semelhantes e diferentes, analisamos textos escritos por jornalistas sobre rebeliões e fugas da Febem (hoje Casa) e outros dois escritos por Stela do Patrocínio, que, em seus poemas, faz catarse de seu sofrimento. Os recortes escolhidos para este texto acusam a injustiça e falam pelos silenciados, que, por serem discriminados, permanecem ignorados, anulados, à margem do sistema.

O caso de adolescentes da Casa, antiga Febem

Muito frequentes são as notícias publicadas em jornais – no papel ou na tela – e revistas de grande circulação sobre as revoltas dos menores delinquentes e as agressões que cometem, ao lado da competência dos policiais em coibir novas situações de criminalidade e de fugas. Bem menos frequentes são as notícias que dão conta dos maus tratos sofridos por esses jovens e adolescentes; essa escassez, quase inexistência, causa no leitor o seguinte efeito de sentido: esses *seres* são marginais, delinquentes, não merecem piedade nem defesa constituem ameaça às famílias e, por isso, devem permanecer presos, sob vigilância 24 horas por dia. Felizmente, as mães dos internos, através de ONGS (como a AMA) e a Ordem dos Advogados, em defesa dos direitos humanos, se pronunciam de tempos em tempos, exercendo a função de porta-vozes dos menores infratores, que só têm sua voz através da de outros e só são ouvidos quando falam através de violência, fugas e rebeliões. Por essa razão, traremos três recortes: dois que denunciam novas rebeliões e um que busca defender os direitos desses adolescentes reclusos.

Observe-se o relato rápido do acontecimento em duas notícias – a primeira publicada em O *Estado de São Paulo,* de 1.5.2008, no Caderno Cidades, redigida por Cláudio Dias, a respeito de uma rebelião ocorrida em 2007, e a segunda, no site *Último Segundo,* em 26.5.2008, às 19h29, Agência Estado:

> R1 - Em 3 de março de 2007, a rebelião durou 15 horas e foi marcada por cenas de selvageria e arremesso de computadores, fogão, armário e uma geladeira pelo telhado. Essa, inclusive, foi a ação mais violenta das cinco rebeliões registradas no Estado. (Cláudio Dias, *O Estado de São Paulo,* Caderno Cidades, 1.5.2008)

Observe-se, em R1, a escolha, da parte do jornalista, de unidades linguísticas – *selvageria, arremesso de objetos importantes* (computadores, geladeira, fogão) *pelo telhado, ação violenta, rebelião* – que provocam o efeito de sentido de que os jovens são irracionais, pois não respeitam nem mesmo o que o Estado, benevolamente, fornece para o seu conforto e para a manutenção de uma instituição que pretende apenas recuperá-los, curá-los, educá-los. Loucos, fora da normalidade anonimamente construída por aqueles que se consideram e são considerados sãos, os jovens delinquentes e, portanto, inconsequentes, desprovidos de credibilidade, de verdade – objetificados, ou melhor, animalizados –, são inteiramente responsabilizados pela rebelião, assumida como um evento normal dentro das condições de irracionalidade e criminalidade em que se encontram os habitantes da Casa, o que é visto como algo revoltante porque aponta para a impossibilidade de recuperação desses jovens, loucos-animais-objetos, que estão onde deveriam estar: afastados daqueles que estariam em perigo iminente se estivessem soltos. Além disso, observe-se que a notícia quantifica as rebeliões (cinco), provavelmente para produzir o efeito de credibilidade, poder estabelecer uma comparação e, ao mesmo tempo, sugerir que são poucas as fugas, graças à ação eficiente dos policiais, autoridades instituídas que sabem fazer valer o seu poder para fazer retornar à ordem a desordem.

Observe-se, ainda, o recorte 2, ainda mais recente, que relata outra tentativa de fuga dentre as muitas que ocorre(ra)m nessa instituição estadual ao longo de seus anos de existência:

> R2 – Sete adolescentes fugiram na tarde de hoje de uma unidade da [...] Casa, antiga [...] Febem, em Campinas (a 95 quilômetros de São Paulo). Segundo a Fundação Casa, seis fugitivos foram recapturados. A fuga ocorreu por volta de 14h45. Os adolescentes estavam no pátio de lazer da unidade de recuperação de menores infratores instalada no bairro São Vicente, quando ao menos 15 adolescentes agrediram funcionários. Dois monitores de atividades ficaram feridos e foram levados para um pronto-socorro da cidade.
>
> Dois fugitivos roubaram um carro perto da unidade, mas foram capturados após perderem o controle do veículo e tentarem fugir a pé. A Polícia Militar informou que, no fim da tarde, a situação na unidade já estava sob controle. Um menor infrator ainda não havia sido recapturado até o início da noite de hoje. (Disponível em: <http://ultimosegundo.ig.com.br/brasil/2008/05/26>. Acesso em: 29.7.2008).

Apenas os atos de violência, insanidade e criminalidade dos adolescentes são relatados: fuga, agressão a funcionários, a monitores que ficaram feridos, roubo de um carro. Em estilo indireto, têm voz a Fundação Casa ("Segundo a Fundação Casa") e a Polícia Militar ("A Polícia Militar informou") que respondem pela ordem e pela punição à desordem, a todo tipo de resistência que rompe e corrompe as regras e as leis, responsáveis pela segurança e bem-estar dos chamados "cidadãos de bem".

Em nenhum momento, nem mesmo em estilo indireto, dá-se voz aos fugitivos, porque fazer isso seria dar razão aos insanos, aos que estão contra e à margem da lei, ou ainda abrir uma brecha para uma explicação, para justificativas que não interessam a ninguém (e, portanto, ao leitor), sob pena de provocar a desordem, dar razão à criminalidade, à violência. São ressaltadas apenas as ações "louváveis" da Polícia Militar e as medidas urgentemente tomadas pela Casa, com o objetivo de restabelecer a ordem e a lei, isto é, de restabelecer a rede apaziguadora dos significantes que remetem à cultura.

Os detalhes apresentados da fuga, do modo como aconteceu o incidente, as informações precisas do local (Campinas, "a 95 quilômetros de São Paulo"), da hora ("14h45"), dos momentos de captura dos fugitivos, ao lado do nome do jornalista e do veículo (nome do jornal), produzem o efeito de sentido de verdade, de fidelidade aos fatos, suscitando nos leitores reconhecimento, legitimação, credibilidade. Em nenhum momento, é possível questionar a veracidade dos fatos nem a objetividade do jornalista que não emite, de forma explícita, nenhum juízo de valor.

Não se desconfia de que, como toda notícia, descrição, ou relato, e este capítulo também, a verdade (história) se cruza com a ficção, se mescla com a capacidade inventiva e sempre tendenciosa, sempre subjetiva. Isso na medida em que é impossível deixar de habitar a ideologia, a cultura e, portanto, os valores nos quais acreditamos e que constituem a instância simbólica do ideal de eu (Lacan, 1998: 96-103), porque foram herdados, transmitidos; enfim, na medida em que é impossível deixar de habitar as formações discursivas em que nos inscrevemos o jornalista, o jornal, os leitores, os responsáveis pela Casa, a Polícia Militar e até mesmo os adolescentes, que, para resistirem, precisam conhecer as regras do jogo que não querem jogar, as leis que querem desconsiderar, os valores que querem desordenar, a sociedade que desejariam desorganizar.

Vingança pelo isolamento, pela injustiça social de que, na grande maioria das vezes, são vítimas desde que nasceram, pela sociedade que os descartou – a eles e à sua família –, não lhes dando apoio, condições de sobrevivência digna, com acesso à escola, à saúde, ao trabalho bem remunerado... Vingança por um destino que os lançou na lama, na loucura e no silêncio dos desacreditados: capazes de pensar, são impossibilitados de fazê-lo; capazes de falar, sua voz não é ouvida; capazes de ver e ouvir, são considerados cegos e surdos. Afinal, segundo a ordem do discurso hegemônico, deveriam aceitar sem questionar, reclamar nem reivindicar a esmola, as migalhas que os ricos ou os que se inserem na ordem vigente lhes lançam, fruto de sua caridade e bondade interesseiras, porque os liberam do peso do pecado ao mesmo tempo em que os isentam de qualquer outra responsabilidade social. Sem álibi!

Esses dois recortes recentes dão conta, é verdade, da agressividade dos jovens em ocasiões de rebelião, mas é preciso considerar que constituem sempre momentos privilegiados de resistência ao anonimato, ao esquecimento e ao silêncio a que estão fadados, não apenas no tempo de reclusão. Desabafo em conjunto, já que é muito mais eficaz: individualmente, não são sequer ouvidos, olhados, nem considerados. Desabafo pela agressão, já que, pacificamente, não causam nenhuma espécie de reação ou comoção: longe dos olhos e do coração dos "cidadãos de bem". É preciso, muitas vezes, provocar medo para que, de alguma forma, sejam contados na sociedade, senão como cidadãos, pelo menos, como seres vivos, inteligentes, que sabem como reagir e resistir.

Mas, como já dissemos, vez por outra, alguém se coloca na defesa dos injustiçados e fala por eles. Em R3, é um representante da OAB quem relata à sua maneira, bem diferente do modo como se dão as informações aqui trazidas em R1 e R2. Trata-se de excertos extraídos de uma matéria publicada pela *Folha de S.Paulo* (versão eletrônica), em relato destemido de uma situação de punição, logo após uma revolta dos internos:

> R3 – Não há tempo a perder. No pátio iluminado da unidade da Febem na rodovia dos Imigrantes, São Paulo, na noite de sábado, 11/9, mais de uma centena de jovens estão sentados, sem roupa, apenas de cuecas, com as cabeças enfiadas nos joelhos. Em volta deles, mais de uma dezena de adultos rondam agitados. Dois homens, encapuzados, chutam os rapazes, arremessam-se sobre o grupo, pisoteando-o, para atingir e espancar alguns. Ninguém impede. Na frente dos portões, na tarde de domingo, 12/9, espremem-se familiares desesperados, que gritam e sacodem os portões.
>
> Momentos antes, policiais militares utilizaram armas com balas de borracha (que podem cegar, lesar órgãos vitais, até matar: quem autorizou esse ato insano?) contra familiares indefesos, que queriam impedir seus filhos de serem reconduzidos à Febem. Volta e meia os portões se abrem, ambulâncias e viaturas entram. Mães clamam inutilmente por informações sobre seus filhos. (Pinheiro, 2010)

Ao contrário de R1 e R2, que se baseiam no relato de autoridades, em R3, o narrador se coloca na posição de observador para relatar, também objetivamente, o acontecido de dentro da Febem: como são tratados os adolescentes e seus familiares após a rebelião. Apesar da pretensa objetividade (dia, lugar, hora), tanto quanto os recortes anteriores, R3 expõe a perspectiva do autor. Como num texto literário, tomado pelo dever da defesa, o narrador traz a sua interpretação dos fatos: os policiais e funcionários da Febem não têm tempo a perder – precisam agir rapidamente para restabelecer a ordem ao recinto ("Não há tempo a perder"). Para isso, não medem esforços, não medem atitudes de agressão: pisoteiam os internos, chutam-nos, espancam-nos, colocam-nos em posição de completa submissão ("sem roupa, apenas de cuecas, com as cabeças enfiadas nos joelhos"), como se fossem animais que precisam ser domados e escorraçados.

No dia seguinte, os familiares são também maltratados ("armas com balas de borracha"): afinal, como querem defender direitos de quem não tem nenhum, de quem não merece a menor consideração, pois perturbam a ordem e o bem-estar da sociedade? Não têm nem mesmo os direitos de paternidade e maternidade, o direito de impedir que seus filhos sejam maltratados, o direito de saber o que está acontecendo com seus filhos atrás dos portões cerrados daquela unidade da Febem. Só ambulâncias e viaturas podem entrar, para castigar e cuidar dos feridos pelos maus tratos. Mas, contrariamente aos excertos anteriores, o narrador se posiciona explicitamente, expressa sua revolta ("Ninguém impede." R3; "Há ausência completa de comando da unidade" – ver R4). E o relato prossegue:

> R4 – Há ausência completa de comando na unidade. Os diretores, sozinhos, sem nenhuma autoridade superior presente, estão desorientados e estafados. Dezenas de jovens são recapturados. São trazidos em carros e caminhões, como gado, sem camisa, estropiados, com sinais de agressão recente. Gritam nomes de monitores que, de acordo com eles, os espancam rotineiramente. Apesar das agressões evidentes, não são submetidos a exame médico-legal (tornando as alegações de maus tratos inúteis em termos criminais). Entramos num pátio, da ala B, onde começou a rebelião, depois do espancamento de um jovem. Veem-se sinais de incêndio e destruição. São cerca de 365 jovens, amontoados, sem classificação de acordo com o tipo de crime cometido. Fazemos reunião com mais de centena de internos. Pés de mesa, paus, cabos de vassoura, cadeiras são os instrumentos de que se servem os monitores para espancá-los rotineiramente. Muitos internos têm sinais de agressão recente. Doenças de

> pele infestam seus corpos. Dormem três por colchão, coberto de napa, sem lençol. Promiscuidade. São guardados por menos de 20 funcionários. Nos pontos de água, cada um toma um banho de dois minutos. Um bebedouro, tipo cocho, não tem torneiras. Vasos sanitários quebrados. Fica-se tentado a invocar os direitos dos animais: haras de cavalos ou chiqueiros oferecem tratamento mais humano. Fazemos encontro com os funcionários: efetivos insuficientes, despreparo, condições de trabalho precaríssimas. [...] A violência está inserida no funcionamento da instituição. (Pinheiro, 2010)

As denúncias continuam em R4: ausência de autoridades acima dos diretores, agressões cotidianas aos internos pelos monitores, falta de cuidados médicos, maus-tratos com paus, cabos de vassoura, despreparo dos funcionários e monitores, que trabalham em condições precárias, tratamento desumano... Irresponsabilidade do Estado!

Em vez de carinho e educação, os adolescentes recebem tratamento animalesco ou pior, já que a Sociedade de Defesa dos Animais não admitiria que fossem tratados de modo tão violento, como explicitam as comparações: "haras de cavalos ou chiqueiros oferecem tratamento *mais humano*", "trazidos em carros e caminhões, *como gado*, sem camisa, estropiados, com sinais de agressão" (grifo meu), em total promiscuidade e falta de higiene: sanitários quebrados, sem torneiras, banho de dois minutos, dormindo num colchão sem lençol, com outros dois colegas... A denúncia é forte e traz, em estilo indireto – como sempre acontece quando algum espaço é concedido àqueles que não têm vez nem voz –, o dizer dos reclusos, para produzir o efeito de confiabilidade que, dessa vez, é dada aos internos. Embora apele para a emoção do leitor, talvez com o objetivo de angariar adeptos à causa de defesa dos menores, o texto mostra que o sistema está podre e mais corrompido do que os próprios adolescentes que, com certeza, sairão mais revoltados e mais violentos do que eram antes de ingressarem na Febem.

Fica claro, portanto, que se no momento de uma revolta os jovens e adolescentes agem de forma agressiva e até violenta, a contrarresistência é bem pior. A situação é tão trágica que, não faz muito tempo, o governo resolveu investir em mais abrigos (ou prisões), para reter em cada um não mais do que cinquenta adolescentes, que infringem a lei e comprometem a ordem estabelecida, a fim de reforçar a vigilância e o controle. Mas, apesar disso, as revoltas se repetem, único modo de se fazerem ouvir, resistindo à obscuridade, ao abandono, ao desprezo total da sociedade, que quer, a todo preço, ver-se livre do perigo, da violência, da insanidade, já que os internos, como quaisquer criminosos, são considerados loucos, irracionais, inconsequentes, delinquentes e perigosos... tanto ou mais do que aqueles, liberados pelo diagnóstico que os livra das garras da justiça, mas não os livra da ciência, dos manicômios, do isolamento, da discriminação.

O caso de Stella do Patrocínio

Reclusa num manicômio, longe dos olhos sensatos dos racionais, daqueles que fazem uso da razão como prova de sua sanidade mental, Stella do Patrocínio sofre... E, para suportar o desprezo e o isolamento, refugia-se vez por outra na letra, que se faz texto (oral) como forma de resistir ao sistema opressor do asilo e sobreviver à surdez de quantos dela se aproximam sem dar ouvidos ao que diz: palavras nulas, insensatas e sem crédito de uma louca (Foucault, 1987). Insana, fora dos parâmetros racionais dos sãos (sadios), "normais", Stella do Patrocínio se faz autora, se diz em seus desabafos, diz da desesperança e do abandono em que se encontra. Vejamos os poemas em R5 e R6:

> R5 – **No céu**
> Me disseram que Deus mora no céu
> No céu na terra em toda parte
> Mas não sei se ele está em mim
> Ou se ele não está
> Eu sei que estou passando mal de boca
> Passando muita fome comendo mal
> E passando mal de boca
> Me alimentando mal comendo mal
> Passando muita fome
> Sofrendo da cabeça
> Sofrendo como doente mental
> E no presídio de mulheres
> Cumprindo a prisão perpétua
> Correndo um processo
> Sendo processada
> (Patrocínio, 2001: 97)

Louca ou lúcida? Desequilibrada ou desiludida? Talvez nem uma coisa nem outra ou uma e outra, porque, a crer em Fernando Pessoa, em *O provin-*

cianismo português: "quando um doido sabe que está doido, já não está doido"; e Stella do Patrocínio tem consciência do que se passa com ela: tem dores de cabeça, sofre "da cabeça", "como doente mental"... É como se estivesse presa, "em prisão perpétua", sem esperanças de liberdade. Tanto quanto um criminoso, o louco se sente processado, preso, julgado, incriminado: única razão para a reclusão e para os maus tratos – Stella do Patrocínio sente fome, fome de deus, fome de alimentos, seu corpo sofre a falta de tudo.

Loucura e delinquência encontram-se e misturam-se no sofrimento da reclusão e do esquecimento... Observe-se, no poema acima, o uso reiterado de verbos no gerúndio, que apontam para a coincidência entre o momento de enunciação e o tempo do enunciado – presente parafrástico, com aspecto durativo e continuativo: sensações, ficção ou verdade? Com certeza, as três coisas, se considerarmos que, ao falar de si, o sujeito se apresenta e se representa, tal como o faz um ator ou uma atriz no palco, que pode ser também o palco da vida, no qual atuamos nós, Stella do Patrocínio, os internos do Casa, os loucos. Vida que é fácil e difícil ao mesmo tempo, que é nascimento e morte: nascimento do corpo, da alma, da inspiração; morte do corpo e de si em vida: morte imposta pela penumbra, pelo anonimato, pelos maus-tratos – físicos e psíquicos...

> R6
> Dias semanas meses o ano inteiro Minuto segundo toda hora
> Dia tarde a noite inteira
> Querem me matar
> Só querem me matar
> Porque eu tenho vida fácil tenho vida difícil
> Eles querem saber como é que eu posso ficar nascendo Sem facilidade com dificuldade
> Por isso é que eles querem me matar
> (Patrocínio, 2001: 64).

Marca sem marca – ausência de pontuação –, fluxo ininterrupto do pensamento sem limites impostos pelo tempo cronológico, fluxo do sofrimento sem fim; eu e eles: eu – vida, resistência, força, coragem; eles – os outros: morte, aniquilação, perseguição. Trava-se uma luta incessante: resistir ou morrer, deixar-se matar, ser vencida? Escolha – se é que é possível escolher em tais situações – sempre difícil, impossível e possível ao mesmo tempo ("sem facilidade com dificuldade"). Stella do Patrocínio desconstrói a lógica, a racionalidade dos sãos e instaura a lógica dos poetas, dos loucos, dos que conseguem escapar à monotonia do mesmo e da ordem. Feliz loucura aquela que permite a criatividade, a irrupção do inconsciente pelas artes (verbais, pictóricas, musicais...), feliz loucura aquela que deposita em alguém o seu saber escondido ou velado ou, melhor ainda, ignorado! Feliz loucura aquela que sabe sublimar a angústia produzida pela falta que constitui a subjetividade, marcada pelo desejo e pela castração.

À guisa de (in)conclusão...

Importa repetir nesta conclusão – que não se fecha e que nada encerra, porque a pesquisa se abre ao debate e prossegue o seu caminho (des)conhecido – a tão reiterada afirmação de que os adolescentes internos, do e no Casa (e fora dele também!) estão ou se encontram em situação de risco, assim como está em risco a escritora (in)sana, que nunca acreditou em seu talento e, menos ainda, que, um dia, viria a público a sua competência e arte.

Segundo o *Novo Aurélio*, a palavra "risco" deriva do latim *resecare*, "cortar". Tal definição permite dizer, com Abreu (2004) que "essas situações de risco cortam as crianças e os adolescentes [*e por que não, os adultos?*], ou seja, cortam seus direitos e suas potencialidades", sobretudo se compreendermos que muitas dessas criaturas, antes de serem confinadas, viviam em situações de miséria e penúria, em favelas, partilhando com os irmãos e os adultos o mesmo quarto, em estado de total promiscuidade, que, aliás, continua na outra "Casa" – prisão ou asilo.

Essas situações de risco, como já notava muito bem Noé Azevedo, em 1920, são propensas a levar os jovens ao crime; mas, como afirma ele, o mundo ouve apenas "um echo mui débil dos mais atrozes sofrimentos". Essas criaturas que já nascem em situações de risco (ou são nelas colocadas) – silenciadas desde cedo, porque nem se sabe de sua existência, porque seu dizer é sem sentido – crescem, desenvolvem-se, na favela ou na rua, cometem furtos, colocam-se (ou são colocadas) à margem da ordem social e, quando começam a atrapalhar a vida dos "cidadãos de bem", são confinadas na Febem (hoje, ironicamente, Casa) ou no asilo (antigo manicômio), onde prosseguem sua vida de silenciados, marginalizados, sem direito algum, porque nem mereciam existir. Também não mereciam existir os loucos: loucos, porque dizem verdades que a razão e a cultura censuram; loucos, porque revelam e desvelam os interditos; loucos, porque se insubordinam à ordem predeterminada e opressora, e apontam para um mundo incoerente, instável e mestiço; loucos, porque desconstroem, sem saber (ou sabendo?), a normalidade e as verdades inquestionáveis, colocando a descoberto a irracionalidade que constitui a todos, fazendo emergir a desordem do inconsciente.

Nesta (in)conclusão, é importante lembrar, em primeiro lugar, que Pierre Rivière, personagem resgatada do esquecimento e da penumbra por Michel Foucault (1977), reúne em si, sem jamais unir, os casos que aqui nos interessaram mais de perto: a loucura, representada por Stella do Patrocínio, e a criminalidade, assim considerada pela ordem jurídica; a resistência dos internos da Febem ou do Casa, cuja denominação remete, ironicamente, ao bem-estar, aos bons tratos e ao carinho da família –, tudo o que não têm os jovens infratores –, versão deturpada dos castigos e grilhões que acompanharam o destino de Sísifo, e a resistência pela escrita, pela criatividade, de Stella do Patrocínio, versão brasileira de Sherazade. Tanto quanto esta, Pierre Rivière constrói sua identidade na e pela escrita, resistindo, desse modo, ao anonimato e à penumbra – ou escuridão total – que lhe foi imposta, ao julgamento da loucura e dos crimes que confessa ter cometido, na consciência inconsciente dos que sabem produzir sentido...

Derrida, em *A farmácia de Platão*, sugere que escrever-se é dar-se um corpo (1991: 143), ao que eu acrescentaria dizer-se (que é o mesmo que escrever-se) inscrevendo-se (do latim *scribere*) é dar-se uma identidade, é construir para si um lugar no mundo, é fazer-se ouvir ao menos por aqueles que se interessam, que se identificam com traços da subjetividade que atravessa o dizer, interessando-se também em tornar público, reproduzir o seu dizer insano (louco e sadio ao mesmo tempo), como aconteceu, de forma semelhante e diferente ao mesmo tempo, com Stella do Patrocínio e Pierre Rivière.

Uns e outros se sentem e são excluídos do e no sistema neoliberal e, portanto, da e na sociedade denominada também *pós-moderna*. Produto da "passagem da era industrial para a pós-industrial, que dispensa o trabalho e o trabalhador, já que se alimenta do próprio capital e do mercado" (Walty, 2005: 17), a exclusão atinge "os segmentos populacionais alijados dessa ordem, sem grandes perspectivas de reintegração" (Walty, 2005: 17), porque não conseguem "integrar-se na dinâmica da economia mundial" (Gómez, apud Walty, 2005: 7). Segundo Forrester,

> como são cada vez menos vistos, como alguns os querem ainda mais apagados, riscados, escamoteados dessa sociedade, eles são chamados de excluídos. Mas, ao contrário, eles estão lá, apertados, encarcerados, incluídos até a medula! Eles são absorvidos, devorados, relegados para sempre, deportados, repudiados, banidos, submissos e decaídos, mas tão incômodos: uns chatos! Jamais completamente, não, jamais suficientemente expulsos! Incluídos, demasiado incluídos, e em descrédito! (apud Walty, 2005: 17).

E eu acrescentaria: cada vez mais incluídos para desaparecerem, porque – pobres, desempregados, ameaçados, famintos, corrompidos pela miséria e pela insanidade – se embrenham loucos e delinquentes, sorrateiramente, nos locais reservados aos que dormem o sono dos anjos, perturbando sua paz e sua racionalidade... Infames – sem fama e famosos ao mesmo tempo, seja pelos crimes atrozes que cometeram, seja pela ousadia da criatividade ou da expressão de sua singularidade, conseguem sobreviver às identidades construídas para causarem repulsa, nojo, horror, como animais selvagens e devoradores.

É preciso considerar, para terminar, que o termo inclusão, tão usado nos dias de hoje, nos vários segmentos da sociedade e, sobretudo, na área político-educacional, em oposição à exclusão traz também, em seu bojo o sentido de reclusão, clausura, censura; do que se conclui que incluir é o mesmo que enclausurar (colocar em clausura), inserir na ordem do discurso hegemônico e, nesse sentido, regular a vida de um e de outro... Assim, não raro inclui-se excluindo e é possível excluir-se incluindo, anulando as diferenças, como sói ocorrer na escola, no trabalho, na rua: o cego, o surdo-mudo, o cadeirante são inseridos em recintos ao lado dos videntes, dos ouvintes, daqueles que são considerados normais; estes, apesar da boa vontade, fazem deles o depositário de sua misericórdia, de sua comiseração, de sua piedade, que, em lugar de respeitá-los, os exclui mais e mais.

De todo modo, vale considerar que o termo exclusão, embora aponte para fora, para a não inserção, aponta também para a liberdade, para fora da clausura (lt.: *ex clausus*), das regras que limitam e constrangem, da ordem que inibe e põe em risco a criação, a singularidade. A questão é saber fazer uso dela, quando nos encontramos em situações de confinamento, pela loucura que é também delinquência ou pela delinquência que é sempre loucura.

É preciso, entretanto, compreender que todos continuaremos em risco se fizermos *tabula rasa* das diferenças, homogeneizando tudo e todos e rotulando o estranho, o estrangeiro de louco, delinquente, inconsequente, insano, só porque nos incomoda, nos desestabiliza, provoca em nós desordem e conflito. Se prosseguirmos nesse caminho sem volta, teremos que concordar com Albuquerque (1978: 28), que

> [d]e tanto fazer-se do criminoso, do delinquente e do revoltado um *louco*, pode-se acabar fazendo da *loucura* um crime e, de cada um de nós, suspeitos perenes de alguma forma de neurose, um candidato aos tribunais. Ou, pelo menos, alguém a vigiar.

E então todos, sem exceção, continuaremos em risco, não apenas porque criamos identidades abomináveis para os quais o sol nunca brilhou, não apenas porque a noite se faz presente do nascimento à morte, nascimento que já é morte e morte que é sempre nascimento, mas também e sobretudo porque desconsideramos o valor daqueles que, desacreditados, continuam sua luta; rejeitados, resistem bravamente, infiltrando-se nos meandros mais sinuosos – e, portanto, perigosos – da sociedade injusta, buscando um fio no qual possa se segurar, para, enfim, penetrar no labirinto da (des)ordem, que deveria a todos acolher e recolher...

Bibliografia

ABREU, S. R. de. Crianças e adolescentes em situações de risco no Brasil. *Revista Brasileira de Psiquiatria*. São Paulo, v. 24, n. 1, mar. 2004.

ALBUQUERQUE. J. A. Guilhon. *Metáforas da desordem*. Rio de Janeiro: Paz e Terra, 1978.

Azevedo, N. *Dos Tribunaes especiaes para os menores delinqüentes e como podem ser creados entre nós*. São Paulo: Saraiva & Cia., 1920.

BAUMAN, Z. *Modernidade e ambivalência*. Trad. Marcus Penchel. Rio de Janeiro: Jorge Zahar, 1999.

______. *Modernidade líquida*. Rio de Janeiro: Jorge Zahar, 2001.

CALLIGARIS, C. *Hello, Brasil!* 4. ed. São Paulo: Escuta, 1996.

CAMUS, A. *O mito de Sísifo*: ensaio sobre o absurdo. Lisboa: Livros do Brasil, s. d.

CORACINI, M. J. Juventude em risco e governamentalidade: a questão do silenciamento e da identidade. In: NAVARRO, P. (org.). *O discurso nos domínios da linguagem e da história*. São Carlos: Claraluz, 2008.

DERRIDA, J. *A farmácia de Platão*. Trad. Rogério da Costa. São Paulo: Iluminuras, 1991.

______. *Specters of Marx*: the state of the debt, the Work of Mourning. Trad. Peggy Kamuf. London/New York: Routledge, 1994.

______. *De l'Hospitalité*. Paris: Calmann-Lévy, 1997.

FOUCAULT, M. *A ordem do discurso*. Trad. Laura Fraga de Almeida Sampaio. São Paulo: Loyola, 1996.

______. *História da loucura na Idade Clássica*. Trad. José Teixeira Coelho Neto. 2. ed. São Paulo: Perspectiva, 1987.

______. *Eu, Pierre Rivière, que degolei minha mãe, minha irmã e meu irmão...* um caso de parricídio do século XIX apresentado por Michel Foucault. Rio de Janeiro: Graal, 1977.

______. A ética do cuidado de si como prática da liberdade. *Ditos e escritos*, v. V. Rio de Janeiro: Forense Universitária, 2004, pp. 264-87.

LACAN, J. Observação sobre o relatório de Daniel Lagache. *Escritos*. Rio de Janeiro: Jorge Zahar, 1998, pp. 96-103.

PATROCÍNIO, S. do. *Reino dos bichos e dos animais é o meu nome*. Rio de Janeiro: Azougue, 2001.

PINHEIRO, P. S. Febem, humilhação brasileira. *Folha de S. Paulo*, São Paulo, 20.9.1999. Disponível em: http://www.nevusp.org/portugues/index.php?option=com_content&task=view&id=314&Itemid=29. Acesso em: 03 abr. 2010.

WALTY, I. *Corpus rasurado*: exclusão e resistência na narrativa urbana. Belo Horizonte: Ed. PUC-Minas/Autêntica, 2005.

O tema *corrupção* em programas de governo das eleições presidenciais 2006

Roberto Leiser Baronas
Regiana Perpétua Manenti

Durante um pleito eleitoral, os candidatos a cargos públicos no executivo contemplam em suas propostas um conjunto de temas que constituem um debate entre os partidos. São eles: *saúde*, *educação*, *segurança do cidadão*, *trabalho* etc.; esses temas, dentre outros, são considerados fundamentais na composição de qualquer discurso que busca inscrever-se no âmbito político eleitoral. Portanto, ainda que os candidatos dos diferentes partidos não os abordem de forma ampla e consistente, eles estão sempre presentes em seus discursos. Percebemos então que há certa *imposição* em torná-los parte das discursividades que constituem esse espaço discursivo, já que, no discurso de um candidato, a ausência de qualquer um dos temas considerados fundamentais pode gerar críticas capazes de comprometer inclusive uma decisão eleitoral.

Assim, em cada eleição vemos emergir uma constelação de enunciados que se referem à educação, à saúde do cidadão, ao comprometimento com a democracia etc.; e, junto a eles, outros novos temas que fazem parte do dizível de uma dada época, que vão sendo incorporados ou solicitados a fazer parte dessa ordem discursiva. Nesse sentido, alguns acontecimentos históricos relacionados à política do país, por exemplo, podem se transformar em objeto de discurso ou num acontecimento discursivo. Assim, recentes episódios da política brasileira como "Mensalão", "Mensalinho", "Dossiê Tucano" passaram a fazer parte do espaço discursivo das últimas eleições e foram textualizados nos mais diferentes gêneros.

Compreender as textualizações do político, quer seja na mídia ou em outro suporte textual, tendo como arcabouço teórico-metodológico a Análise do Discurso de orientação francesa, tem sido objeto de inúmeros trabalhos acadêmicos no Brasil nos últimos anos. No entanto, poucos são aqueles que se debruçam(ram) nesse mesmo mirante discursivo sobre planos de governo. Esses gêneros, por estarem na fronteira entre o discurso político e o discurso publicitário,[1] são considerados na maioria das vezes como não dignos de um tratamento científico. Tratar discursivamente os planos de governo significa não tomá-los na ordem da língua, verificando se os locutores se dirigem aos seus destinatários em primeira pessoa do singular ou do plural, por exemplo, ou na dimensão do seu conteúdo, se os candidatos vão cumprir ou não aquilo que prometem, se eles têm competência administrativa ou não para concretizar o que está textualizado em seus planos. Ou seja, trata-se de pensar como um conjunto de condições histórico-linguísticas, enquanto "princípios de controle, delimitação e rarefação" (Foucault, 1995: 12), possibilita-autoriza a inscrição do sujeito na língua e na história como sujeito de seu discurso.

Quando nos filiamos a uma perspectiva teórica que busca compreender o funcionamento da língua em relação à história, desconsideramos qualquer procedimento de análise que pressupõe o (re)aparecimento de um enunciado como fruto de uma causalidade, como se ele surgisse aleatoriamente ou causalmente. Como se, independentemente de ser dito pelo partido *x* ou pelo partido y, ele produz os mesmos sentidos sobre um determinado objeto discursivo. A emergência contínua de determinados temas em um espaço discursivo específico, a sua presença como elemento constitutivo de um determinado gênero de discurso e, inclusive, seu deslocamento de um campo para outro são aspectos bastante relevantes em um procedimento de análise que se fundamenta nos pressupostos teóricos e metodológicos da Análise do Discurso.

Neste capítulo, com base em Dominique Maingueneau (2007), por um lado, partimos da hipótese de que tais programas de governo são produzidos a partir de uma semântica global, que os restringe tanto na ordem da língua quanto na ordem do discurso e, por outro, apoiados em Jean-Jacques Courtine (2007), hipotetizamos que esses programas pertencem a distintas formações discursivas. Em outros termos, defendemos que essa semântica global apreende simultaneamente as diferentes dimensões discursivas desses planos de governo, gerenciando tanto o seu vocabulário quanto os temas tratados, a intertextualidade, as instâncias de enunciação, o *ethos* discursivo, e os inscreve numa determinada formação discursiva.

O conceito de formação discursiva em J.-J. Courtine

Em sua tese de doutorado, defendida na Universidade de Paris X-Nanterre, em 1980, sob orientação de Michel Arrivé, cujo título é *Análise do discurso:* o discurso comunista endereçado aos cristãos[2], Jean-Jacques Courtine aponta para uma série de problemas que apresentam tanto a teoria do discurso quanto o seu dispositivo analítico informatizado, desenvolvido por Michel Pêcheux a partir de 1969. Dentre os problemas levantados por Courtine está a natureza homogênea, eminentemente taxionômica, estrutural do conceito de formação discursiva. Natureza essa que, no entendimento de Courtine, produziria uma espécie de relação especular entre a formação discursiva e os processos discursivos por ela engendrados. Para dar conta desse problema, Jean-Jacques Courtine sugere a releitura de *A arqueologia do saber* e de *A ordem do discurso*, de Michel Foucault. Contudo, essa releitura não deve ser feita sem que algumas precauções sejam tomadas. Assevera, então, Courtine (2007: 129):

> El AD, en general, hace poco caso, como ya lo hemos dicho, del trabajo de FOUCAULT (sin embargo, hay una excepción, la tesis de MARANDIN, que redefine y aplica las nociones extraídas de L'Archéologie). Hemos expuesto en otra parte (COURTINE, 80, p. 93-8) algunas precauciones a tomar para una relectura que nos parece indispensable. En una palabra: en ciertos aspectos, el objetivo y el objeto del AD y de L'Archéologie divergen considerablemente; esto significa que encontraremos en la problemática de FOUCAULT mucho más una práctica teórica ejemplar en la construcción del concepto de FD, que una batería de nociones inmediatamente aplicables en AD: *releer FOUCAULT no es aplicarlo al AD, es hacer trabajar su perspectiva en el interior del AD.*[3] (grifos nossos)

Fazer trabalhar as reflexões de Foucault de *A arqueologia do saber* e da *A ordem do discurso* no interior da Análise do Discurso, especificamente no tocante ao conceito de formação discursiva, significa rever os seus postulados no tocante às relações entre materialidade linguística e materialidade do discurso. Courtine acredita que o problema de Foucault nesses dois livros é tentar produzir uma separação entre essas duas materialidades. Uma possível articulação entre tais materialidades não faz parte da problemática foucaultiana. Nas palavras do próprio Courtine (2007: 129), "FOUCAULT tiene mucho cuidado de separar a esos dos elementos, como lo veremos a propósito del enunciado, no considera como su problemática la articulación que presentan"[4]. É preciso, então, no entendimento de Courtine, para fazer trabalhar Foucault no interior da Análise do Discurso, pensar a articulação entre materialidade da língua e materialidade do discurso. Articulação essa pensada a partir da relação entre enunciado e formação discursiva.

Foucault entende que o discurso não se constitui como um algo dado *a priori*, um termo primitivo, mas sim como uma construção que está ligada a uma formação discursiva. Desse modo, "chamar-se-á *discurso* um conjunto de enunciados na medida em que eles irrompem da mesma formação discursiva" (Foucault, 1995: 43). Analisar um discurso no sentido foucaultiano significa levar em consideração tanto o enunciado quanto a formação discursiva no qual esse enunciado se inscreve.

> A análise de uma FD estudará *formas de repartição* [...], ela descreverá sistemas de *dispersão*. No caso em que se puder descrever, entre um certo número de enunciados, semelhante sistema de dispersão, e no caso em que entre os objetos, os tipos de enunciação, os conceitos, as escolhas temáticas, se puder definir uma regularidade (uma ordem, correlações, posições e funcionamentos, transformações), diremos [...] que se trata de uma FD. Chamaremos *regras de formação* às condições a que estão submetidos os elementos dessa repartição. As regras de formação são as condições de existência (mas também de coexistência, de manutenção, de modificação e de desaparecimento) em uma dada repartição discursiva. (Foucault, 1995: 43)

A definição foucaultiana de formação discursiva como forma de repartição ou como sistema de dispersão no qual é possível se definir regularidades, uma ordem, correlações, posições e funcionamentos, transformações entre os objetos, os tipos de enunciação, os conceitos, as escolhas temáticas implica pensar a contradição no interior mesmo da Formação Discursiva (FD), tendo a unidade dividida como a lei própria de sua existência. Desse modo, para Courtine (2007: 112), o conceito foucaultiano de formação discursiva reúne "contradictoriamente dos niveles distintos, que constituyen dos modos de existencia del discurso como objeto":

> a) El nivel de un sistema de formación de los enunciados, que se sitúa, "más allá de la coherencia visible y horizontal de los elementos formados", en el plano de las "regularidades predeterminadas" (ibid., p. 100). "Por sistema de formación hay que entender una red compleja de relaciones que funciona como regla" (ibid., p. 97). Designaremos este nivel como nivel del enunciado. Si comparamos estas formulaciones a las de PÊCHEUX, parece que un sistema

> de formación tal, que funciona como regla, se refiere a "lo que puede y debe decirse" por parte de un sujeto hablante, a partir de un lugar determinado y en una coyuntura, en el seno de una FD, bajo la dependencia del interdiscurso de esta última. El nivel de un "sistema de formación" ubica la constitución de la "matriz de sentido" inherente a una FD determinada, en el plano de los procesos históricos de formación, reproducción y transformación de los enunciados en el campo del archivo.
>
> b) El nivel de una secuencia discursiva concreta, "estado terminal del discurso" (ibid., p. 100), en la medida en que ésta manifiesta una cierta "coherencia visible y horizontal de los elementos formados", es decir un intradiscurso. Toda secuencia discursiva o discurso concreto, existe, así, en el interior del "haz complejo de relaciones" de un sistema de formación: hablando propiamente, es "un nodo en una red" (ibid., p. 34). A este nivel lo llamaremos nivel de la formulación.
>
> Esto implica que toda secuencia discursiva debe considerarse como objeto tomado dentro de un proceso discursivo de reproducción/transformación de los enunciados en el interior de una FD dada: el estudio del intradiscurso que tal secuencia manifiesta es indisociable de la consideración del interdiscurso de la FD.[5]

Jean-Jacques Courtine (2007) propõe, então, uma aproximação entre o conceito pecheutiano de interdiscurso e o sistema foucaultiano de formação de enunciados entre o de estado terminal de discurso de Michel Foucault e o de intradiscurso de Michel Pêcheux. Segundo Courtine (2007), embora esses conceitos não possam ser traduzidos um pelo outro, justamente pelo fato de eles terem sido forjados em bases epistemológicas distintas, é possível fazer uma aproximação. Essa aproximação permitiria, por um lado, que a formação discursiva perdesse o seu caráter excessivamente homogeneizante – tal qual foi proposto por Pêcheux – e, por outro, que se pudesse pensar a formação discursiva tendo como mais uma de suas condições de possibilidade a posição de classe dos enunciadores numa determinada conjuntura social – este último deixado de lado por Foucault tanto em *A arqueologia do saber* quanto em *A ordem do discurso*.

Esse tipo de articulação conceitual permitiria, segundo Jean-Jacques Courtine (2007) que "a partir del cual pueda detectarse el interdiscurso de una FD bajo la forma de las relaciones de repetición, refutación, transformación, redefinición, etc., que se establecen entre enunciados que dan cuenta de FD distintas, a partir de posiciones ideológicas dadas"[6]. Feita essa breve apresentação da proposta de Jean-Jacques Courtine para fazer trabalhar no interior da

Análise do Discurso as reflexões foucaultianas, especificamente no tocante ao conceito de formação discursiva, falaremos sobre a *semântica global* de Dominique Maingueneau. Essa articulação nos permitirá observar os aspectos semânticos que regem os domínios das formações discursivas nas quais estão inscritos os planos de governo.

O conceito de *semântica global* de Dominique Maingueneau

Este conceito possibilita compreender os elementos que atuam em diversas dimensões de um discurso (vocabulário, tema, dêixis, enunciador, modo de enunciação). É importante dizer que a proposta do autor sobre essa questão não consiste em distinguir os aspectos fundamentais dos aspectos superficiais que constituem os domínios de uma formação discursiva, mas sim apreender a *significância discursiva* em seu todo.

Dentre os lugares onde a semântica global pode funcionar, interessam-nos as considerações de Maingueneau (2007) sobre o elemento *tema*. Sobre essa questão, o autor considera como importante o tratamento semântico dado a um determinado tema no interior de um discurso, pois esse é um dos fatores essenciais na configuração de uma formação discursiva. O estudo do tema feito a partir desse ponto de vista redefine o modo de se pensar a relação entre os discursos: sob a perspectiva de uma semântica global é possível considerar que entre duas formações discursivas nem tudo é divergência; essa disjunção total não é possível porque, antes de tudo, elas estão inseridas "em um universo *a priori* amplamente aceito por ambas as partes" (Maingueneau, 2007: 86). Por outro lado, a identidade total entre ambas tampouco é possível. Isso porque o tratamento semântico dado a um tema se diferencia substancialmente de um discurso para outro.

Se o tratamento semântico dado a um tema pode delinear um discurso como pertencente a uma determinada formação discursiva, faz-se interessante observar, no plano de governo dos partidos citados anteriormente, qual o tratamento semântico que cada discurso concerne ao tema *corrupção:* como ele está inscrito em cada um dos discursos selecionados para a análise. De acordo com Maingueneau (2007), no espaço discursivo, os temas de um discurso se dividem em dois subconjuntos: os *temas impostos* e os *temas específicos*. O autor define como *temas específicos* aqueles cuja presença é inerente à composição de um gênero em particular. Os enunciados produzidos sobre um tema específico não constituem a matriz de polêmicas ou debates que definem claramente a posição ideológica do enunciador em relação ao que é abordado. Já os *temas impostos* são responsáveis pela instauração de debates e divergências entre discursos que convivem no interior de um mesmo campo discursivo, em que cada qual busca impor o que é dito como sendo "o verdadeiro", "o legítimo". Essa questão é resumida pelo autor nas seguintes palavras:

> Por definição, os temas que não são impostos pelo campo discursivo podem estar ausentes em um discurso, mas aqueles que são impostos podem estar presentes de maneira muito variada [...]. (Maingueneau, 2007: 87)

Com base nessa afirmação e a partir das considerações apresentadas a respeito dos domínios semânticos de um discurso, analisamos a seguir o modo como o tema *corrupção* é tratado no interior dos programas de governo da campanha presidencial de 2006. Além da importância de considerarmos os fatores históricos que determinaram sua inscrição na ordem político-discursiva atual, devemos destacar os aspectos semânticos que o caracterizam quando abordado pelo discurso de candidatos filiados a partidos políticos divergentes.

O discurso sobre o tema *corrupção* nos programas de governo dos candidatos à presidência – campanha eleitoral de 2006

Os programas de governo, embora apresentem variações consideráveis em relação a sua estrutura composicional, agrupam discursos que se assemelham quanto à disposição temática. Todos os programas submetidos à análise exibem em comum um grupo de temas. A diferença mais nítida entre eles está no modo como são abordados semanticamente por cada candidato. Selecionamos para análise discursos sobre o tema *corrupção*. Por ser um tema polêmico, é possível encontrarmos mais facilmente, em sua materialidade, marcas linguísticas que nos remetem a posições ideológicas partidárias. A respeito do tema em questão, pretendemos analisar, especificamente, traços semânticos que possam revelar as diferentes formações discursivas nas quais se inscrevem os planos de governo.

Fragmentos extraídos do programa de governo do candidato Cristovam Buarque – PDT

O programa de governo do candidato do PDT tem como objetivo principal discutir questões sobre a educação no Brasil. Outros temas considerados imprescindíveis em um projeto de governo foram deixados à margem nas suas discussões. A respeito do tema *corrupção*, encontramos, dispostos de forma aleatória nas 16 páginas do projeto, os seguintes fragmentos:

> (1) [...] A certeza da impunidade, numa sociedade em que *lideranças políticas dão o mau exemplo da corrupção* e de falta de compromisso com a coisa pública, serve *de incentivo à violência* [...]. (p. 5)
>
> (2) O processo democrático vive da credibilidade, mas nossas instituições a estão perdendo por causa da *corrupção generalizada.* [...] As velhas *práticas* do nepotismo, do fisiologismo e da corrupção, *pragas que impediam a democracia e o desenvolvimento*, agora se reproduzem em maior escala. (p. 7)
>
> (3) [...] *a eleição de um governo de esquerda que abdicou da mudança e deu continuidade a expedientes repudiáveis, como a corrupção, causou geral frustração.* (p. 7)
>
> (4) [...] *Não se combate a corrupção, que corrói nossas instituições, com promessas ou discursos, mas com medidas. Deve-se fortalecer as instituições. Para isso, será necessário introduzir a gestão por resultados, a definição de metas e responsabilidades*; *reduzir os ministérios e órgãos públicos*, incluindo os cargos comissionados de livre provimento pela metade; ocupação de 80% deles, obrigatoriamente, pelos servidores públicos, com *melhoria da qualificação destes por meio do fortalecimento e ampliação das escolas de gestão* – uma das quais exclusiva dos servidores. (p.14)

Observemos primeiramente que estes enunciados têm lugar, entre outras formulações, no intradiscurso das sequências discursivas no interior das quais eles foram produzidos: todos os enunciados figuram aí num contexto intradiscursivo de formulação, qual seja, os discursos que disseram os escândalos políticos ("Mensalão", "Mensalinho", "Dossiê Tucano") na imprensa com o qual eles entretêm uma relação particular (nesse caso, os enunciados são tomados em efeitos de diálogo, na medida em que se constituem numa série de retomadas dos discursos sobre corrupção na mídia). Trata-se de uma relação horizontal, que depende de uma descrição do intradiscurso.

No entanto, os enunciados em questão estabelecem outros laços com formulações que se podem descobrir no seio do processo discursivo inerente à formação discursiva que os dominam, no caso, a formação discursiva democrática. Entre esses enunciados existe igualmente uma *rede interdiscursiva ou vertical*, como é o caso dos enunciados 2 e 3.

> (1) As velhas práticas do nepotismo, do fisiologismo e da *corrupção, pragas que impediam a democracia e o desenvolvimento*, agora se reproduzem em maior escala.
>
> [...] a eleição de um governo de esquerda que abdicou da mudança e deu continuidade a *expedientes repudiáveis, como a* ***corrupção****, causou geral frustração.*

Nesses enunciados é possível observar um diálogo interdiscursivo com o que seria o verdadeiro programa político de um autêntico governo de esquerda.

Nos enunciados acima, é possível assinalar também que o tema corrupção aparece classificado numa espécie de paráfrase discursiva negativa como: "mau exemplo" / "praga que impede a democracia e o desenvolvimento" / "algo que corrói nossas instituições" / "algo que causa frustração" / "incentiva a violência". No terceiro fragmento, o candidato assume uma posição de indignação em relação aos escândalos políticos que motivaram o aparecimento de inúmeros discursos sobre o tema na imprensa. Na perspectiva discursiva do PDT, a corrupção é concebida como falta de integridade e de caráter, dos governantes. Outro traço semântico atribuído ao tema diz respeito à sua influência negativa no comportamento da sociedade, como demonstrado no primeiro fragmento.

Fragmentos extraídos do programa de governo do candidato Geraldo Alckmin – Coligação PSDB-PFL

Em seu programa de governo, o candidato da coligação PSDB-PFL tratou de forma particular o tema da corrupção, abordando-o em um item no final do projeto. Os fragmentos a seguir revelam aspectos importantes do discurso do candidato sobre o tema em questão:

> (5) O objetivo do governo deve ser *evitar o roubo e o desvio do dinheiro público* [...].
>
> (6) *Acabar com a corrupção é o desejo da maioria da sociedade brasileira.* Um *governo sério* e honesto como o de Geraldo Alckmin, vai usar essa motivação na *luta contra os corruptos.* Primeiro, vai *garantir transparência* total na gestão dos recursos públicos e na prestação de contas aos brasileiros. *Vai ser obrigatório a todos os órgãos e entidades da administração pública federal a divulgação, em seus sítios na internet, de informações relativas às respectivas execuções orçamentárias e financeiras, licitações, contratos, convênios, despesas com passagens e diárias.* [...] Além disso, o governo vai *estimular as denúncias dos cidadãos com a implantação de um sistema de Disque Denúncia Corrupção,* garantindo o anonimato dos denunciantes. (p. 209)

Se por um lado esses enunciados têm lugar no intradiscurso das sequências discursivas no interior das quais eles foram produzidos – todos os enunciados figuram aí num contexto intradiscursivo de formulação –, por outro, a rede de formulação é distinta. Se os enunciados do programa de Cristovam se filiavam intradiscursivamente aos discursos que disseram os escândalos políticos na imprensa, os do programa de Alckmin se filiam a um suposto desejo da sociedade brasileira de acabar com a corrupção: "Acabar com a corrupção é o desejo da maioria da sociedade brasileira". A rede interdiscursiva ou vertical na qual os enunciados do programa de Alckmin se inscrevem também é diferente da rede interdiscursiva dos enunciados do Programa de Cristovam. Neste último, a inscrição se dá a uma formação discursiva democrática e, no primeiro, a inscrição se dá numa formação discursiva técnica de gestão pública:

> [...] vai garantir transparência total na gestão dos recursos públicos e na prestação de contas aos brasileiros. Vai ser obrigatório a todos os órgãos e entidades da administração pública federal a divulgação, em seus sítios na internet, de informações relativas às respectivas execuções orçamentárias e financeiras, licitações, contratos, convênios, despesas com passagens e diárias. [...] Além disso, o governo vai estimular as denúncias dos cidadãos com a implantação de um sistema de Disque Denúncia Corrupção, garantindo o anonimato dos denunciantes. (p. 209)

Nesses enunciados, é possível observar, então, um diálogo interdiscursivo com o que seria com uma gestão pública técnica.

Diferentemente do discurso do candidato anterior, a proposta de Geraldo Alckmin é instituir mecanismos eficazes no combate à corrupção. A edificação de sistemas mais eficientes para fiscalizar a administração dos recursos por parte do governo federal e para controlar as instituições públicas suplantará as falhas e as ilegalidades que vêm sendo cometidas contra o Estado. No discurso da coligação PSDB-PFL, a *corrupção resulta da ausência de ordem, de controle e de fiscalização* nos domínios da administração desempenhada pelo governo. É interessante observar ainda que o tema é tratado somente pela perspectiva econômica, isto é, a corrupção não afeta direta nem negativamente o comportamento social, já que "acabar com a corrupção é o desejo da maioria da sociedade brasileira". A principal preocupação da coligação PSDB/PFL é o fato de a corrupção afetar principalmente os cofres públicos.

Fragmentos extraídos do programa de governo do candidato Luiz Inácio Lula da Silva – PT

No programa de governo lançado pelo PT é possível observarmos a diluição de um posicionamento ideológico partidário sustentado por uma perspectiva mais radical em relação a temas considerados polêmicos, tais como: *política externa* brasileira e *corrupção*. O interessante não é marcar claramente um posicionamento ideológico em relação ao tratamento dado a temas como esses, mas sim apresentar um discurso que contempla aspectos diversos, um discurso mais vazio de polêmica no que diz respeito à sua filiação ideológica partidária, isto é, um discurso que não se inscreve, ou que não faz irromper, uma memória anterior acerca do PT. A memória do PT enquanto partido de esquerda será ativada no plano de governo de Lula somente quando se faz necessária. De acordo com Courtine (2006), no discurso político a memória é estratégica; ela pode garantir, em determinados momentos, a continuidade de um discurso que busca sustentar um ideal político comum, que aproxime o povo do seu porta-voz. Especificamente sobre o tema corrupção, o plano de governo do PT traz os seguintes enunciados:

> (7) O Governo Lula recebeu uma dupla herança negativa. Conjunturalmente, em 2002, o país sofria os efeitos das políticas implementadas pela coligação PSDB-PFL, que frearam o crescimento, concentraram renda e riqueza, debilitaram o Estado, generalizaram a corrupção, afetaram o equilíbrio regional, fragilizaram a segurança energética, comprometeram a soberania nacional e deixaram o país à beira de uma nova crise macroeconômica. (p. 5)

> (8) A Reforma do Estado assegurará mais transparência e um maior controle social, além de propiciar meios mais eficazes para combater a corrupção e o burocratismo. O fortalecimento da Controladoria Geral da União, a adoção de controles externos e públicos dos órgãos federais e estaduais e a modernização da legislação garantirão celeridade e rigor dos processos de julgamento e punição dos corruptos. (p. 13)
>
> Algumas das propostas do candidato sobre o tema:
>
> - Continuar a fortalecer os órgãos de controle e investigação do Poder Executivo [...].
> - Aperfeiçoar os mecanismos de investigação, detecção e punição do enriquecimento ilícito e de lavagem de dinheiro.
> - Ampliar a transparência, o controle e a eficiência das compras governamentais, promovendo o monitoramento sistemático de certames licitatórios, buscando identificar padrões de comportamento de empresas participantes e desvios-padrão nos preços de aquisição de bens e serviços.
> - Priorizar ações de prevenção à corrupção, especialmente quanto ao permanente incremento da transparência pública e do controle social. (p. 23)

O contexto intradiscursivo de formulação dos enunciados do programa do candidato Lula é bastante distinto dos anteriores. Se estes últimos se inseriam no interior de sequências discursivas constituídas pelo discurso da mídia e pelo discurso do desejo da sociedade brasileira, os primeiros se inserem em sequências constituídas pelo discurso da herança negativa herdada de governos anteriores:

> O Governo Lula recebeu uma dupla herança negativa. Conjunturalmente, em 2002, o país sofria os efeitos das políticas implementadas pela coligação PSDB-PFL, que frearam o crescimento, concentraram renda e riqueza, debilitaram o Estado, generalizaram a corrupção [...].

Se a formação discursiva que domina os enunciados do programa do candidato Lula, por um lado, é distinta da formação discursiva que domina o programa do candidato Cristovam, por outro, é bastante próxima da formação discursiva do programa do candidato Alckmin, qual seja, uma formação discursiva reformista, que defende a modernização do Estado:

> A Reforma do Estado assegurará mais transparência e um maior controle social, além de propiciar meios mais eficazes para **combater a corrupção** e o burocratismo. O fortalecimento da Controladoria Geral da União, a adoção

de controles externos e públicos dos órgãos federais e estaduais e a modernização da legislação garantirão celeridade e rigor dos processos de julgamento e **punição dos corruptos**.

Nesses enunciados é possível observar um diálogo interdiscursivo com os discursos neoliberais sobre gestão pública.

O PT, como demonstra o primeiro fragmento, situa seu discurso sobre o problema da corrupção no Brasil em um tempo passado. A *corrupção é tratada como um fator de ordem histórica* que só será contornado amplamente se houver a continuidade de políticas de *Reforma* do *Estado* já iniciadas pelo governo Lula. Nas propostas do candidato, as formas verbais "continuar a fortalecer" / "aperfeiçoar" / "ampliar a transparência" corroboram a ideia de *processo*. Ou seja, a reeleição de Lula será a garantia de que medidas mais eficazes e transparentes no combate à corrupção não terão seu curso interrompido.

Fragmento extraído do programa de governo da candidata Heloísa Helena – PSOL

Em relação aos programas de governo dos partidos analisados anteriormente, o da candidata do PSOL apresenta uma estrutura bastante diferenciada: sua proposta está disposta, no máximo, em duas páginas, não há uma organização dos temas em tópicos e a abordagem feita sobre eles é muito restrita. Inicialmente, tentamos buscar junto ao comitê o referido documento. Como resposta recebemos em anexo uma página da internet contendo apenas uma notícia que fora divulgada pela *Folha de S. Paulo* em julho de 2006, na qual havia algumas justificativas para o atraso do partido em divulgar seu programa de governo. Posteriormente, encontramos em um dos sites do partido um documento intitulado "Programa de Governo de Heloísa Helena PSOL". Em suas reduzidas linhas, o tema corrupção aparece citado da seguinte forma:

> (9) Democracia nos sindicatos e nos movimentos sociais e dos meios de comunicação, com um novo sistema de comunicação para não marginalizar os movimentos sociais. O PSOL *também pretende o combate à corrupção policial e política* e à criminalização dos movimentos sociais. Democratizar as forças policiais e o Exército. Estão também no programa a criação de uma plataforma ecológica, o combate ao racismo, a emancipação das mulheres e a defesa dos aposentados, minorias nacionais e livre expressão sexual [...].

Os enunciados do programa da candidata Heloísa Helena se inserem no interior de sequências discursivas constituídas por discursos diferentes dos anteriores, visto que os enunciados da candidata têm lugar entre outra formulação, qual seja, a dos discursos que inserem a corrupção num patamar semelhante ao da crimininalização dos movimentos sociais.

> Democracia nos sindicatos e nos movimentos sociais e dos meios de comunicação, com um novo sistema de comunicação para não marginalizar os movimentos sociais. O PSOL *também pretende o combate à corrupção policial e política* e à criminalização dos movimentos sociais.

Os enunciados que constituem o programa da candidata Heloísa estão inscritos numa formação discursiva que defende a ampliação da democracia como uma das formas de combater não só a corrupção, mas também outros crimes.

> Democracia nos sindicatos e nos movimentos sociais e dos meios de comunicação, com um novo sistema de comunicação para não marginalizar os movimentos sociais. O PSOL *também pretende o combate à corrupção policial e política* e à criminalização dos movimentos sociais. Democratizar as forças policiais e o Exército. Estão também no programa a criação de uma plataforma ecológica, o combate ao racismo, a emancipação das mulheres e a defesa dos aposentados, minorias nacionais e livre expressão sexual [...].

Nesses enunciados é possível observar um diálogo interdiscursivo com os discursos que dizem a democracia de uma forma bastante ampla.

No discurso da candidata Heloísa Helena há marcas de posições ideológicas clássicas da frente esquerdista; em seus enunciados há o uso de sintagmas que produzem um tom de militância. Está bastante presente no discurso do PSOL enunciados sobre a democratização do país e o comportamento do Brasil em relação à política externa. Um discurso dessa ordem objetiva atualizar uma memória histórica acerca das características que definem um partido como pertencente à esquerda no Brasil. Quanto ao tema corrupção, este é apenas citado pela candidata. Diferentemente dos demais candidatos, não há uma abordagem considerada significativa a seu respeito. Esse tipo de funcionamento pode ser compreendido com base no que Maingueneau define como *sistema de restrição*. De acordo com o autor, "[...] é inevitável que haja temas abundantemente desenvolvidos por um e que estejam ausentes em outros. O sistema de restrições de cada discurso deve/pode explicar essas divergências significativas [...]" (2007: 87). Em resumo, o PSOL busca desenvolver apenas temas que estão plenamente em conformidade com seu sistema de restrição, isto é, temas que asseguram sua identidade, no âmbito político eleitoral, como partido de esquerda. Temas que não fazem parte desse sistema são citados dado seu caráter de tema imposto.

Conclusões preliminares

Para Dominique Maingueneau, "o modo pelo qual um discurso se inscreve em uma conjuntura depende de sua natureza, *das instituições que o sustentam*" (2007: 62-3). Ao pensarmos o tema corrupção por essa perspectiva, podemos admitir que o modo como se deu sua repercussão na mídia não foi tão determinante para sua inscrição na ordem das discursividades possíveis, num dado momento sobre a situação política no Brasil. Os contextos de formulação tanto intradiscursivos quanto interdiscursivos dos enunciados analisados evidenciaram que, além dos discursos da mídia, outros discursos foram determinantes para a constituição do tema da corrupção nos programas de governos dos candidatos.

Como um dos objetivos deste capítulo foi analisar o tratamento semântico dado ao tema *corrupção* no discurso político eleitoral veiculado nos programas de governo, apresentamos um resumo da análise realizada, a fim de demonstrar os traços que diferenciam a abordagem feita por um discurso e a realizada por outro.

Partido	Tema *corrupção*
PDT	O tema é abordado sob a *perspectiva social*. Seus reflexos atingem negativamente o comportamento dos cidadãos.
PSDB-PFL	Trata o tema pela perspectiva estritamente política. A corrupção é o resultado da *falta de ordem, controle* e *fiscalização* rigorosa e eficiente do funcionamento da administração pública.
PT	Busca demonstrar que a corrupção é um *problema histórico*, localizado, prioritariamente, na administração realizada pelos governos anteriores ao seu.
PSOL	O tema é deixado à margem do seu discurso. A corrupção é apenas citada como uma ação que *abrange o âmbito político e policial*. A corrupção não é vista como um problema localizado (ela não atinge somente o âmbito da política brasileira), diferentemente dos candidatos dos demais partidos analisados.

A partir da análise, foi possível encontrar divergências significativas no modo como cada candidato distribui e articula os temas que compõem o espaço discursivo denominado *programa de governo*. Assim, por exemplo, encontramos no projeto do candidato Cristovam Buarque enunciados que se referem à educação no Brasil como prioridade, vista como forma única de inclusão social; já as propostas da candidata Heloísa Helena se assentam especificamente em torno da questão trabalhista e da independência externa do Brasil no plano econômico, enquanto a questão educacional é deixada em segundo plano. Quanto aos programas de governo dos candidatos do PT e PSDB-PFL, ambos não se atêm sobre um tema específico: não há uma questão particular que visa delinear a identidade do partido, nem uma preocupação em (re)afirmar uma filiação ideológica partidária erigida historicamente, como acontece no discurso da candidata do PSOL.

A descrição do funcionamento desses discursos nos ajuda a visualizar, entre outras questões, a importância de se articular categorias analíticas, tais como a de semântica global e de formação discursiva, com o objetivo de uma compreensão mais refinada das condições que possibilitam a emergência das discursividades. É importante considerar que esta articulação não atua da mesma forma em todas as dimensões de um discurso; ele não é a garantia de uma unidade discursiva. O fato de o tema corrupção ter sido abordado nos programas de governo de todos os candidatos selecionados para a análise tampouco implica um mesmo tratamento semântico. Ao contrário, o fato de o tema *corrupção* ter funcionado no período eleitoral como um *tema imposto* por distintas redes de formulação tanto intra quanto interdiscursivas significou que cada candidato pôde tratá-lo de acordo com o *sistema de restrição* que rege sua produção discursiva.

Notas

1 Fazemos tal afirmação embasados no fato de que além de os candidatos utilizarem seus programas de governo como um documento que apresenta quais serão as principais ações de seus governos, eles os utilizam como estratégia de marketing, visto que esses textos são veiculados nos mesmos suportes – página do partido na internet, panfletos – que as propagandas dos candidatos.

2 Texto publicado originalmente na Revista Francesa Langages n. 62, em 1981. Disponível gratuitamente em www.persee.fr, portal de revistas científicas em ciências humanas e sociais do Ministério de Educação da França. Ainda inédito em português. Há, todavia, uma versão em língua espanhola do capítulo II, publicada

no livro *Análise do Discurso:* apontamentos para uma história da noção-conceito de formação discursiva. São Carlos, Pedro & João, 2007.

3 A Análise do Discurso (AD), geralmente, faz pouco caso, nós o dissemos, do trabalho de Foucault (uma exceção, todavia, é a tese de Marandin, que redefine e põe em funcionamento noções retiradas de *A Arqueologia*). Expusemos em outro lugar (Courtine, 1980: 93-8) algumas precauções que devem ser tomadas para uma releitura que nos parece indispensável. Em uma palavra: sobre um certo número de pontos, a visada e o objeto da AD e d'*A Arqueologia* divergem consideravelmente; isso significa que se encontrará na problemática de Foucault mais uma prática teórica exemplar na construção do conceito de Formação Discursiva do que uma bateria de noções imediatamente aplicáveis à AD: reler Foucault não é *aplicá-lo* à AD, é fazer trabalhar sua perspectiva no interior da AD.

4 Foucault dedica grande atenção na separação desses dois elementos, como veremos a propósito do enunciado, contudo sua articulação não é pensada em sua problemática.

5 "a) *O nível do sistema de formação dos enunciados*, que se situa "aquém da coerência visível e horizontal dos elementos formados", no plano das "regularidades pré-terminais (Courtine, 2007: 100). "Por sistema de formação, é necessário entender um feixe complexo de relações que funciona como regra" (Courtine, 2007: 97). Nós designaremos esse nível como *nível do enunciado*. Se essas formulações são aproximadas das de Pêcheux, parece que um tal sistema de formação, funcionando como regra, refere ao "que pode e deve ser dito" por um sujeito falante a partir de um lugar determinado e numa conjuntura, no seio de uma FD, sob a dependência do *interdiscurso* dessa última. O nível de um "sistema de formação" situa a constituição da "matriz do sentido" inerente a uma FD determinada no plano dos processos históricos de formação, reprodução e transformação dos enunciados no campo do arquivo.

b) *O nível de uma sequência discursiva concreta*, "estado terminal do discurso" (Courtine, 2007: 100), na medida em que ela manifesta uma certa "coerência visível e horizontal dos elementos formados", isto é, um *intradiscurso*. Toda sequência discursiva ou discurso concreto existe, pois, no interior do "feixe complexo de relações" de um sistema de formação: é, propriamente falando, "um *nó numa rede*" (Courtine, 2007: 34). Nós chamaremos esse nível de *nível da formulação*. Isso implica que toda sequência discursiva deve ser tomada enquanto objeto tomado num processo discursivo de reprodução/transformação dos enunciados no interior de uma FD dada: *o estudo do intradiscurso que uma tal sequência manifesta é indissociável da efetiva consideração do interdiscurso da FD*."

6 "a partir do qual se possa descobrir o interdiscurso de uma FD sob a forma das relações de repetição, refutação, transformação, redefinição, etc., que se estabelecem entre enunciados que relevam de FDs distintas, a partir de posições ideológicas dadas".

Bibliografia

COURTINE, J.-J. *Metamorfoses do discurso político:* derivas da fala pública. Trad. Nilton Milanez e Carlos Piovezani Filho. São Carlos: Claraluz, 2006.

_____. El concepto de formacion discursiva. In: BARONAS, R. L. *Análise do discurso*: apontamentos para uma história da noção-conceito de formação discursiva. São Carlos: Pedro & João Editores, 2007.

FOUCAULT, M. *A arqueologia do saber.* 4. ed. Trad. Luiz Felipe Baeta Neves. Rio de Janeiro: Forense Universitária, 1995.

MAINGUENEAU, D. *Gênese do discurso*. Trad. Sírio Possenti. Curitiba: Criar, 2007.

Duplo sentido em dois gêneros populares: eles só pensam naquilo

Sírio Possenti

Este capítulo pretende analisar um conjunto de textos (na verdade, em vários casos, trechos de textos) cuja característica principal é o duplo sentido. Querendo, trata-se de textos em que fica muito claro a língua estar destinada ao equívoco, segundo uma formulação que tem se tornado corrente entre analistas do discurso que seguem posições claramente expressas por Pêcheux (1998), na esteira de Lacan e Milner.[1]

O *corpus* é composto por textos que, pode-se dizer, pertencem a dois gêneros: canções populares nordestinas, coletadas e estudadas por Edson Alcântara em sua excelente tese de doutorado convertida em livro (Alcântara, 1995), e empulhas[2], recolhidas pelo chargista gaúcho Santiago (2006). O traço fundamental desses textos é, como disse, serem ambíguos, e de uma ambiguidade bem característica: o sentido *segundo* – que logo se torna o principal, se assim se pode dizer – é sempre relativo a sexo. Mais claramente, quase sempre diz respeito à cópula, enfatizando a masculinidade – ou a "macheza" – do parceiro homem que, genericamente, vangloria-se de seus *feitos*, nas letras de música, e *submete* o outro (sempre um homem), nas empulhas.

A ambiguidade desses textos parece ter uma dupla face. Por um lado, trata-se de construtos (sim, porque claramente trata-se de material que, no que se refere a seu duplo sentido, é, se isso não parecer um paradoxo, completamente transparente) continuamente repetidos em circunstâncias similares, no caso das empulhas, e, no outro, de letras bem características de um gênero musical – música popular de caráter "bem popular", isto é, que não teve, até hoje pelo menos, por parte dessas vertentes, nenhuma releitura – e de uma região determinada do país (para ver mais sobre esses traços, cf. Introdução, em Alcântara, 1995).

A segunda face da ambiguidade desses textos consiste em que não são *artificiais*. Ou seja, não é por serem *construídos* ou repetidos quase como fórmulas que deixam de ser testemunhas de que a língua é destinada ao equívoco, pois manipulam palavras ou construções populares correntes. Em outros termos, textos ambíguos, mesmo se construídos *ad hoc*, não são menos relevantes para essa característica da língua (da *alíngua*?) do que os casos achados, mesmo que seja verdadeira a tese de Freud de que um chiste se acha, não se faz.

As canções

Abaixo, apresento os dados musicais selecionados (em itálico, explicito o sentido implícito, o propriamente sexista). Antes, porém, creio que cabe destacar aquela que provavelmente foi, de todas essas canções populares nordestinas, a de maior sucesso no sul do país, *Severina chique chique*, de Genival Lacerda, cujo refrão é

> Ele está de olho
> É na *butique* dela
> Ele está de olho
> É na *butique* dela (Alcântara, 1995: 163)

no qual a palavra-chave é "butique", que, segundo a explicação óbvia de Alcântara, tanto pode sugerir a palavra "bunda", quanto, mais provavelmente, "buceta". Acrescente-se que o texto fala de uma mulher pobre que se arranjou comprando uma butique e que, por isso, é assediada por um tal de Pedro Caroço, que se finge apaixonado, de olho, ambiguamente, na butique dela.

Nos dados abaixo, o duplo sentido sempre terá como outro significante uma forma menos distante da primeira, como se verá, desde que se considerem pronúncias regionais ou, pelo menos, uma aproximação razoável delas. Trata-se de amostra típica do gênero.

A seguir, apresento um conjunto de enunciados característicos com a indicação, ao final, da página em que tais letras são citadas em Alcântara (1995).

> Eu sou muito guloso
> Eu sou gulosão
> Meu prato de comida
> É um comidão – (*é um cu me dão*) (p. 65)

Acode eu, acode ele, acode ela
Saí correndo daquela gritaria
Acudir todo mundo (*a cu de todo mundo*)
Juro que eu não podia
Mas fui acudir um, acudir dois, acudir três (*a cu de um, a cu de dois, a cu de três*)
Acudir quatro, acudir cinco, acudir seis (*a cu de quatro, a cu de cinco, a cu de seis*) (p. 106)

Agora, eu estou envergonhado
Do nosso passado
Que aconteceu
Agora todo mundo está sabendo
E você vai sempre dizendo
Quem tem culpa é eu (*que(m) tem cu pra eu*)
Quem tem culpa é eu (*que(m) tem cu pra eu*) (p. 111)

Ela é vegetariana
Não come carne nem gordura
Os sete dias da semana
Ela só quer verdura (*ela só quer ver dura*)
Ela só quer verdura (*ela só quer ver dura*) (p. 112)

Tô de paquera com uma garotinha
Tem quinze anos e o pai dela é uma fera
O povo diz que é levada e mentirosa
Mas de qualquer maneira só confio nela (*soco um fio nela*)
Só confio nela, só confio nela (*soco um fio nela, soco um fio nela)* (p. 112)

Terminei a plantação com milho no aceiro (*comi-lhe no aceiro*)
Com milho no aceiro, com milho no aceiro (*comi-lhe no aceiro, comi-lhe no aceiro*)
Vou me despreocupar com milho no paiol, (*comi-lhe no paiol*)
Com milho no paiol, com milho no paiolx (*comi-lhe no paiol, comi-lhe no paiol*) (p. 115)
Nós vamos ficar pra ver
É a dona rã ganhar (*é a dona arreganhar*)
Ai, ai, ai
É a dona rã ganhar (*é a dona arreganhar*) (p. 116)

A capital do Equador
É Quito
Nunca mudou
É sempre Quito (*é sem prequito*) (p. 117)

Ô Joana, não vá correndo...
E a turma que te vê suada
Pergunta admirada: Isto 'do é suor (*e tu deste o ó*) (p. 119)

O que é do Tomé é meu,
O que é meu é do Tomé
Eu tendo, Tomé tem,
E Tomé tendo, é meu (*to metendo, é meu*) (p. 121)

Você vive cometendo erros
Não sei o que faço pra você não cometer (... *não cu meter*) (p. 121)

Piranha no seco morre (*piranha no seu cu morre*)
Jacaré no seco anda (*jacaré no seu cu anda*) (p. 123)[3]

A professora nunca teve preconceito,
Educa o branco, educa o rico, (*é do cu branco, é do cu rico*)
Educa o pobre, educa o preto (*é do cu pobre, é do cu preto*) (p. 125)

A velha calçada
Da rua das Flores
A calçada velha (*a calça da velha*)
Dos velhos amores...
A calçada velha (*a calça da velha*)
Hoje é só buracos...
A calçada velha, ai, ai (*a calça da velha*)
Está assim de moscas (p. 127)
Você tem aipim?
Vende quatro pés pra mim? (*vem de quatro pés pra mim*) (p. 127)

Tô procurando outra mulher como você (...*como você*)
E não encontro outra mulher como você (...*como você*) (p. 215)

Mas eu só compro quando tenho condição,
Eu sou como você (*eu só como você*)
Eu sou como você (*eu só como você*) (p. 220)

Em vez de uma análise detalhada (uma descrição) de cada enunciado, farei a seguir breves comentários sobre as formas significantes cruciais para os duplos sentidos desses textos – o leitor deveria ter em mente a classificação de Freud (1905) para as técnicas genericamente qualificadas como condensação.[4] Às vezes, o duplo sentido decorre de uma ambiguidade lexical. Um exemplo é *como* você, embora as duas palavras envolvidas não pertençam à mesma classe gramatical (um verbo e uma conjunção). Outras vezes, trata-se de divisão alternativa da sequência (duas palavras ou uma), como em *verdura / ver dura, vende quatro / vem de quatro*. Quase sempre, nesses casos, há uma diferente distribuição de acentos primários e secundários, de que o melhor exemplo é */calÇAda/ – /CALça da/*. Para usar um termo de Freud, ocorre às vezes leve modificação do material: *sou como / só como; seco / seu cu; com milho / comi-lhe; comidão / cu me dão, quem tem culpa é eu / quem tem cu pra eu*. Mas há também alterações mais significativas, que podem dificultar um pouco mais a apreensão do sentido *segundo*, como é o caso de *isto 'do é suor* (isto tudo é suor) / *e tu deste (desse) o ó*.

Às vezes, parece que a violação do tabu consiste meramente em enunciar subrepticiamente o nome do órgão genital, mesmo que de forma metafórica, como *prequito = perequito* (para "pênis"), *no seu cu morre, no seu cu anda, pra você não cu meter, é do cu branco, do cu preto* etc. O *ato de fala* soa às vezes como um pedido ou uma cantada, bastante grosseira, diga-se, o que pode fazer pensar que o interlocutor seja um homem: *quem tem cu pra eu*. Eventualmente, trata-se de mera derrisão (*é a dona arreganhar, a calça da velha, tu deste o ó*).

Em geral, quando o enunciado diz respeito ao ato sexual, o texto é uma celebração da potência masculina: *fui a cu de um... a cu de seis* (apesar da aparente modéstia, pois o enunciador confessa que não pôde *ir a cu de todo mundo...*). Às vezes, embora raramente nessas canções, trata-se de sexo entre homens: *comi-lhe no aceiro, comi-lhe no paiol; tô metendo, é meu*. Mas, em geral, trata-se de sexo entre homem e mulher, frequentemente um tanto "selvagem", de que o melhor exemplo é *soco um fio nela*. Mas o pretexto para a geração do duplo sentido pode ser uma declaração (inesperada, dada a típica celebração da sexualidade masculina) de fidelidade: *sou como você / só como você*. Mais raro, parece tratar-se de procurar um duplo sentido por ele mesmo, embora disso derive a nomeação, com palavras tabus, de partes do corpo, como ocorre na apresentação da professora (*educa o branco / é do cu branco* etc.).

Se se quiser generalizar, pode-se dizer que se trata de celebração do sexo, especialmente do exercício da sexualidade masculina, tendo eventualmente como parceiro outro homem. Mas, em geral, trata-se de sexo de homem com mulher, que vai do *carinhoso* (até com amor) ao *animal* (*socar*). Este último traço é extremamente relevante e é uma forma de cantar a potência masculina.

As empulhas

Santiago (2006) apresenta uma coleção de empulhas que, segundo ele, era uma das poucas chances de lazer da peonada que se reunia no galpão em dias de chuva. Nos seus termos, "a possibilidade de jogar com o duplo sentido ou os cacófatos resultam numa antiga e divertida brincadeira verbal, que consiste em pegar desprevenido o interlocutor, encostando literalmente o cujo na parede, ao fazê-lo concordar com a traiçoeira afirmação pornográfica e machista" (p. 7).

Como se verá, trata-se sempre de sentidos sexuais, isto é, basicamente de afirmações ou sugestões de atos sexuais. O traço mais característico de tais empulhas é que se trata de sexo entre homens, em que o *empulhado* ocuparia a posição passiva. Aliás, tanto Santiago quanto o psicanalista Mario Corso, em breve apresentação do livro, destacam essa peculiaridade. Creio que seria interessante, aliás, estabelecer algum paralelo propriamente discursivo – isto é, relativo a algum traço de "formação" ideológica e/ou inconsciente – que relacionasse esse gênero às ditas piadas de gaúcho, nas quais, invariavelmente, ele aparece como homossexual passivo. Certamente, alguns aspectos da história dos homens gaúchos – em especial sua atuação como peões e como soldados, dois agrupamentos masculinos, nos quais a hombridade, eventualmente traduzida como virilidade, é o traço ideológico crucial – formam um solo propício para esse(s) discurso(s), especialmente em suas versões humorísticas.

Santiago apresenta as empulhas por temas (as relativas a nomes próprios, as relativas a comidas, a lugares etc.). Certamente, a mais conhecida, e que há muito ultrapassou as fronteiras gaúchas (se é que de fato nasceu lá), é a famosa

– Conhece o Mário?
– Que Mário?
– Aquele que te agarrou atrás do armário...

modelo para tantas outras, nas quais o nome próprio é selecionado para permitir uma rima que conclui um enunciado cujo núcleo é sempre a afirmação de que alguém fez sexo com o interlocutor (*Guido – armário embutido; Castilho – fundilho; Agenor – rabo em flor* etc.). Merecem destaque os termos nos quais o ato é descrito: *agarrou, comeu, juntou, funchou, arrombou, deixou o rabo em tira, deixou o rabo em flor, botou nas pregas, deixou com o anel doído, rebentou a hemorroida*. São verbos que denotam força, talvez até alguma violência, com implicações associadas ao ou decorrentes do tamanho do membro (um não dito... aqui), um dos traços mais tipicamente associados à masculinidade do homem ativo, que causa sofrimento para o passivo.

Esses traços, no entanto, ocorrem também em outros discursos sobre sexualidade, mesmo entre parceiros heterossexuais: é comum que se decante a potência masculina, representada eventualmente pelas dimensões do *membro viril* e se mencione ou deixe entender algum tipo de sofrimento que a mulher teria que suportar durante o ato sexual (frequentemente, expresso nos mesmos termos).

No tema *comidas*, reaparece um enunciado comentado a propósito das canções nordestinas (*gostas de verdura*?). Mas é o conhecidíssimo "só como se eu cozinho" (*só como seu cuzinho*) que apresenta o maior número de variantes: "Se eu cozinho é só pra mim", "Se eu cozinho não lavo", "quebrei um ovo e tinha um pinto dentro. Já pensou se eu cozinho com um pinto dentro?".

Outro texto que também reaparece em vários programas humorísticos mais populares é "Como aumentou o preço das coisas! Tá caro tudo, tá caro a mandioca, tá caro até os ovos" (*tacaro = tacaram*, isto é, *enfiaram, introduziram*). "Tacar tudo, tacar a mandioca (que membro!!!), tacar até os ovos", sem consideração (sem dó...) por algum sofrimento do parceiro (lá, da parceira) em decorrência da eventual desproporção entre os órgãos envolvidos, eis um dos mais típicos discursos masculinos nesses *lugares* enunciativos.

Outros textos incorporam novidades do mercado, como os fogões ("To querendo comprar um fogão, tem um da marca Dako. Tu achas que Dako é bom? [*dá cu é bom*?]"); refrigerantes ("Lançaram a Coca de quatro litros. Agora, se tu quiseres, tem o litraço de quatro [*lhe traço de quatro*]"; "Tu gostas de Teen puro? [*te empurro*]").

Uma seção é dedicada exclusivamente ao verbo *dar*: de novo, o livro inclui um texto provavelmente não típico dos galpões ("– Deu pra passar na escola? – Passei sem dar.") e outros que também são de circulação mais ampla ("Se tu pegares esta rua, onde é que tu vais dar?"; "Tu tens dado em casa?"; "Se eu comprar dez quilos de carne, dá pra vinte "vim te" comer?". A exploração do duplo sentido desse verbo é, aliás, corrente em muitos gêneros humorísticos (até mesmo em provérbios alterados: quem dá aos pobres *paga o motel / empresta, adeus!*).

Alguns textos são mais indiretos; exploram metáforas ou supõem um saber, ou uma memória, que considera detalhes da ação sexual: "Sabes aquele negócio que tu tavas agitando? Podes parar que *melou* [*ejaculou*]"; "Aquele *negócio* [*pênis*] que tu querias tá de pé [*ereto*]"; "Tens que negociar com homem de *negócio firme* [*pênis em estado de ereção/ homem potente*]"; "Já que tu estás sem emprego, queres pegar um *bico* [*pênis*]?"; "Tu chegaste a pouco [*a por o cu*] de fora?"; "Tu pintas como eu [*com meu*] pinto?"; "Desculpa por [*pôr*] tudo, mas tu não deixas por menos"; "Tu tens parente que tem terra [*te enterra*] lá fora?"; "Dia de chuva é bom pra quem tem terra [*te enterra*]; eu gosto de correr e tu só caminha [*soca a minha*] por trás"; "Me disseram que tu estás de carro novo. Me disseram que parece o Uno usado na frente, mas Tipo zero [*te pusero* = *te puseram*] por trás".

Desses enunciados, feita uma breve análise, ressaltam dois traços. Relativamente à sua construção, trata-se de fórmulas repetidas que se caracterizam tipicamente pelo duplo sentido, ou seja, pela presença do traço de equivocidade (do real da língua, da *alíngua*). São praticamente memorizadas (como, digamos, os provérbios), e é por causa deste traço que se prestam bem a uma coleta. O outro traço diz respeito aos tipos de discurso. Nesse sentido, dois devem ser ressaltados. Trata-se sempre de um homem "pegar" outro homem, *em dois sentidos*, ou seja, de divertir-se com a possibilidade de o outro ser submetido ao sexo passivo, de ser possuído por outro homem, e de ser "pego" na armadilha verbal que enuncia tal fato, pois é ela que o coloca imaginariamente na situação passiva. Em segundo lugar, trata-se sempre de sexo mais ou menos violento, marca que se expressa principalmente nos verbos, e eventualmente em alguma outra qualificação (deixou o rabo em tira / arrombou o fundilho / deixou o rabo em flor / que te botou nas pregas / com o anel doído / rebentou a hemorroida / seu cu padecia / empurrar / socar / pôr tudo / enterrar).

A comparação sumária das empulhas com as canções comentadas anteriormente revela um traço comum e um discordante: no caso das músicas, a boa sexualidade, a prazerosa, é tipicamente uma questão masculina, e sua forma é a dita ativa. O traço que mais ressalta é o de uma certa *violência*, decorrente da ação do macho, de que, em geral, insinua-se ser portador de um membro de grandes dimensões, o que é considerado bom, prazeroso para quem penetra, e ruim, ou menos bom, para quem é penetrado. Trata-se de um discurso consagrado, um dos lugares-comuns mais correntes na afirmação da sexualidade masculina. O traço de violência – ou melhor, de força – é associado à masculinidade em numerosos domínios, do sexo ao esporte, sem esquecer, obviamente, a guerra.

O traço que diferencia claramente discursos nos dois gêneros é que, em um, o da música, celebra-se basicamente a conquista masculina (poucas vezes ocorre derrisão em relação ao homem passivo, e algumas vezes em relação à mulher, de formas diversas), enquanto no outro, no das empulhas, celebra-se o sexo ativo (imaginário?) praticado por um homem com outro homem, que, por sua vez, e por isso mesmo, é alvo de derrisão. Observe-se, no entanto, que nunca se trata de uma narrativa séria, mas sempre de uma "pegadinha", uma forma óbvia de humor, em relação à qual provavelmente se pode dizer o que Raskin (1985) disse das piadas: que são histórias *non bona fide*.

Conclusão

Pêcheux é duramente irônico com o que qualifica de concepção aristocrática, que consideraria que as classes dominadas não inventam nada, porque estariam "muito absorvidas pelas lógicas do cotidiano": seu duro dia a dia as afastaria dos "jogos de ordem simbólica"! "Neste ponto preciso, a posição teórico-poética do movimento estruturalista é insuportável", ele acrescenta (1983: 53). E avança dizendo que ela partilhava de alguma forma o pressuposto de que "os proletários não têm (o tempo de se pagar um luxo de ter) um inconsciente!" (1983: 53). Certamente, esse *aristocratas* nunca viram operários trabalhando, e muito menos ouviram suas conversas, muitas delas sofisticadamente maliciosas.

Ora, os fatos aqui analisados mostram muito bem o quanto a Análise do Discurso perdeu (de tempo, pelo menos), ao não considerar os discursos *populares*. Se quisesse encontrar as eternas paráfrases do mesmo, certamente as teria encontrado nas feiras e nos bares (sem contar os programas de rádio e TV populares, além de toda uma literatura sempre desconsiderada). E, se quisesse dedicar-se ao equívoco e a suas relações com o inconsciente e a ideologia, nada melhor do que considerar os fesceninos jogos de linguagem, que em nada ficam devendo aos excelentes chistes coletados e analisados por Freud. Sem contar que talvez (se) devam menos ao inconsciente do que ao talento, já que nesses espaços a repressão é certamente menos intensa.

Bibliografia

Alcântara, E. *Sexualismo por ambiguidades na música popular brasileira*. Recife: Comunicante, 1995.

Freud, S. *Os chistes e sua relação com o inconsciente*. Rio de Janeiro: Imago, 1905/1969.

Milner, J.-C. *O amor da língua*. Porto Alegre: Artes Médicas, 1987.

Pêcheux, M. *O discurso*: estrutura ou acontecimento. Campinas: Pontes, 1998.

Raskin, V. *Semantic mechanisms of humor*. Dordrecht: D. Reidel Publishing Company, 1985.

Santiago. *Conhece o Mário?* Porto Alegre: LP&M, 2006.

Notas

1 A alíngua é antes de mais nada a língua materna, depois, qualquer língua; mas, no que mais importa, "alíngua é, em toda a língua, o registro que a consagra ao equívoco. [...] desestratificando, confundindo sistematicamente som e sentido, menção e uso, escrita e representado, impedindo, com isto, que um estrato possa servir de apoio para destrinchar um outro. [...] Um modo singular de produzir equívoco, eis o que é uma língua entre outras." (Milner, 1987: 15)

2 Como anota o próprio autor, as empulhas são conhecidas na cidade como "pegadinhas".

3 Não são só canções como estas que se sustentam nesses jogos ambíguos. Quadras populares também o fazem, como a conhecida (e aparentemente adocicada): "No alto daquele cume / plantaram um pé de roseira / quanto mais a rosa cresce / tanto mais o cume cheira."

4 Após apresentar a classificação de algumas técnicas, Freud diz, na página seguinte, entre outras coisas: "o múltiplo uso do mesmo material é, afinal das contas, um caso especial de condensação; o jogo de palavras nada mais é que uma condensação *sem* formação de substituto; portanto, a condensação permanece sendo a categoria mais ampla" (Freud, 1905/1969: 58).

PARTE 4
Brasil: a nossa tradução

Uma ordem no discurso audiovisual

Nádea Regina Gaspar

Em trabalhos anteriores (Gaspar, 2004a, 2004b, 2005, 2006, 2008), iniciamos um processo de pesquisa tendo em vista a seguinte questão: de que modo vem sendo discursivizado nos audiovisuais as práticas de leitura no século XX, principalmente no Brasil? Nesses trabalhos recorremos, entre outros, a Michel Foucault, particularmente à sua proposta teórico-metodológica para análise de discursos. Sinteticamente, Foucault (1997) propõe três grandes movimentos para tal finalidade: primeiro o analista busca encontrar o *enunciado* discursivo e se depara com ele; em seguida surge a necessidade de relacionar o(s) enunciado(s) aos modos como ele(s) se formou(ram) (*formações discursivas*); em um terceiro movimento, o analista procura associar as *formações*, *sistematizando* o seu *arquivo discursivo*. Diante da proposta desse autor e da nossa questão de pesquisa, compreendemos na época que, no movimento analítico do nosso objeto, precisávamos nos debruçar tanto sobre o entendimento dos discursos de cunho científico que trataram do tema leitura, quanto – senão principalmente – na compreensão dos discursos considerados não científicos, como é o caso dos audiovisuais. Isso porque, além dos audiovisuais constituírem a materialidade a ser observada no nosso problema de pesquisa, à medida que os analisávamos, íamos entendendo que eles igualmente focavam esse tema, assim como os discursos de cunho científico. Além disso, precisávamos entender também os mecanismos da linguagem do audiovisual, que é tão diferenciada das demais.

Com isso, observávamos, que a questão da leitura também vinha sendo analisada fora da esfera da ciência, por exemplo, entre os diretores cinematográficos e os publicitários. Os resultados desses trabalhos, já publicados, revelaram que em torno dos filmes e das propagandas televisivas vêm se formando três modos distintos que caracterizam os discursos sobre a leitura no século XX, quais sejam: um que a interpreta *como intimidade*, outro que a percebe *como interdição* e ainda um terceiro que a observa *como merchandising*. As pesquisas em torno desse tema levaram-nos à necessidade de retroceder na História, de operar com o que Foucault (1997) conceituou como *escavações arqueológicas*. Diante disso, outros delineamentos de pesquisa começaram a se configurar, tendo em vista a mesma questão, contudo com nosso olhar voltado para o século XIX.

O objetivo do presente capítulo, portanto, é o de buscar compreender de que modo os audiovisuais nacionais vêm discursivizando a temática da leitura no século XIX no Brasil. Para a fundamentação teórica, buscamos novamente o amparo da Análise do Discurso advinda de Michel Foucault. Aqui atentamos, contudo, para as relações que esse autor estabelece entre os princípios de espaço e de sujeito discursivo, buscando aplicá-los na análise de dois filmes e uma novela televisiva, todos de produção nacional.

Adiantamos que em torno dos grandes acontecimentos históricos que marcaram o século XIX no Brasil, como a vinda e a estadia de D. João VI e da corte portuguesa (1808-1821), a Independência do país de Portugal (1822) e a instauração da Primeira República (1889), ocorreram, do mesmo modo, outros pequenos acontecimentos que, vistos sob o ângulo da Análise do Discurso, também revelam nuances sobre a temática da leitura. Certamente autores consagrados como Márcia Abreu (1999), Maria Beatriz Nizza da Silva (1999), Paulo Ghiraldelli Jr. (1985), dentre muitos outros, retrataram com rigor científico os vários aspectos sobre como foram se dando os entornos da leitura no Brasil colônia, imperial e republicano; contudo, por ora, nosso olhar se volta sobre o modo como o tema foi discursivizado nos audiovisuais. O delineamento parcial que foi possível depreender desta pesquisa foi o da formação de uma identidade brasileira que, em sua gênese, insere e caracteriza as figuras de algumas leitoras femininas do século em questão. A pesquisa, em andamento, tem revelado que os discursos veiculados nos audiovisuais brasileiros sobre o século XIX, dentre outros aspectos, também retratam: (a) os sujeitos femininos que liam nesse século e/em suas relações com os espaços; (b) os suportes e as materialidades às quais as mulheres recorriam nas suas práticas de leitura em cada um dos recortes históricos que analisaremos.

Heterotopias e sujeitos

Um dos princípios advindos de Foucault e que adotamos neste capítulo diz respeito ao seu entendimento sobre os lugares e espaços em que se encontram presentes quando se analisam discursos. Em conferência por ele proferida, intitulada "Outros espaços", publicada em *Foucault: ditos e escritos III*, ele sutilmente estabelece relações entre o espaço e o sujeito discursivo. Foucault expõe que, na época atual,

> não vivemos em uma espécie de vazio, no interior do qual se poderiam situar os indivíduos e as coisas. Não vivemos no interior de um vazio que se encheria de cores com diferentes reflexos, vivemos no interior de um conjunto de relações que definem posicionamentos irredutíveis uns aos outros e absolutamente impossíveis de serem sobrepostos. (2001: 414)

Na citação, compreendemos as profundas relações que esse autor estabelece entre a posição dos sujeitos e os lugares e espaços que os mesmos ocuparam ou ocupam, já que Foucault destaca que nós, ou seja, os indivíduos, os sujeitos, "não vivemos no interior de um vazio", mas sim "no interior de um conjunto de relações [humanas] que definem posicionamentos irredutíveis uns aos outros [...] e impossíveis de serem sobrepostos". Nesse contexto, Foucault (2001: 411) explicita que "a época atual seria talvez de preferência a época do espaço. Estamos na época do simultâneo, estamos na época da justaposição, do próximo e do longínquo, do lado a lado e do disperso".

Tendo em vista a situação que os sujeitos experimentam na atualidade, Foucault aponta três modos pelos quais ele percebe o espaço ao longo da história: primeiro o da Idade Média, em que a divisão entre os espaços reais e os celestes acabou criando um espaço de *localização*; posteriormente, com Galileu, o espaço passa a ser visto como *extensão*, ou seja, a infinitude em contraposição à visão medieval; atualmente, vivenciamos o espaço do *posicionamento*, posicionamento esse advindo de sujeitos que caracterizam um espaço "definido pelas relações de vizinhança" (Foucault, 2001: 415).

Este último espaço que se atribui ao sujeito, essas *relações de posicionamento*, foram tipologizados por Foucault (2001: 413-4) em torno de duas ideias de espaço: a das *utopias* e a das *heterotopias*.

> As utopias são os posicionamentos sem lugar real [...] espaços que fundamentalmente são essencialmente irreais. Há, [...] e isso provavelmente em qualquer cultura, em qualquer civilização, lugares reais, lugares efetivos, lugares que são delineados na própria instituição da sociedade, e que são espécies de contraposicionamentos, espécies de utopias efetivamente realizadas nas quais os posicionamentos reais, todos os outros posicionamentos reais que se

podem encontrar no interior da cultura estão ao mesmo tempo representados, contestados e invertidos, espécies de lugares que estão fora de todos os lugares, embora eles sejam efetivamente localizáveis. Esses lugares, por serem absolutamente diferentes de todos os posicionamentos que eles refletem e dos quais eles falam, eu os chamarei, em oposição às utopias, de heterotopias. (Foucault, 2001: 414-5)

A definição de *heterotopias* formulada por Foucault leva-nos a compreendê-las como espaços diversos ou mais precisamente, como diz o filósofo, como algumas "espécies de utopias efetivamente realizadas". Quem realiza as utopias, fundindo-as aos espaços reais são os sujeitos que tomam diversos posicionamentos no meio social, e talvez seja também por isso que o teórico caracterizou o espaço atual em que vivemos como o espaço do *posicionamento*. Posicionamento que, como dito anteriormente, define "os posicionamentos reais, todos os outros posicionamentos reais que se podem encontrar no interior da cultura, [...] espécies de lugares que estão fora de todos os lugares, embora eles sejam efetivamente localizáveis". Percebe-se, nesse trecho, que Foucault relacionou as *heterotopias* com os sujeitos sem destacar especificamente essa relação com a Análise do Discurso; julgamos, porém, que isso esteja subentendido, já que esse filósofo se ateve, em toda a sua obra e em toda a sua vida, em teorizar e demonstrar seu posicionamento frente a essas relações. Mas para acentuar o entrelaçamento entre espaço/sujeito/discurso em Foucault, recorremos a *A arqueologia do saber* (1997), em particular à passagem em que ele afirma explicitamente esses vínculos. Isso pode ser percebido quando ele esclarece um dos seus princípios que diz respeito à busca para se encontrar o enunciado discursivo, ou seja, a atenção que se deve ter ao sujeito do enunciado. Foucault (1997:109, grifo nosso) argumenta:

> Não é preciso [...] considerar o sujeito do enunciado como idêntico ao autor [...]. [O sujeito do enunciado] é um *lugar* determinado e *vazio* que pode ser efetivamente *ocupado* por indivíduos diferentes [...]. Descrever uma formulação enquanto enunciado [consiste] em determinar qual é a *posição que pode e deve ocupar todo indivíduo* para ser seu sujeito.

Observamos, portanto, que certamente as *heterotopias*, enquanto multiplicidades de espaços ocupados, são visíveis em espaços físicos já consagrados, e o teórico exemplifica alguns deles como as bibliotecas, os museus, o cemitério, o asilo, o barco, os lugares das festas.[1] Mas se para ele os lugares são ocupados por sujeitos enunciativos, então essas relações precisam ser observadas no *funcionamento discursivo*, já que elas se mostram nos textos e certamente acontecem em diferentes lugares, épocas, instituições, materialidades, enfim, em diferentes *heterotopias* e diversos *posicionamentos*.

No movimento dos discursos, entre *heterotopias* e *posicionamentos* dos sujeitos enunciativos, é que foi possível entrever de que modo os audiovisuais têm discursivizado sobre a temática da leitura no Brasil do século XIX.

Leitoras do século XIX

Para o movimento analítico deste capítulo, recorremos a alguns textos audiovisuais e neles destacamos determinadas sequências extraídas de dois filmes e uma novela, todos produções nacionais. Nosso arquivo discursivo foi, portanto, constituído por três textos imagéticos e em movimento. O primeiro, *Carlota Joaquina* (1995), da diretora Carla Camurati, narra a história da infanta espanhola Dona Carlota Joaquina de Bourbon, prometida ao futuro D. João VI com apenas 10 anos de idade, e a passagem dessas personalidades históricas pelo território brasileiro no início do século XIX. Atuam, entre outros, nesse filme: Marco Nanini (D. João VI), Marieta Severo (Carlota Joaquina) e Maria Fernanda (D. Maria I). O segundo texto é a novela brasileira *Dona Beija*, veiculada originalmente pela Rede Manchete e baseada na obra de Thomas Leonardos intitulada *Dona Beija: a feiticeira do Araxá* (1971) e no livro de Agripa Vasconcelos, *A vida em flor de D. Beija* (1986). Foi protagonizada por Maitê Proença (D. Beija), Carlos Alberto (o ouvidor que trabalha para a corte do Rei D. João VI), Marcelo Picchi (João Carneiro Mendonça) e Maria Isabel de Lizandra (mãe de João Carneiro Mendonça).

A novela narra a trajetória de vida de Ana Jacinta de São José, mais conhecida pelo codinome de Dona Beija, que morou na cidade mineira de São Domingos do Araxá em meados do século XIX, local onde fundou a *Chácara do Jatobá*, um espaço destinado à sua residência e também a receber os homens que a cortejavam. O terceiro texto analisado é o filme *Sonhos tropicais* (2002), dirigido por André Sturm, uma adaptação do livro homônimo de Moacyr Scliar (1992). Resumidamente, assim como fizemos com os dois textos anteriores, este filme contextualiza o final do século XIX e início do XX, quando aportam no Rio de Janeiro, no mesmo navio, o médico Oswaldo Cruz e uma jovem polonesa chamada Esther que viera para cá para se casar. Esperançosos, ambos seguem destinos diferentes nessa cidade: Esther é obrigada a se prostituir, pois chegando aqui descobre que caiu numa emboscada, e Oswaldo torna-se um dos principais médicos sanitaristas e um ícone para o presidente da República, Rodrigues Alves, que governou o Brasil de 1902 a 1906. Entre outros, o elenco do filme contou com Carolina Kasting (Esther), Bruno Giordano (Oswaldo Cruz), Flávio Galvão (Dr. Cardoso de Castro) e Cecil Thiré (Rodrigues Alves).

Comecemos pelo filme *Carlota Joaquina.*

Carlota Joaquina (1995)

A primeira sequência que destacamos para a análise do filme corresponde ao trecho em que a infanta, aos 10 anos, encontra-se frente aos membros da corte espanhola, sendo sabatinada por eles. Prometida desde tenra idade ao futuro monarca português, ela necessitava da permissão dessa corte para que o casamento se efetivasse. No interrogatório, várias perguntas foram-lhe formuladas, dentre elas: "Quem foi Velázquez?" A infanta rapidamente respondeu quem foi o pintor espanhol Diego Velázquez, quando ele nasceu, as obras por ele pintadas, dentre as quais *As meninas.*[2] Nessa sequência, observa-se que naquela época (final do século XVIII) e local (Espanha), os sujeitos em questão valorizavam a visualização dos elementos plásticos, no caso, a pintura. Isso se comprova em outra sequência fílmica logo em seguida a essa acima apresentada, quando a infanta Carlota dirige-se até um quadro que se encontra emoldurado na parede de um dos corredores do palácio, igualmente pintado por Velázquez. Essa pintura retrata outra infanta, a infanta Margarida.[3] Nesse momento, diante do quadro, Carlota adota um posicionamento próprio da sua idade, e diz: "Quero que Velázquez também me pinte em um quadro, mas com um vestido vermelho, e que ele me faça mais bonita que a infanta Margarida". Nessa sequência, observa-se novamente a importância atribuída à pintura pelos sujeitos *leitores de imagens*, no período monárquico espanhol.

Os membros da monarquia absolutista espanhola não foram, contudo, os únicos a se valerem de elementos plásticos e icônicos[4] para representarem suas ideias e também para se autorrepresentarem. Isso pode ser constatado ainda nesse filme, quando já adulta, vê-se D. Carlota Joaquina junto ao seu esposo D. João, num momento em que se encontram reunidos todos os membros da corte portuguesa para decidirem sobre a vinda ou não da família real ao Brasil. Nesse ínterim, entra no recinto a mãe de D. João, D. Maria I, que também ficou conhecida como "a louca". Aos berros, ela espalha sobre a mesa uma série de desenhos feitos em folhas de papel em que figuram vários animais, tais como jacarés, peixes avantajados, aves monstruosas etc. Nesse momento, muito irada, D. Maria diz: "Para o Brasil eu não vou! No Brasil só tem índios e bichos que vão te devorar, João! Eu não vou!". D. Carlota Joaquina, frente à cena e motivada pelos desenhos, reitera as palavras da sogra argumentando: "Para o Brasil eu não vou! Jamais serei a princesa do Brasil".

Nessa sequência, revelam-se agora posicionamentos políticos de sujeitos femininos em outro espaço que não o espanhol, o espaço da corte portuguesa. No contexto, o que se percebe é que ambas as mulheres, valendo-se de argumentos que pareciam persuasivos, buscaram aterrorizar D. João e convencê-lo a não viajar para o Brasil, fato esse motivado pela *leitura* coletiva das imagens que ativavam no imaginário dos membros presentes o que seriam as suas vidas futuras, caso optassem pela vinda da família real ao Brasil. Assim, observa-se mais uma vez que, na época, há a predominância da leitura imagética. No entanto, as mulheres da corte não liam somente imagens, elas também liam palavras.

A leitura da palavra pode ser constatada em poucas sequências deste filme. Para o objetivo deste trabalho destaca-se que, mesmo a contragosto de D. Maria e D. Carlota Joaquina, a corte portuguesa chega ao Brasil no início do século XIX, tendo a figura de D. João como o príncipe regente de Portugal. Depois de uma breve estadia na Bahia, fixam-se por alguns anos no Rio de Janeiro. Durante esse período, Carlota Joaquina foi chamada, por um breve intervalo de tempo, "A rainha do Prata"[5]. Isso pode ser verificado no filme, numa sequência em que ela lê um documento oficial escrito que a nomeia para tal cargo. Constata-se então o posicionamento de um sujeito (D. Carlota) que buscava ocupar um espaço político e geográfico na América, e isso ficou evidenciado no filme, via a leitura da palavra escrita.

Elege-se ainda uma última sequência deste filme que é bastante significativa. Trata-se do fragmento em que D. João, já aclamado rei de Portugal devido à morte de D. Maria I, é pintado por Debret juntamente com toda a sua família.[6] D. Carlota situa-se no centro do retrato, trajando um vestido vermelho, tal como ela se imaginara quando menina. Ao ver o resultado final do trabalho de Debret, ela diz que o "quadro não ficou bom, pois não foi pintado por Velázquez". Esse quadro pintado no Rio de Janeiro indica novamente a reiteração da importância que se dava na época para as representações imagéticas, tendo em vista os moldes imperiais trazidos com as cortes portuguesa e espanhola para o Brasil.

O que se pondera a respeito dessas poucas sequências destacadas é que nas várias *heterotopias* apresentadas no filme, as mulheres da nobreza monárquica (sujeitos) buscavam ocupar espaços e assumir posições sociais muito parecidas com as dos homens, ou seja, posicionamentos políticos. Outra ponderação que fazemos é que no início do século XIX, tanto as mulheres da corte espanhola (D. Carlota Joaquina) como as da portuguesa (D. Maria I) liam, e essa capacidade foi, de certa forma, estimulada também no Brasil, particularmente no Rio de Janeiro (com a inauguração da Imprensa Régia, Gabinete de Leitura Imperial, Biblioteca Nacional etc.). O que também se revelou no filme *Carlota Joaquina* é que a leitura era tanto coletiva quanto privada e o conhecimento advindo dela era apreendido por meio de pinturas, mapas, ofícios imperiais e cartas. A leitura, portanto, era essencialmente imagética, mesmo entre as mulheres nobres.

A seguir, vejamos outra figura de leitora feminina, centrando nosso olhar nas terras de Minas Gerais, pouco antes da Independência do Brasil (1822), por intermédio do texto audiovisual a que tivemos acesso: a novela *Dona Beija*, veiculada pela extinta Rede Manchete em 1986.

Dona Beija (1986)

Assim como no texto anterior, destacamos agora algumas sequências para a análise da novela *Dona Beija*. A primeira delas quando o ouvidor do rei, o Sr. Joaquim Inácio Silveira da Motta, rapta a ainda jovem D. Beija e a leva ao Arraial de Paracatu. Chegando a esse local, ele diz a ela que lhe dará um primeiro presente: "Severina: uma escrava que sabe ler!". Pode-se inferir por esse enunciado oral que algumas escravas eram capazes de ler na época em que a trama se ambienta, mas a cena também deixa subentendido que ou D. Beija sabia ler e por isso estava ganhando esse presente ou não sabia, derivando daí a necessidade de ter uma escrava que lesse. Nessa sequência, Beija ocupa em Paracatu uma posição de moça simples e indefesa, que precisa dos cuidados de outra mulher; esta, embora fosse escrava, foi apresentada como leitora e, devido a isso, poderia entreter D. Beija com leituras.

Embora na sequência anterior não se perceba explicitamente que D. Beija soubesse ler, em outra isso parece ficar evidente: é quando a então linda cortesã inaugura a *Chácara do Jatobá*. Pelo que se observa na novela, o local não chegava a ser uma casa de prostituição, já que Beija desempenhava os papéis de administradora e de única atendente dos desejos masculinos. Como D. Beija mesmo define na inauguração da *Chácara*, esse local seria: "Um lugar para encontros festivos, de alegria e descontração, um lugar para se entreter com jogos e uma boa conversa". No momento em que Beija fala, o delegado da cidade enfatiza que "veio gente de vários lugares das Minas Gerais para a inauguração do local, como de Barbacena, [...] Três Pontas, Vila Rica, Paracatu... veio gente até de São Paulo!", o que ela reforça dizendo que é "muito conhecida nos sertões das Gerais". Enquanto falam, a câmera mostra uma escrivaninha maravilhosamente entalhada e sobre ela alguns papéis, uma caneta tinteiro e alguns livros com encadernações de couro. A cena sugere que podem ser romances (embora isso não fica evidente) e, sem dúvida, observa-se que essa escrivaninha não deve ser ocupada pela escrava, mas provavelmente por Beija, inclusive porque a cortesã possui um vocabulário bastante requintado para uma moça "da vida". O que se pondera nessa sequência é que agora, Beija não ocupa mais a posição de uma moça simples e indefesa, mas de uma mulher madura, segura de si, conquistadora de vários homens influentes, que almeja ascender socialmente e obter posses materiais. Para tanto, vale-se dos recursos financeiros e políticos dos seus anfitriões; mas para conquistá-los ela precisa usar dois dos seus atributos pessoais: a escrita e a leitura. Assim, essas modalidades de conhecimento se transformam nas mãos de Beija em um dos seus subterfúgios de conquista, considerando-se o local e a posição que ela ocupa, o que pode ser interpretado pelo envio de cartas escritas por ela aos seus "amigos", e também pelas leituras que a fazem adquirir a retórica convincente para as suas conquistas.

Em uma terceira sequência pinçada por nós da novela, observa-se a mãe de João Carneiro Mendonça lendo uma carta do filho e, muito entusiasmada, ela diz que ele voltaria para a Província de S. Domingos do Araxá, já que estava residindo junto à corte portuguesa do Rio de Janeiro, por motivo de trabalho. Com isso, têm-se aqui um outro posicionamento de mulher, a de uma mãe de um nobre que servia ao rei D. João VI e ao recém-nomeado príncipe D. Pedro I. A nobre intelectual, portanto, também lia textos verbais, por exemplo, cartas.

O que destacamos dessas sequências textuais imagéticas da novela *Dona Beija* é que, nas Minas Gerais, particularmente em São Domingos do Araxá, em meados do século XIX, não apenas mulheres de nobres que serviam a corte portuguesa (sujeitos) liam (cartas), contudo, outras mulheres, entre elas escravas negras e prostitutas (outros sujeitos) também liam (talvez poesias e romances) e escreviam (cartas), ocupando espaços domésticos e políticos e, com isso buscando fazer e deixar para a posteridade, pronunciamentos discursivos da história local.

Sonhos tropicais

Para a análise do filme *Sonhos tropicais* (2002), elegemos diversas cenas rápidas, que aparecem em momentos variados desse filme, que agrupamos, porém, em um *todo* expositivo, por tratarem de um mesmo contexto que desejamos explorar, qual seja, o de caracterizar o local (Rio de Janeiro) no final do século XIX. Em outras três sequências que também foram eleitas por nós para a análise, caracterizaremos os sujeitos.

Ao confrontarmos algumas das cenas de *Carlota Joaquina* com outras de *Sonhos tropicais*, é possível observarmos profundas modificações no panorama urbano do Rio de Janeiro entre o início e o final do século XIX. No que diz respeito à leitura, observam-se, nesse filme: cartazes na estação portuária (do xarope S. João, por exemplo); anúncios comerciais (no caso, de aulas de piano); divulgação de campanhas sanitárias (devido à febre amarela, Oswaldo Cruz incentivou a eliminação dos ratos no Rio de Janeiro; para tanto, valeu-se de alguns meios midiáticos da época, como jornais e anúncios afixados em paredes, que divulgavam o local em que ratos vivos seriam trocados por 300$000 – trezentos mil réis – cada); livros de controle de passageiros (de chegada e de partida no porto do Rio); placas indicando a função de determinados prédios, tais como sede de ministérios. Enfim, essas são algumas das sinalizações que indicam, nesse filme, o panorama de como vinha sendo ocupado o espaço do Rio de Janeiro no final do século XIX e início do XX. Por esses pequenos indícios, pode-se inferir que, nessa cidade, a parcela da população constituída por sujeitos-leitores se torna proporcionalmente mais avantanjada do que aquela dos períodos retratados pelos dois textos fílmicos anteriormente analisados.

Certamente agora a leitura se torna pública no sentido de que ganha o espaço público por intermédio de suportes vários, diferentemente dos períodos anteriores que analisamos, já que antes a leitura era eminentemente privada e, agora, já se observa nos locais e espaços ocupados por sujeitos transeuntes a existência de uma modalidade de leitura que foge ao âmbito privado e vai para as ruas. Contudo, nem todos os sujeitos que começavam a se constituir em tão recentes cidadãos brasileiros (já que agora votavam), liam. Percebe-se isso logo em uma sequência inicial do filme, quando Esther chega da Polônia segurando um bilhete entre as mãos, indicando, por meio da escrita, em português, o lugar aonde ela deveria se dirigir. Um homem que trabalha no porto e ocupa a posição de bicheiro (trabalha com o jogo do bicho, e provavelmente esse jogo, na época, ainda não era interditado) a aborda. Contudo, ele não consegue entender o que a moça fala, tampouco o bilhete que ela segura em suas mãos. Isso sugere claramente que o nível de adultos letrados da época era exíguo e, dentre eles, nem todos os homens liam, embora algumas mulheres adultas sim.[7]

Uma das mulheres que podem ser caracterizadas como leitoras no filme é Esther que, apesar de ser polonesa (observa-se no filme várias cenas em que ela escreve em hebraico ao seu pai que se encontra na Polônia), ela aprende rapidamente a falar, ler e escrever em português. Esther, desse modo, pode ser caracterizada como uma figura feminina que lia e, dentre as muitas imigrantes polonesas que chegaram enganadas nesta época no Rio de Janeiro, ela também ocupou a posição e a função social de uma prostituta; apesar dos contratempos, a ligação de Esther com a terra natal era forte, pois ela também se posicionou como escritora e leitora de cartas familiares.

Outra figura feminina que se elege nesse filme é a esposa do intelectual Oswaldo Cruz. Em uma das sequências, observa-se o médico lendo um livro (não é possível caracterizar se é uma leitura de um texto científico ou um romance) e, diante do chamado de sua mulher para que ele atenda à porta, ele entrega o livro a ela, que se senta e começa a lê-lo, buscando, desse modo, aprender com a mesma leitura do esposo. Vê-se, então, que as mulheres de intelectuais (no caso, um médico) também já liam textos verbais no Rio de Janeiro da época.

No contexto, portanto, afirma-se que também havia mulheres leitoras no Brasil no final do século XIX e começo do XX, particularmente no Rio de Janeiro. Essas mulheres liam cartas, provavelmente romances e livros científicos, ou seja, a leitura passa do âmbito do não verbal para o verbal, evidenciando uma demanda maior de sujeitos letrados do que no início e meados desse mesmo século no Brasil. Isso também pode ser confirmado pelas várias placas, cartazes e anúncios, todos em espaço público, sugerindo a prosperidade local com o rápido processo de reurbanização da cidade, do comércio e das indústrias, mas evidenciando, do mesmo modo, que os sujeitos cidadãos passam por problemas sociais urgentes de serem resolvidos, como os do âmbito da saúde. Sem dúvida, e não há como não citar, que um sujeito central nesta história foi o Dr. Oswaldo Cruz, que busca conscientizar mulheres e homens sobre a necessidade de aplicação de princípios sanitaristas elementares, recorrendo, para isso, a campanhas públicas veiculadas em jornais e anúncios escritos, pressupondo-se, assim, uma gama variada de leitores, inclusive mulheres.

Considerações finais

Mediante a análise das três produções audiovisuais, observamos as relações existentes entre as heterotopias e os sujeitos discursivos propostos por Foucault, e buscamos compreender de que modo essas produções vêm discursivizando a temática da leitura no século XIX no Brasil. Entendemos que não há lugares sem sujeitos, assim como não há discursos sem sujeitos, e esses se encontram em diversos espaços. Nos audiovisuais expostos, são múltiplas *heterotopias* que caracterizam os lugares geográficos no tempo, como: Espanha (final do século XVIII), Portugal (início do século XIX), Rio de Janeiro (de 1800), Minas Gerais (Paracatu, Provínica do Araxá etc., em 1820-1830), Polônia (final do século XIX), Rio de Janeiro (final do século XIX e início do XX).

Em cada um desses lugares, podemos caracterizar também alguns espaços institucionais, dos quais elegemos: palácio da corte espanhola (final do século XVIII) e portuguesa (início do século XIX), palácio brasileiro dos monarcas (Rio de Janeiro de 1800), ruas da Vila de Paracatu e *Chácara do Jatobá*, situada na Província do Araxá , assim como casas particulares de membros da corte (Minas Gerais em 1820-1830), ruas, porto, bordéis e casa de um intelectual (Rio de Janeiro no final de 1800 e início de 1900).

Os lugares ocupados por sujeitos refletem distintos posicionamentos e instauram discursos que perduram na história. Podemos citar nesses audiovisuais analisados algumas figuras femininas: D. Carlota Joaquina, D. Maria I, Dona Beija, a escrava Severina, a mãe de João Gonçalves, a prostituta polonesa e a esposa de um intelectual. Mulheres com posicionamentos distintos, por exemplo: D. Carlota, D. Maria I e D. Beija almejavam, respectivamente, o poder, a tradição e o luxo; a escrava revelou-se como uma leitora servil; já a mãe de João Carneiro Mendonça apresentou-se como a nobre que desejava manter os laços familiares; a prostituta polonesa tentava manter os vínculos com a sua terra natal; a esposa de Oswaldo Cruz apresentou-se como uma mulher intelectual e emancipada para a época.

O que também se observa nas imagens dos audiovisuais analisados é que as mulheres figuram as leitoras que viveram no século XIX no Brasil. E o que elas liam? No período do Brasil colônia (1808) elas se atêm em ler figuras, quadros, enfim, basicamente imagens. No Brasil império (1822), tanto as mulheres da corte quanto as prostitutas, como também as escravas, liam cartas, talvez literatura (romances e poesias). A leitura até então era coletiva e privada. Somente no Brasil república (1889) é que a leitura torna-se individual e pública (em relação ao que se vê nas ruas), pressupondo-se também, um incentivo para a escrita. Desse modo, a leitura feminina entre o século XIX e início do XX configurava-se em: placas públicas, pequenos anúncios comerciais, livros científicos, romances e poesias; e, provavelmente, as mulheres eram também escreventes, o que motiva pesquisas futuras.

Dessas várias posições *heterotópicas* de mulheres leitoras do século XIX, conclui-se que se foi forjando lentamente nesse século a identidade da leitora feminina, já que a leitura compunha também o cotidiano de parte das mulheres nobres, escravas e prostitutas. Hoje, isso também pode ser constatado, diga-se de passagem, por meio de outro espaço *heterotópico*, que pode ser organizado discursivamente, o dos audiovisuais.

Notas

1 Em relação às *heterotopias* relacionadas às identidades nacionais e regionais, particularmente às festas populares, recomenda-se o excelente trabalho de Mônica Cruz, *O discurso pela f(r)esta: espaço e produção de identidades* (2005).

2 Quadro pintado por Diego Velázquez, em 1656, e que representa a família do Rei Espanhol Felipe IV.

3 Quadro pintado por Velásquez em 1653. Para efeito de lembrança, a infanta Margarida é uma das personalidades que está no centro do quadro *As meninas*, pintado também por Velásquez, em 1656.

4 Joly (1996) faz uma distinção interessante entre os elementos plásticos e icônicos para a análise de textos imagéticos. Nos primeiros, observam-se os significados advindos, dentre outros, do enquadramento, ângulo da tomada da imagem, a escolha da objetiva, a composição, as formas, as dimensões, as cores, a iluminação e a textura. Já, quando nosso olhar se volta para os elementos icônicos, faz-se necessário analisar os signos que constituem os fragmentos mínimos da imagem e que auxiliam na aquisição da significação perante o todo textual, por exemplo, a flor no vestido de algum personagem, o destaque dado a uma determinada xícara etc.

5 O Rio do Prata, como ficou conhecido, situa-se entre o Uruguai e a Argentina e foi um dos espaços concebidos por Dona Carlota Joaquina para levantar para si o projeto de um trono nas províncias espanholas da América, o que de fato ocorreu, mas por um curto período de tempo (Cf. Azevedo, 1997).

6 Fizemos uma busca nos sites e museus virtuais da Internet para encontrar a legitimação desse quadro pintado de Debret, e embora tenha sido possível saber que esse pintor trabalhou durante anos para a família real, visto que há vários quadros seus que retratam fatos históricos da época, ainda não foi possível encontrar, especificamente, o quadro citado no filme, para que se possa confirmar ou não sua veracidade.

7 Sobre a formação da escola brasileira, ver Ribeiro, 2001.

Bibliografia

ABREU, M. Da maneira correta de ler: leituras das Belas Letras no Brasil Colonial. *Leitura, história e história da leitura*. Campinas/São Paulo: Mercado de Letras/Associação de Leitura do Brasil; Fapesp, 1999, pp. 213-33.

Azevedo, F. L. N. de. Carlota Joaquina, a Herdeira do Império Espanhol na América. *Estudos Históricos*. Rio de Janeiro, n. 20, 1997. Disponível em: <http://www.cpdoc.fgv.br/revista/arq/225.pdf>. Acesso em: 20 abril 2007.

Carlota Joaquina. Direção: Carla Camurati. Produtora: Elimar Produções Artísticas. Rio de Janeiro, 1995. [Filme]

Chartier, R. *A ordem dos livros*: leitores, autores e bibliotecas na Europa entre os séculos xiv e xviii. 2. ed. Brasília: Ed. da UnB, 1999.

Cruz, M. S. *O discurso pela f(r)esta*: espaço e produção de identidades. Araraquara, 2005. (Tese de Doutorado) – Faculdade de Ciências e Letras, Universidade Estadual Paulista.

Dona Beija. Escrito por: Wilson Aguiar Filho. Direção: Herval Rossano. Veiculação: Rede Manchete. Rio de Janeiro, 1986. [Novela]

Foucault, M. *A arqueologia do saber*. Trad. Luiz Felipe Baeta Neves. 5. ed. Rio de Janeiro: Forense Universitária, 1997.

_____. Outros espaços. *Estética*: literatura e pintura, música e cinema. Rio de Janeiro: Forense Universitária, 2001. [Ditos & Escritos v. III, org. e seleção de textos de Manoel Barros da Mota.]

Gaspar, N. R. *Foucault na linguagem cinematográfica*. Araraquara, 2004a. (Tese de Doutorado em Linguística e Língua Portuguesa] – Faculdade de Ciências e Letras, Universidade Estadual Paulista.

_____. Foucault nas visibilidades enunciativas. In: Navarro, P. Sargentini, V. *Michel Foucault e os domínios da linguagem:* discurso, poder, subjetividades. São Carlos: Claraluz, 2004b, pp. 231-60.

_____. *A leitura como prazer e interdição:* uma análise foucaultiana. In: Machado Jr. R.; Soares, R. de L.; Araújo, L. C. de (orgs.). *Estudos de cinema*. São Paulo: Annablume/Socine, 2006, pp. 35-41.

_____. Um olhar nas práticas discursivas sobre a leitura. *Anais da viii Semana de Letras*. Jandaia do Sul: fafijan, 2005. [CD-ROM].

_____; Salciotto ,T. L. Arquivo discursivo e mídia científica: a leitura como liberdade. In: Romão, L. M. S.; Gaspar, N. R. (orgs.). *Discurso midiático*: sentidos de memória e arquivo. São Carlos: Pedro & João Editores, 2008, pp .163-80.

Ghiraldelli Jr., P. Leitura e movimento operário na Primeira República. *Revista Leitura*: Teoria e Prática. Porto Alegre/São Paulo: Mercado Aberto; Associação de Leitura do Brasil, ano 4, n. 6, dez. 1985, pp. 3-9.

Joly, M. *Introdução à análise da imagem*. 7. ed. Campinas: Papirus, 1996.

Leonardos, T. *Dona Beija*: a feiticeira do Araxá. Rio de Janeiro: Record, 1971.

Ribeiro, M. L. S. *História da educação brasileira*: a organização escolar. 17. ed. rev. e ampl. Campinas: Autores Associados, 2001.

Scliar, M. *Sonhos tropicais*. São Paulo: Companhia das Letras, 1992.

Silva, M. B. N. História da leitura luso-brasileira: balanços e perspectivas. In: Abreu, M. *Leitura, história e história da leitura*. Campinas/São Paulo: Mercado de Letras/Associação de Leitura do Brasil; Fapesp, 1999, pp. 147-64.

Sonhos Tropicais. Direção: André Sturm. Produtora: Pandora Filmes, 2002. [Filme].

Vasconcelos, Agripa. *A vida em flor de D. Beija*: romance do ciclo do povoamento nas Gerais. Belo Horizonte: Itatiaia, 1985.

Velázquez, Diego. *As meninas*. Sevilha, 1656. [Quadro]

_____. *O retrato da infanta Margarida*. Sevilha, 1653. [Quadro]

Filhos e netos do tráfico no movimento do discurso

Ane Ribeiro Patti
Lucília Sousa Romão

"Pó de 10, pó de 10, vem cheirar, essa é da boa" (*Época On-line*, 2007). O enunciado inaugural deste capítulo, pronunciado durante uma brincadeira em uma favela do Rio de Janeiro, por uma criança, nos coloca diante de algo atual, opaco, difícil de ser contornado, o efeito-sentido de criança. "Pó de 10" [pode deiz], como, quando, onde? Que cheiro é esse? Essa é da boa? (Slogan de uma marca de cerveja: se não for da boa, não serve... Do pó à cerveja, marcamos o retorno do mesmo sentido). Este capítulo busca pontuar indícios sobre os modos como os filhos e netos do tráfico de drogas se inscrevem no discurso, deixando vazar ou interditar os efeitos do infantil. Perguntamo-nos: como essa criança "adotada" pelo tráfico constitui-se na linguagem e de que modo ancora-se em palavras já ditas para produzir sentidos sobre si mesma? Por onde vacila o sujeito em seus movimentos discursivos, tomando emprestada a voz de outros sujeitos que já circularam em outros lugares sociais? Como, na chamada sociedade pós-industrial, são produzidos sentidos sobre o infantil? Onde é que esses sujeitos-criança se espelham e de que maneira eles se constituem na cultura atando (ou não) os seus fios de/em linguagem? O que a indústria cultural dita como as condições de produção, dadas pelo tráfico de drogas no espaço urbano, indicia um modo singular de inscrição histórica do sujeito na linguagem? Essas questões fazem falar o observatório do nosso interesse, ou seja, o chão sobre o qual iremos construir a teia de nosso dizer, sem a pretensão de estabilizar sentidos na lógica do que *é* ser criança hoje no Brasil, mas na trilha de analisar o discurso, a fala em curso de sujeito(s) cuja voz faz falar um modo de estar incluído na infância e no tráfico.

Efeitos de desordem ou de uma ordem às avessas: sujeito faltante

Tal como o fragmento poético rompe com a suposta ordem ao inverter o estabilizado e colocar a mãe na condição de ser ninada pelo filho, criando assim outra ordem, também o discurso é lugar de ordem e desordens. O plural marca os desarranjos, deslocamentos, rupturas de sentido que são tão frequentes quando trabalhamos com o discurso, aqui entendido como propôs Pêcheux (1990), ou seja, como efeito de sentido entre interlocutores. Isso tem relação com a noção de ordem e desordem, posto que a linguagem passa a não ser entendida como um fim em si mesma, como um produto fechado no qual o sentido está pronto e acabado, um receptáculo de mensagens previamente arquivadas, mas é tomada dentro de uma ordem de movências, errâncias, movimentos de sujeitos e de sentidos. Trabalhando na tensão que isso implica, o analista precisa escutar e refinar a compreensão de que há sempre uma ordem estabilizada pela ideologia (Pêcheux, 1990) e regularizada pela repetição de certas zonas da memória; mas, na contramão disso, oferecendo resistência, há sempre a possibilidade de o sentido vir a ser outro desabotoar-se em outras pétalas de significação, abrir-se como fissura e deixar vazar o outro, múltiplo e plural.

A respeito disso, Pêcheux (1997: 28) formula dois conceitos, estrutura e acontecimento, e o faz a partir da vitória eleitoral de François Mitterrand, na França, quando observa o deslocamento do enunciado "*On a gagné*", habitualmente gritado ou cantado nos campos de futebol, para um outro campo, o político. "Objetos discursivos de talhe estável, detendo o aparente privilégio de serem, até certo ponto, largamente independentes dos enunciados que produzimos a seu respeito, vêm trocar seus trajetos com outros tipos de objetos[...]" inscreve a forma de a língua ser desdobrável, passível de molejo, porosa a interferências das condições de produção, maleavelmente ordenada pela desordem, traço com o qual nós, da Análise do Discurso, temos que conviver em um terreno movediço de poucas certezas sobre os significados e a forma de inscrição dos dizeres. Decorre daí a necessidade da escuta dos dados e a observação de como uma estrutura sedimentada e sustentada pela repetição pode desmoronar e abrir frestas para que outra se erga e sucessivamente seja cindida em um contínuo espiralado sem fim.

Com base nessa propositura teórica, vamos trabalhar com um tema que nos coloca sobre um fio de navalha, pois indagar os sentidos de infância implica, pela infância que significamos, o efeito de um tempo que já foi e ainda é na nossa condição de sujeito pelos sentidos dominantes sobre o que é ser criança, pela forma evidente com que falamos sobre o brincar, pela clareza com que atribuímos à infância o afeto do cuidado e da proteção. Está posta uma ordem sobre os sentidos de criança que, no caso deste capítulo, será atravessada por uma desordem, qual seja, aquela posta em funcionamento a partir do discurso das crianças inseridas no mundo do tráfico de drogas, da favela, da criminalidade precoce, da prematura exposição aos efeitos de morte.

Julgamos que a noção de sujeito (tal como propõe a teoria discursiva e a psicanálise) seja um observatório rico para a escuta dos efeitos de desordem ou de uma ordem às avessas em relação ao mundo da criança e do brincar; por isso daremos ênfase, neste trabalho, à noção de sujeito formulado por Pêcheux (1990), o que inclui na trama de sua estruturação o aspecto histórico que o "afeta e implica" em sua articulação e operação, "as concepções de inconsciente, linguagem e ideologia" (Ferreira, 2008: 2). O sujeito do discurso aparece, pela primeira vez, enquanto conceito central em uma teoria linguística a partir da Análise do Discurso de matriz francesa, formalizada por Michel Pêcheux (1990), que, "como homem de seu tempo, [...] se angustiava com a concepção de sujeito cartesiano, sujeito do *cogito*, que circulava nas ciências humanas" (Ferreira, 2008: 3) até então. É um sujeito que se caracteriza por não ser empírico, nem quantificável, nem normatizável e por emergir no discurso como sujeito faltoso, errante, desejante e passível de equívocos ou falhas, que se manifestam na ordem da língua e são afetadas pela ideologia em dadas condições de produção.

Assim, segundo a Análise do Discurso, nas relações sócio-históricas são produzidos efeitos de sentidos entre interlocutores num espaço constantemente tenso de disputas, polêmicas, repetições, rupturas e deslocamentos. O sujeito pode migrar de uma posição para outra, produzindo um efeito de sentido diferente: "O que há é uma modulação do nosso discurso e da nossa identidade nas diferentes relações. Essa modulação se faz em direção ao para quem do discurso e a contraditoriedade, então, é a seguinte: o sujeito é o mesmo e é diferente simultaneamente" (Orlandi, 1987:189).

Dessa forma, um discurso significa à revelia da intencionalidade do sujeito, de sua suposta potência de conseguir expressar aquilo que pensa, da evidência de ele ser a fonte do seu dizer e da obviedade de suas palavras em relação às coisas e ao mundo. É o que encontramos em Pêcheux (1998: 183):

> o sujeito se constitui pelo *esquecimento* daquilo que o determina e que o termo esquecimento não está designando aqui a perda de alguma coisa que se tenha um dia sabido, como quando se fala de *perda de memória*, mas o acobertamento da causa do sujeito no próprio interior de seu efeito.

Assim, o autor formula dois esquecimentos constituintes do sujeito: o esquecimento número 1 centra-se no fato de que "o sujeito-falante não pode, por definição, se encontrar no exterior da formação discursiva que o domina" (Pêcheux, 1998: 173), ou seja, ele não tem como ser a fonte de seu dizer, apesar de precisar desta ilusão para que enuncie; já o esquecimento número 2 é aquele

> pelo qual todo sujeito-falante *seleciona* no interior da formação discursiva que o domina, isto é, no sistema de enunciados, formas e sequências que nela se encontram em relação de paráfrase – um enunciado, forma ou sequência, e não um outro, que, no entanto, está no campo daquilo que poderia reformulá-lo na formação discursiva considerada. (Pêcheux, 1998: 173)

Em outras palavras, o sujeito tem a ilusão de que consegue escolher as palavras mais adequadas para se expressar, colar seu pensamento a elas, imprimir literalidade de sentidos aos enunciados.

É justamente pela impossibilidade de um dizer pleno, ou de um sujeito pleno, que se faz possível a operação metodológica que apresentaremos a seguir.

Desordem ou uma outra ordem: em traços e letras

Fazer Análise do Discurso nos reclama antes de tudo uma atitude-olhar de estranhamento e de análise da materialidade linguística em um contexto sócio-histórico, levando em conta a ideologia como mecanismo de naturalização de certos sentidos para o sujeito. Seja como analista do discurso (pesquisador, investigador) ou enquanto sujeito da pesquisa, há posições em jogo que deslocam e reclamam interpretação, o que para a Análise do Discurso é o mote do fazer investigativo. É na possibilidade de haver furos, faltas, *non sense*, equívocos, tanto na linguagem quanto no sujeito, que o analista do discurso poderá investigar os deslizamentos de sentidos, seus desvios, sua deriva, ou seu transbordamento.

Assim, há uma conexão com o método interpretativo da psicanálise (Freud, apud Ginzburg, 1989: 149) que se dispõe a trabalhar "sobre os resíduos, sobre os dados marginais, considerados reveladores" e o paradigma indiciário proposto por Ginzburg, que tem como ponto essencial a ideia de que "se a realidade é opaca, existem zonas privilegiadas, sinais, indícios que permitem decifrá-la" (Freud, apud Ginzburg, 1989: 177). Em Análise do Discurso, tomamos o processo discursivo como fundamental para rastrearmos pistas deste sujeito, da formação discursiva (FD) na qual ele está inscrito e na forma como tudo isso é determinado pelo lugar social que ele ocupa. E o fazemos a partir da observação da materialidade linguística, da cadeia significante, ou seja, é na língua que o sujeito e a história emergem, nela o linguístico e o social irrompem simultaneamente como lugar em que os indícios serão flagrados.

A seguir, faremos a análise discursiva de um *corpus* constituído por recortes coletados na mídia: inicialmente, nosso olhar toma como materialidade dois cartuns de Angeli, publicados no jornal *Folha de S. Paulo*, que abordam o tema da criança e das instituições de encarceramento de menores. Depois, iremos percorrer a inscrição histórica dos sentidos de criança em fragmentos do documentário *Falcão – Meninos do tráfico*; finalmente, interpretaremos trechos de uma reportagem impressa, sobre o mesmo documentário, na *Revista Fantástico* e um recorte de uma entrevista da revista *Época On-line* com o único "falcão sobrevivente", que participou da pesquisa de Celso Athayde e MV Bill, que resultou no livro e documentário citados anteriormente.

Fonte: *Folha de S. Paulo*, p. A-2, 13 maio 2005.

A sigla Febem (Fundação Estadual do Bem Estar do Menor), hoje transformada em Fundação Casa, aparece marcada com letra roxa na pele do menino, dando a ver suas costas marcadas com o hematoma-tatuagem. Inscrevem-se aqui sentidos dados pelo contexto sócio-histórico como naturalizados e legítimos de agressão, violência e de correção dos infratores, ainda que, para isso, seja preciso deixar marcas na pele. Questionamos a obviedade dada pela suposta transparência dessa sigla, aqui deslocada para o espaço nomeado como ENFERMARIA, fazendo falar um outro espaço, qual seja, uma delegacia-hospital, que, pelo sentido ideológico de evidência, tanto corrige quanto cura, aqui assumindo o lugar de substituto da família, que deveria supostamente se responsabilizar pela criança, corrigir e zelar pela vida dela.

Observamos uma FD constituindo sentidos não somente sobre o lugar e a criança, mas também a respeito da figura do médico, que confunde *tatuagem* com *hematoma* e, cego, questiona ingenuamente "Mas o que é isso?". Inferimos que ele é um sujeito que, em sua interrogação, incorpora o sintoma social, inclui-se no *não-poder-saber-disso* de que a criança institucionalizada sofre, silencia o que *está lá*, escancarado para os vários espectadores da cena verem. Desse modo, o médico é sujeito colocado no lugar do não pronunciamento e da omissão, olhando silenciosamente através de seus óculos e pouco interpretando sobre o que vê. Por outro lado, é a própria criança que reconhece a violência que sofre, nomeia, dá linguagem para o que tem na própria pele, tomando para si a posição de vítima, que sabe sobre o diagnóstico para a sua própria *doença*: a sigla Febem.

Marcamos, por fim, a polissemia do título *Corpo de delito*, pois esse dizer pode estar relacionado a duas cenas: primeira, ao exame comumente feito quando uma vítima sofre agressão, exame solicitado como comprovação de violência, em geral, dentro dos trâmites de um processo criminal; segunda, também pode dizer respeito ao próprio menino, inscrito como um corpo capaz de praticar delito, já que está na Febem. Observamos que os sentidos tidos como naturais cristalizam-se pelo efeito ideológico, que faz parecer existir apenas um modo de enunciar e instala uma relação aparentemente direta entre as coisas e os nomes, o que nos remete aos dois esquecimentos já discutidos anteriormente.

DA FEBEM PARA O PRESÍDIO

- *Minha mãe não vai acreditar! Entrei na faculdade!*

Fonte: Da Febem para o presídio. *Folha de S. Paulo*, p. A-2, 16 mar. 2005.

Nos dois cartuns, podemos observar as filas que aparecem mantendo uma certa ordem, no primeiro, a fila de crianças, meninos de cuecas, rostos sombreados, corpos mirrados, aguardando para serem atendidos do lado de fora da sala de consultas, o que nos permite inferir que estar na enfermaria com hematomas é algo recorrente; no segundo, também são apresentadas crianças com corpos cheios de falhas (faltam dentes, os cabelos estão raspados, as roupas substituídas por cobertores/mantas, sem sapatos), anônimas, idênticas, sem singularidade, sem proteção, como a pontuar uma voz de equívoco. Essas crianças passam diante de uma fileira mais alta, formada por adultos e marcada pela sigla PM, nome institucional que blinda o vestir dos soldados, aqui em uma representação metafórica da *lei*, do aparato que regula o controle do lado de dentro e de fora do muro da Febem.

O garoto exclama "Minha mãe não vai acreditar!", fazendo falar um gesto de conquista, de alegria, realização de um sonho, em que ele será reconhecido pela família, ou melhor, pela mãe, como um vencedor na carreira do crime: "*A mãe é uma referência afetiva para estes jovens*" (Feffermann, 2006: 326). A FD aqui presentifica um sujeito que, na evidência do sentir dor, apaga outros sentidos sobre si mesmo e sobre a violência que sofre e os substitui pela voz que sustenta o crescimento, a promoção, o sucesso, a vitória, ou "de um desejo construído pela indústria cultural" (Feffermann, 2006: 328). Desse modo, o sujeito escamoteia a violência sofrida e fala de outra coisa para não falar de dor, esta quase impossível de enunciar.

Os sentidos postos em discurso por este cartum dialogam também com um enunciado de um garoto (voz de criança) retirado do documentário *Falcão: meninos do tráfico* (2006): "Quando crescer, quero ser bandido", fazendo falar os mesmos sentidos inscritos nessa formação discursiva, quais sejam, aqueles em que subir na carreira e crescer só fazem sentido se estiverem vinculados ao tráfico. "Ao considerar a condição de sonhar desses jovens, pode-se compreender que projetar é algo muito difícil, até impensável; os seus sonhos estão relacionados com o presente; os que se sentiram traídos, sonham apenas com a possibilidade de vingar a sua história" (Feffermann, 2006: 328).

Retomemos agora o enunciado da introdução deste trabalho: "Pó de 10, pó de 10, vem cheirar, essa é da boa", retirado da reportagem da revista *Época On-line* (Brum, 2007), que descreve a transcrição literal de um trecho do documentário *Falcão: meninos do tráfico*, um dos garotos explica o jogo que se chama "boquinha":

> A brincadeira que nóis brinca todo dia, mano, tem várias armas. Nóis pega alcalipto e fala que é maconha. Moleque vai compra bagulho e diz que é pó. Começa então o jogo. É várias crianças. Pareci ter entre 7 e 10 anos. Começa oferecendo o produto da firma:
> Pó de 10, pó de 10, vem cheirar, essa é da boa.
> Depois brinca de subornar a polícia:
> Tu fala pra aquele tenente lá, daquele batalhão lá, que nóis vai furar (balear) eles mesmo. Só 3 mil do arrego (suborno). Se quiser mais que isso, pode manda entrar na favela que nóis vai mete bala neles.
> O passo seguinte é a descoberta de um X-9 (delator).
> Entreguei vocês diz um menino, voz excitada.
> Bota fogo nele, meu, cadê pneus?
> Não, pelo amor de Deus grita o que faz papel de X-9.
> Vamu desovar [livrar-se do corpo] aqui mesmo. Embora mano.
> Muitos gritos. O X-9 está deitado num buraco. Os amiguinhos enchem ele de balas. De brinquedo.
> Esse rapaz aí é pra dar exemplo pra quem não tá preparado pra entrar na vida do crime. Vamo manda o moleque roubar um carro na pista [cidade]. Qualquer um serve pra desovar essa porra aí diz o gerente de mentirinha.
> Ouve barulho de tiros. Desta vez são de verdade. A poucos metros dali, um X-9 era executado seguindo passo a passo o roteiro. Não era brincadeira. E ele devia ser só uns poucos anos mais velho.

Nesse trecho, observamos as posições-sujeitos dando voz à formação ideológica (FI) local, propulsora de significações, formando um complexo conjunto de atitudes representadas de forma lúdica, ou seja, flagramos aqui modos de inscrição histórica do brincar, no qual se relacionam posições de classes em conflito ("Bota fogo nele") ou em aliança ("pó de 10, vem cheirar"). O sentido de rejeição e violência da primeira formulação dá-se sob a forma de um verbo no imperativo, o que indicia uma marca importante do discurso autoritário, aqui deslocado das instituições de menores, que oficialmente domesticam e regulam um rol de ordens e punições, para a voz do próprio sujeito como a indicar o modo como ele retoma o discurso de outrem, repetindo-o sob o efeito parafrástico. Também observamos, com regularidade discursiva, os sentidos dessas novas (velhas) brincadeiras nos recortes seguintes: "A brincadeira que nóis brinca todo dia, Mano", *oferecendo o produto*, subornando a *polícia*, *furando eles policiais*, *desovando* os *X-9*, falando incontáveis palavrões (não incluídos na transcrição, porém, constam no áudio do documentário). Aqui, os dados da brincadeira indiciam, na linguagem, os acontecimentos histórico-sociais naturalizados ideologicamente nessas condições de produção nos morros e no tráfico, em torno dos quais se fundam os discursos das crianças e se produzem os sentidos.

Dessa forma, brincar não tem um sentido fechado em si mesmo, não irrompe como uma única possibilidade, tampouco reproduz o que está naturalizado pelas brincadeiras, cirandas, cantigas e jogos infantis vivenciados dentro da escola, por exemplo; o brincar aqui é da desordem dos sentidos cristalizados pela ideologia dominante e instala-se no circuito de instabilidades, posto que instala deslocamentos do mundo do adulto para o infantil. A seguir, um recorte do documentário, em áudio, retirado dos 15' do bloco da reportagem, correspondente à entrevista de um garoto, que nos parece bem novo, no máximo púbere, voz lenta, pesada:

> Eu num fico não triste com nada, sempre tô se drogando... não penso em nada... só ri.... só alegria... enquanto tem dinheiro... quando o dinheiro acabô tem que robá... tem que metê as cara na pista, o ritmo é chapa quente... hum... tô preparado não, o que vir eu tô fazeno, ainda sô novinho, tem muito pra curtir ainda.... se morrer, nasce outro que nem eu, ou pior ou melhor... se morrer vou descansar... é muito esculacho nessa vida.

Nesse recorte, podemos observar a heterogeneidade constitutiva que "esgota a possibilidade de captar linguisticamente a presença do outro no um"

(Authier, apud Ferreira, 2001: 17). As sequências "sempre tô se drogando" (em vez de "me"), "só ri" (quem ri?), "quando o dinheiro acabô tem que robá", tem que metê as cara", ou ainda, a desimplicação do sujeito enquanto autor dos seus atos e gestos, o não reconhecimento de se posicionar como *causa* de possíveis efeitos (para aqueles que estiverem "na pista", os "burgueses"), como se nada relacionado à vida tivesse importância ou fizesse diferença, já que "se morrê, nasce outro que nem eu, ou pior ou melhor... se morrê vou descansar". Anotamos, nesse modo de dizer, um sujeito discursivo sem laços sociais, apenas uso e desuso de si e do outro, marcado pelo espelhamento vida/morte, pelo descartável sentido de estar vivo, ou pelo sentido de uma vida em desordem, já que "se morrê, nasce outro".

Esse intradiscurso é sustentado por redes de memória dadas pelo capitalismo, quais sejam, aquelas em que se valoriza a rotatividade, o consumo, a ordem do descartável, o comércio lucrativo a qualquer preço e que aparecem como óbvias quando deslocadas para o mundo do tráfico, fazendo parecer natural para esse sujeito enunciar desse lugar discursivo, em que pese a banalização da vida, do comércio de vidas, em que "quando o dinheiro acabô tem que robá". O sujeito e o dinheiro aqui se equivalem, são cara e coroa, uma só moeda, não é só o dinheiro que acaba, é ele enquanto sujeito que também desaparece, vira instrumento, "acabô", e vai roubar, sair da ordem, sair da norma, mas manter o maniqueísmo social.

Nessa ciranda perversa, os valores são reduzidos a preços de coisas materiais, já que as formações ideológicas (FI) promovem o apagamento de outras realidades e modos de dizer possíveis, a saber, aquelas em que a lógica capital nem sempre alcança as relações balizadas por afetos, a lei como mediadora e provedora da civilização, a castração como fundadora do poder – ser humano.

Aproximando as questões das lutas de classes tratadas por Pêcheux (1990) como constitutivas do materialismo histórico das sociedades, e tomando o tema deste trabalho, observamos como uma posição (tráfico) se contrapõe à outra (Estado), de forma a sustentar essa ilusão fragmentada de diferenças e discrepâncias, sendo que há mesmo algo que as engatam em uma FD: o discurso capitalista. Podemos observar como as "cargas" (as drogas) "dão vapor" (movimentam) "a firma" (tráfico), como levam dinheiro à comunidade, aos meninos do tráfico, aos que nele trabalham, ao tráfico e também aos policiais corruptos. O tráfico e o Estado são sistemas compatíveis? Essa é uma questão que a pesquisadora Feffermann (2006: 274) apresenta da seguinte forma: "O Estado, da maneira que se apresenta hoje, pode ser concebido como compatível com o tráfico, tanto economicamente quanto na forma violenta e corrupta que se manifesta na ação da polícia na periferia".

Esse elo pode ser verificado no enunciado de um dos garotos do documentário, que afirma: "Se acabar o crime, acaba a polícia. [...] Se não fosse o tráfico de drogas hoje, os polícia ia só tirar o salário deles. [...] Então o tráfico de drogas não vai acabar tão cedo". No anseio de uma justificativa quanto ao *já-lá* das FDs que circulam na voz desses jovens, ou na mídia, conforme encontramos em Feffermann (2006), deparamo-nos com um fio dessa trama histórico-social.

O fundamento do poder no tráfico é o mesmo do Estado burguês, o capitalismo. O poder, por fim, está na mesma elite que domina os meios de produção e que acolhe a lavagem de dinheiro. A diferença é que no âmbito regional do tráfico existe a possibilidade de um diálogo e as regras são claras para manutenção de poder, e a punição mais ainda. A dominação é explícita não escamoteada no recorte abaixo coletado na *Revista Fantástico*.

Fonte: O show da vida em revista. *Revista Fantástico*. São Paulo: Globo, ano I, n. 1, dez. 2006, p.134.

Outra análise discursiva que estabelecemos é derivada de um possível diálogo entre a cena acima e o *cartum* a seguir. A marca linguística "inferno" é sustentada pelo discurso religioso como o castigo supremo, o lugar do qual se quer distância, posto que nele é impossível a plenitude do contato com a ordem divina. A utilização desse significante religioso desloca tais sentidos para outros sítios de significação: "inferno" é tanto o lugar marcado no cotidiano do garoto acima, um cômodo vermelho e fechado ao modo de uma prisão, quanto é o lugar delimitado para a brincadeira infantil, em preto e branco, no cartum a seguir. Não se trata aqui de um espaço mítico ou fantasiado a se apresentar depois da morte, tampouco se inscreve como uma premiação às avessas para aqueles que não fizeram o bem, nem tem o efeito de uma paga merecida àqueles que tiveram chance de viver sob luz divina, mas escolheram outro caminho porque assim o quiseram (ou assim puderam).

Não, o "inferno" está dado na realidade desses sujeitos, no lugar em que trabalham, vivem e brincam; está no agora das suas condições objetivas de existência afetando igualmente todos, no caso destacadamente as crianças. Há uma equivalência de sentidos nas marcas linguísticas "morro minado" e "inferno", desenhada no chão da brincadeira infantil como a sinalizar a impossibilidade de deslocamento desses sujeitos para outro lugar, sustentando a presença torturante do espaço físico em todos os momentos da vida, traçando a continuidade e a imbricação desses dois significantes na vida cotidiana e nos espaços de convivência.

"Inferno" está marcado no posicionamento desses sujeitos sobre si mesmos, na forma como antecipam uma imagem para si mesmos, qual seja, aquela em que se colocam abaixo do restante da sociedade, infer[iores], e vivem no infer[no]. Nas mãos do garoto, a arma lhe confere a sensação de poder, de proteção, de respeito; abaixo, a arma desaparece, mas fica seu efeito, um furo no chão (literalmente) derivado de uma arma ou de um efeito de armamento no chão, bem onde brincam as crianças "do morro". "Morro" que aqui aceita e acolhe a polissemia de morte também, eu *morro*, morre uma garotinha, "morro mina", que deixa seus vestígios em torno do buraco calcado no chão: apenas uma boneca e um par de sapatos.

Em um cenário belicoso, "minado" comporta a leitura de uma mina-bomba que implode-explode; porém hoje em dia também se usa "mina" para designar "menina", talvez aquela que para sempre estará enterrada no buraco do chão, menina morta justamente quando, na brincadeira, tentava deslocar-se do "inferno" para o "céu", saltando com o seu amuleto infantil nas mãos, apenas uma boneca. Sai o significante "campo", muito comumente um acompanhamento da palavra "minado", para dar espaço a uma substituição que não é qualquer uma, nem a literal, nem transparente, posto que os sentidos dão a conhecer justamente na opacidade dos discursos. "Morro minado" inscreve, na ordem do discurso que toda a favela está tomada por minas, bombas e espaços de violência, não sendo possível localizar o efeito de dor em apenas um lugar; assim, o morro inteiro inscreve-se em uma (des)ordem, um lugar de deslocamento da vida para inscrever-se como espaço discursivo de morte onde "tá dominado, tá tudo dominado!", como diz o trecho de música *funk* carioca.

Fonte: *Revista Folha Online*, 11 set. 2007.

Escuta de desordem: efeito de fim

Com todos os discursos com os quais nos deparamos no cotidiano, dentre eles, a Carta dos Direitos Humanos, o Estatuto da Criança e do Adolescente, os dados apresentados neste capítulo, as notícias da mídia jornalística, os cartuns, documentários e livros, cada vez mais observamos a opacidade dos sentidos sobre o infantil no mundo globalizado, que deixa vazar discrepâncias sociais ao mesmo tempo em que apaga as singularidades dos sujeitos na maçante identificação estimulada pela indústria cultural e no apagamento da infância. Estamos no fio da navalha de uma desordem narrativa com documentos oficiais que, no papel, protegem a criança, e com relatos jornalísticos e depoimentos, que marcam a inscrição dela no mundo das relações reificadas pelo capital e contaminadas pelos sentidos do universo adulto, no caso, dados pelo tráfico e pela violência.

Neste capítulo, almejamos pontuar indícios sobre os modos como os filhos e netos do tráfico de drogas se inscrevem no discurso, ora deixando emergir (no brincar, por exemplo) ora interditando os efeitos do infantil ("é muito esculacho nessa vida"). Uma sociedade pautada pelo acúmulo financeiro, pela voracidade do consumo, pelo crescimento da miséria produz efeitos nas relações interpessoais que barram o sujeito ao invés de socializá-lo, que o excluem dos modos já construídos sócio-historicamente sobre brincar, educar, ser criança. Barram não ao nível simbólico, assujeitando o sujeito, mas as possibilidades de se conviver humanamente, respeitando cada um, aprendendo a brincar como criança e sustentando os sentidos de vida. Fabricam-se sonhos que se articulam ao que o capital pode bancar, mas ao preço de apagamento de valores que balizem as relações de forma civilizada. A camuflagem da dominação é veiculada na mídia, no "viver sem fronteiras", no "aqui você pode", "vem ser feliz", no "*just do it*", que estimula tentativas de alguns garotos viverem, nem que por alguns momentos, "na pista", na selva capitalista, através do consumo que faz materializar uma forma de poder. De fato, "os negócios ilícitos desconhecem fronteiras", já que dependem de uma "rede transnacional para existir, e da economia formal, para tornar legal o dinheiro ganho" (Feffermann, 2006: 333).

Nesse breve percurso, averiguamos que, no tráfico, esses sujeitos-crianças podem se constituir, inscrever-se sócio-historicamente em um "modelo de sucesso" que lhes é acessível ao modo de uma brincadeira perversa, em que ocupam os papéis de *patrões*, *chefes do tráfico*, guardas "da boca". Há aí um outro a preencher um lugar vago, o lugar do pai, que adota essas crianças e que as alicia na "firma"; ao mesmo tempo, esse outro encarna o pai totêmico dos mitos, que devora seus filhos, colocando-os como mediadores da circulação da droga, regidos por acordos verbais, pactos de silêncio e lealdade a patrão, pagando com a própria vida em muitos casos a sustentação da ciranda dos lucros, que não pode parar de rodar.

Buscamos tecer outros sentidos para essas crianças, que não os estabilizados pela indústria cultural, tentamos escapar do dito universalizante e dos fios atados pelos estigmas construídos nas mídias, enfatizando o sujeito (enquanto conceito), os sujeitos (enquanto sujeitos-crianças), reconhecendo-os, na tentativa de promover novos gestos de interpretação e uma reflexão sobre o tema. Concluímos que os sentidos de criança, e principalmente os tomados aqui como objeto de análise, derivam do vigente modelo capitalista, que constrói heróis e anti-heróis ao sabor de uma produção acelerada, que compactua com as formas opressivas de (sobre) com (vivência) em uma impostura que machuca os ditos *excluídos* e respinga em toda a sociedade, que instala relações sociais de desordem sempre que elas sinalizam lucros para alguns. Sem a pretensão de estabilizar sentidos na lógica do que *é* ser criança hoje no Brasil, trilhamos alguns discursos, flagramos a fala em curso de sujeito(s), interpretamos a voz de crianças, do cartunista, da mídia e da literatura científica, marcando como todas elas fazem falar um modo de estar incluído na infância e no tráfico, combinando apagamentos do brincar de criança e instalando, sob o efeito de ruptura e deslocamento, outros sentidos em uma outra ordem discursiva.

A escuta que empreendemos aqui nos dá a dimensão de uma ordem de faltas que se manifesta, não sem o efeito de nosso estranhamento, como um lugar de desordem e desarranjo do lugar da criança precocemente adultizada e inserida no mundo do tráfico. Em alguns momentos do documentário *Falcão: meninos do tráfico* irrompem, sob o efeito de sonho, dizeres de criança atravessados pela ordem do já-lá e falas indiciárias da ordem discursiva na qual esses sujeitos não estão inseridos; algo como a inscrição deles no campo das impossibilidades:

> Eu queria ter um amor de uma mãe, de uma tias que eu nunca tive... um amor de uma família pa mó de precisasse de conversar, ela tava lá pra pó... vem conversar comigo pá, eu vô lá... por exemplo eu nunca tive se eu tivesse uma família pra conversar, não taria nessa vida não, taria não... tudodim estou doidinho pra fazer 18 anos, faz 18 ano eu abandono tudo, procuro o quartel, vô limpar tudinho, vou procurar uma batalha. (11’34” do 2º bloco)
>
> Meu sonho é conhecer um circo. (12’do 2º bloco).

O querer e o sonhar são postos em discurso sob a forma de um avesso, de uma negação que aparece aqui como um impossível de ser recuperado, como lugar de estabilidade onde a ordem dos sentidos de infância seria construída, ilusoriamente construída.

Bibliografia

Athayde, C.; M.V. Bill. *Falcão*: meninos do tráfico. Rio de Janeiro: Objetiva, 2006.

Brum, E. O vôo do falcão. *Época On-line*. Disponível em <http://revistaepoca.globo.com/Revista/Epoca/0,EDR73704-6014,00.html>. Acesso em: 5.7.2007.

Feffermann, M. *Vidas Arriscadas*: o cotidiano dos jovens trabalhadores do tráfico. Petrópolis: Vozes, 2006.

Ferreira, M. C. L. A trama enfática do sujeito. *Análise do discurso no Brasil*: mapeando conceitos, confrontando limites. São Carlos: Claraluz: 2008.

______ (org.). *Glossário de termos do discurso.* Porto Alegre: Ed. da ufrgs, 2001.

Ginzburg, C. Sinais: raízes de um paradigma indiciário. *Mitos, emblemas e sinais.* São Paulo: Companhia das Letras, 1989.

Orlandi, E. *A Linguagem e seu funcionamento*: as formas do discurso. Campinas: Pontes, 1987.

Pêcheux, M. *Semântica e discurso*: uma crítica à afirmação do óbvio. Campinas: Unicamp, 1998.

______. *Discurso*: estrutura ou acontecimento. Campinas: Pontes, 1997.

______. *Por uma análise automática do discurso.* Trad. Gadet, F; Hak, T. (orgs.). Campinas: Ed. Unicamp, 1990.

O espaço metamorfoseado da literatura

Marisa Gama-Khalil

Os debates sobre a especificidade da palavra literária são frequentes e trazem quase sempre argumentos que apontam para o seu caráter transgressor, para sua tendência ao desordenamento de ideologias sacralizadas, institucionalizadas.

Roland Barthes, em sua *Aula* (1988), defende que a literatura é a única forma de linguagem que consegue contrapor-se aos acirrados controles instituídos pelos poderes da língua. Barthes, tendo aprendido com Foucault a lição dos micropoderes, adverte que o poder não reside apenas em um lugar, não está deste ou daquele lado, mas encontra-se borrifado por toda parte, espalhado por todos os espaços sociais. A língua, por exemplo, sempre que proferida, "mesmo na intimidade mais profunda do sujeito, [...] entra a serviço de um poder" (Barthes, 1988: 14). Cada gesto linguístico de um sujeito é coordenado por dois comandos que definem sua condição paradoxal de mestre e escravo da língua: "o autoritarismo da asserção e o gregarismo da repetição" (1988: 14). A língua dá ao sujeito a confortável impressão de que ele é dono do seu discurso; contudo, a cada enunciado proferido, o sujeito deve render-se ao *que* e *como* deve ser dito. Isso se comprova, inclusive, pelas ordens ditadas pela própria estrutura da língua, na medida em que temos que seguir, por exemplo, determinações gramaticais de variadas ordens, como as de gênero, pessoa e número, que funcionam como comandos ininterruptos na fluência da língua. Barthes argumenta que a língua é fascista, uma vez que ela não apenas nos impede de dizer, mas, sobretudo, nos obriga a dizer. Essa tese barthesiana apresentada na sua *Aula*, proferida em 7 de janeiro de 1977, no *Collège de France*, apoia-se na aula inaugural que Michel Foucault ministrou na mesma instituição, dez anos antes, no dia 2 de dezembro de 1970. Em sua aula, depois publicada com o título *A ordem do discurso*, Foucault expõe alguns grupos de princípios ordenadores/controladores do discurso – sobre os quais falaremos adiante. Vemos que Barthes é um exemplo de sua tese: ao mesmo tempo em que é mestre e marca a sua autoridade com sua *Aula*, ele é escravo do já-dito, já que repete a tese central foucaultiana de que "não se tem o direito de dizer tudo em qualquer circunstância [...], não se pode falar de qualquer coisa" (Foucault, 1999a: 9). Contudo, ao redizer, Barthes reelabora o enunciado foucaultiano, recria-o. Todo ato de recriação é uma criação, uma vez que não existe a concepção do novo sem um passado, sem uma base anterior. E aqui, mais uma vez, escutamos Foucault nos ensinando que "o novo não está no que é dito, mas no acontecimento de sua volta" (Foucault, 1999a: 26).

Voltemos à criação barthesiana: ao constatar que a língua é fascista, Barthes vê apenas uma saída para "trapacear com a língua, trapacear a língua" (1988: 16): a literatura. É somente a literatura que dá aos sujeitos mecanismos para que eles possam realizar uma "trapaça salutar" e, com ela, conseguir (des)ordenar discursos. Compreendemos com Barthes, então, que a literatura é uma forma de linguagem capaz de destronar a ordem do discurso, possibilitando aos sujeitos a reflexão sobre as subjetividades construídas que desencadeiam ininterruptamente os assujeitamentos. Esse embate contra a ordem é possível em decorrência das três forças que caracterizam a literatura: a *mimesis*, que é a força da representação, a *mathesis*, a força dos saberes, e a *semiosis*, sua força sígnica.

A literatura é capaz de representar o mundo, ou melhor, reapresentá-lo, desordená-lo. A *mimesis* é um dos processos mais básicos do fazer artístico, mas também um dos mais complexos. Como esclarece Barthes, essa complexidade acontece porque o "real não é representável" (1988: 22). E é a insistência incessante dos homens em representar o real por intermédio das palavras e de variadas maneiras possíveis que faz que tenhamos uma história da arte, uma história da literatura. O real é demonstrável e não representável em virtude da falta de coincidência topológica entre a ordem pluridimensional do real e a ordem unidimensional da linguagem. Tal descompasso entre a pluridimensionalidade do real e a unidimensionalidade das palavras é que dá vida à literatura. A literatura resiste à semelhança direta com a vida, porém, ao mesmo tempo, toma essa semelhança como objeto de desejo e necessita dessa infinita e impossível relação de similitude com a vida. O espaço da literatura pode ser, nesse sentido, caracterizado pelo delírio da "inadequação fundamental da linguagem ao real" (Barthes, 1988: 23). Para enriquecer a estrutura simples da unidimensionalidade, a literatura tem que ser dúbia, gerar ambiguidades. Como ensina Beatriz Sarlo (2005: 26), a "ambiguidade radical da literatura se manifesta escondendo e mostrando palavras, sentimentos, objetos: ela os nomeia e, ao mesmo tempo, os desfigura até torná-los duvidosos, elusivos, dúbios. A literatura impõe obstáculos, é difícil, exige trabalho". Com a força da representação, a *mimesis*, a literatura desencaixa a realidade dos padrões desejados pelo senso comum e pelos poderes que institucionalizam as ordens.

Para efetuar o desencaixe das estruturas reais e dos poderes, é necessário que a força da representação se alie a uma outra força, a força dos saberes – a *mathesis*. A literatura se apropria dos saberes que circulam no mundo e os transporta para o seu espaço verbal. Nesse espaço verbal, os saberes não se encontram fixados, mas em movimento. O texto não literário tem por função fixar os saberes, ordená-los; já a literatura, que é o lugar da desconstrução, não fixa, mas faz girar os saberes. O espaço literário cria sinestesias, é um espaço em que as palavras têm saber e sabor. As sinestesias metamorfoseiam os dizeres e instituem novos sentidos e gestos sobre as palavras. Por isso, para Barthes, o saber é um enunciado no discurso não literário; entretanto, na literatura, ele é sempre enunciação.

Com sua última força, que é a sígnica, a literatura mais uma vez nega a sua aproximação com a ordem. Os signos literários não se deixam moldar pela palavra fora da literatura. Prova disso é que os poetas "escrevem como não se fala, e essa diferença crucial nos atrai. Às vezes escrevem daquilo que ainda não se fala ou transformam por completo o que é falado em demasia" (Sarlo, 2005: 27). Metamorfose pura que conduz a um espaço verbal em que a ordem é a desordem, a transgressão. É essa perspectiva que Barthes escolhe para definir a terceira força literária:

> a terceira força da literatura, sua força propriamente semiótica, consiste em jogar com os signos em vez de destruí-los, em colocá-los numa maquinaria de linguagem cujos breques e travas de segurança arrebentaram, em suma, em instituir no próprio seio da linguagem servil uma verdadeira heteronímia das coisas. (1988: 28-9).

E por esse argumento conseguimos entender a literatura como o lugar da *diferença* e das perspectivas múltiplas, porque ela não fala em linha reta, mas sinuosamente, em labirinto, em constante mutação – desordenando, desfazendo o feito e compondo novamente, numa outra ordem. Penélope, a esposa de Ulisses, pode ser tomada como metáfora da palavra literária. À espera do retorno de Ulisses, Penélope usou como subterfúgio para protelar a sua união com um dos pretendentes que dizimavam o seu lar a estratégia de casar-se somente depois de concluída uma mortalha para o seu sogro, Laertes. Durante três anos, Penélope tecia a mortalha durante o dia e a destecia sorrateira e astuciosamente à noite. Terminar o tecido representaria para Penélope admitir a morte de Ulisses. No seu trabalho de tecer e destecer, ela empreendia um trabalho que tinha como base a metamorfose, já que ao tecer, destecer e tecer novamente, os fios alteravam-se, transformavam-se, nunca retornavam à mesma direção, ao mesmo alinhamento, à mesma ordem. Retomando mais explicitamente a nossa leitura comparativa e alegórica entre Penélope e literatura, podemos entender que Penélope, assim como a literatura, recria o pano da morte e dá vida a ele na medida em que o transforma. Para a transformação, é necessário o desordenamento de fios. O tecido literário é como o de Penélope – as palavras se encontram, fora da literatura, em estado de passividade, de submissão a ordens e vontades; é a literatura que reconstrói, pela desordem, uma nova ordem transgressora, dando vida nova ao quase-inerte ou já-inerte.

Como acabamos de sugerir a leitura alegórica da literatura como Penélope, vale resgatar a comparação que Beatriz Sarlo faz entre literatura e Pandora:

> Pandora – a literatura – insiste em manter aberta a caixa que outros querem fechar. A pretensão dos militares, virar a página já escrita da história, pode ser acatada em certas instâncias. Mas não em outras: as palavras são, de fato, testemunhas informantes. [...] Fedem mas não apodrecem, não se desintegram. As palavras, contra toda crença do senso comum, são mais pertinazes que os corpos. Estes podem desaparecer, ser jogados no mar [...], mas os textos que lembram essa desaparição, os poemas nos quais há dedos que "parecem corvos [...] agitando-se sobre a água", voltam, aberta a caixa de Pandora, para dizer exatamente o que dizem. (2005: 33)

A literatura funciona, assim, não como uma negação da história, mas como uma revisão dela. Para que a revisão se concretize é preciso mostrar que não existe *verdade*, mas verdades, e dar um foco diferenciado aos fatos expostos ordenadamente pelas instituições, que tentam discipliná-los e arrumá-los. E é nesse sentido que se funda o espaço da diferença da literatura. Nela, não há verdade. Nos outros espaços, fora da literatura, também não há verdade – as verdades são construções históricas. Mas, fora da literatura, os homens procuram consolar-se com a criação de uma verdade vetora, que organize a sua vida, o seu estar no mundo. Na literatura, ao contrário, multiplicam-se as possibilidades de entendimento do mundo com a construção polissêmica de muitas verdades e sentidos.

Sobre a questão das verdades, é imprescindível retomar Michel Foucault. Na sua aula inaugural já citada, ele explica que a produção do discurso na sociedade é controlada e ordenada por três grandes grupos de procedimentos de controle. O primeiro grupo se refere aos procedimentos externos, e em que residem a interdição, a segregação e a vontade de verdade. No segundo grupo, o dos procedimentos internos, encontramos o comentário, o autor e as disciplinas. O terceiro grupo é o da rarefação dos sujeitos que falam e suas bases são formadas pelos rituais da palavra, pelas doutrinas, pelas sociedades do discurso e pelas apropriações sociais dos discursos. Todos esses procedimentos de controle organizam o discurso na sociedade, impondo ao sujeito a ordem a seguir.

Foucault (1999a: 19) argumenta que a vontade de verdade talvez seja o princípio mais disciplinador de todos, porque, por exemplo, se a interdição e a segregação "não cessam de se tornar mais frágeis, mais incertos na medida em que são agora atravessados pela vontade de verdade, esta, em contrapartida, não cessa de se reforçar, de se tornar mais profunda e mais incontornável". Assim, são as vontades de verdade que determinam uma interdição ou uma segregação; que norteiam as formulações teóricas das disciplinas, ou o sentido parafrástico ou parodístico de um comentário; que indicam de que forma o autor dará "à inquietante linguagem da ficção suas unidades, seus nós de coerência, sua inserção no real" (1999a: 28); são elas, ainda, que conferem direção aos rituais, às doutrinas, às sociedades e às apropriações do discurso.

E a literatura, ironicamente, é a forma de linguagem que tem o poder – liberado pela sociedade – de criar novas verdades, novos mundos pela ficção. Fernando Pessoa ressaltou enfaticamente, em sua *Autopsicografia*, que "o poeta é um fingidor" e essa afirmação poética implica pensar a diferença entre fingidor e mentiroso, entre fingimento e mentira. O plano da literatura é o do fingir, não o do mentir. Criar é um dos sentidos para a expressão latina *fingere*, que dá origem à noção de ficção. O conceito de ficção é uma das principais bases da literatura, base que tem a ver com a estética e não diretamente com a ética. Como afirma Wolfgang Iser (1996: 195), a "ficção não medeia entre a realidade e o conhecimento mas age como transgressão do que é dado, a fim de fazer valer o imaginário – processo que se fecha ao conhecimento e não pode ser alcançado pela referencialidade". O texto literário, por sua condição ficcional, tem a liberdade – poética – de inventar verdades. No entanto, o que percebemos lendo a literatura espalhada pelos séculos é que essas invenções de verdades não fogem às verdades históricas, ou seja, ao simular uma outra verdade, uma outra vontade de verdade, a literatura se acerca das verdades instituídas historicamente e faz os homens refletirem sobre suas incoerências, sobre aquilo que é desordenado e que a sociedade arruma para parecer ordenado. A literatura abriga a ambiguidade e a incerteza banidas pela sociedade. Pela transgressão da ordem e do fingimento, a literatura

> diz coisas que as sociedades prefeririam não ouvir; com argúcia e futilidade, brinca de reorganizar os sistemas lógicos e os paralelismos referenciais; dilapida a linguagem porque a usa perversamente para fins que não são apenas prático-comunicativos; cerca as certezas coletivas e procura abrir brechas em suas defesas; permite-se a blasfêmia, a imoralidade, o erotismo que as sociedades apenas admitem como vícios privados; opina, com excessos de figuração ou imaginação ficcional, sobre história e política [...]; falsifica, exagera, distorce porque não acata os regimes de verdade dos outros saberes e discursos. Mas nem por isso deixa de ser, a seu modo, verdadeira. (Sarlo, 2005: 28)

Dessa forma, a palavra literária ergue uma possibilidade de ver o mundo a partir de outras perspectivas. Paradoxalmente, pela ficção, pelo fingir, a literatura aponta para verdades plausíveis. E essa talvez seja a natureza mais definidora da literatura: sua natureza paradoxal.

Levados pela concepção oriunda que temos do senso comum sobre utopia, poderíamos associar a literatura ao plano das utopias, tendo em vista os procedimentos ficcionais que estão na sua base e todo o trabalho com o imaginário que envolve a construção do mundo literário. Mas, se tomarmos como caminho teórico os estudos de Michel Foucault, chegaremos à conclusão de que, em sua constituição paradoxal, a literatura planteia heterotopias e não utopias.

Foucault (2001: 414-5) elucida que as utopias "são os posicionamentos sem lugar real. São posicionamentos que mantêm com o espaço real da sociedade uma relação geral de analogia direta ou inversa. É a própria sociedade aperfeiçoada". Já as heterotopias "são espécies de lugares que estão fora de todos os lugares, embora eles sejam efetivamente localizáveis" (p. 415), são espaços da superposição e da fragmentação. Se pensarmos o discurso literário como o lugar da (des)ordem em contraposição à ordem instituída pelos poderes sociais, veremos que estes determinam utopias e a literatura desencadeia as heterotopias, já que abre possibilidades de novos posicionamentos e torna plausível o encontro de vários espaços num só espaço.

O desejo de perfeição da sociedade é o que a define como deflagradora de utopias, desejo, por exemplo, de que todos tenham a mesma ideologia, seguindo com prazer as ordens; desejo de que as diferenças sejam respeitadas – desejos, utopias. Foucault esclarece que enquanto as utopias consolam, acomodam, as heterotopias inquietam, incomodam. As utopias funcionam como um consolo, porque "se elas não têm lugar real, desabrocham, contudo, num espaço maravilhoso e liso" (Foucault, 1999b: XIII). Em direção contrária, as heterotopias inquietam porque "estancam as palavras nelas próprias, contestam, desde a raiz, toda possibilidade de gramática" (p. XIII), contestam a ordem. Daí o fato de defendermos a literatura como um espaço essencialmente heterotópico, um espaço em que as ordens são contestadas, em que a linguagem não se apresenta em linha reta, mas sinuosamente, fragmentariamente.

Se a literatura, como afirmamos, é essencialmente heterotópica, o seu espaço pode ser definido como liso. Para entendermos essa relação aqui exposta, vale trazer a essa reflexão sobre a literatura a teoria do espaço liso e do espaço estriado de Gilles Deleuze e Félix Guattari. Para esses dois teóricos (1997: 183), "o espaço pode sofrer dois tipos de corte: um definido pelo padrão, o outro, irregular e não determinado, podendo efetuar-se onde quiser".

O primeiro tipo de espaço definido por Deleuze e Guattari é o espaço estriado, que se caracteriza pelas sedimentações históricas; ele é organizado, linear, podendo ser comparado ao espaço da utopia proposto por Foucault. Nesse espaço, há a organização das linhas e dos planos, há o constante desejo de *ordem*, de normatização da vida e a distribuição de funções e lugares a serem ocupados pelos sujeitos nele inseridos.

Já o espaço liso é, para Deleuze e Guattari, nômade, direcional e se institui como uma superfície que pode difundir-se em variadas direções. Os elementos que constituem o espaço liso são inseparáveis entre si, mas completamente heterogêneos. A composição do enredamento do espaço liso tem uma propagação descentrada, realizada por modificações ininterruptas, formando um entrelaçado de linhas e trajetos. A ordem do espaço liso é a do acontecimento; a ordem do espaço estriado é a das estruturas convencionais. O espaço liso, em função de sua heterogeneidade, pode ser associado ao espaço heterotópico definido por Foucault. Assim, como as ideologias estabelecidas pela sociedade realizam um constante movimento de estriamento, a literatura, contraideológica, não cessa de alisar o que está estriado.

Não podemos ser ingênuos a ponto de achar que o movimento desordenador da literatura não implica uma nova ordenação, uma (re)ordenação. O fluxo da história mostra que as transgressões, revoluções e desconstruções têm, na base de sua contraproposta e de sua contraideologia, a perspectiva anunciada de novas propostas, de novas ideologias. Como lembram Deleuze e Guattari

(1997: 180), "o espaço liso não para de ser traduzido, transvertido num espaço estriado; o espaço estriado é constantemente revertido, devolvido a um espaço liso". Na arte, na literatura, o que temos é o constante fluir de formas e ideias que têm por fito causar o estranhamento, desestabilizar o já-dado, o conhecido. Todavia, as formas e ideias que causam o estranhamento numa época acabam por se tornar convenções dado o seu uso contínuo e, numa outra época, não evocam mais estranhamentos. Por isso temos uma história da arte, sempre descortinando novas formas de trabalho estético. O que era liso e se estria e é mister a criação de novas formas de alisar o estriado.

Outra ingenuidade da qual devemos fugir é pensar que toda produção veiculada como literária pela sociedade seja desordenadora e contraideológica. Podemos, nesse caso, citar um exemplo recolhido da poética daquele que é considerado pelo cânone literário brasileiro um dos principais nomes da estética parnasiana, Olavo Bilac. O cânone, aliás, é formado a partir da ordenação de valores estéticos. A leitura de *A pátria* revela, sem dúvida alguma, o caráter autoritário e ordenador do poema:

> Ama, com fé e orgulho, a terra em que nasceste!
> Criança! Não verás nenhum país como este!
> Olha que céu! Que mar! Que rios! Que floresta!
> A Natureza, aqui perpetuamente em festa,
> É um seio de mãe a transbordar carinhos.
> Vê que vida há no chão! Vê que vida há nos ninhos,
> Que se balançam no ar, entre os ramos inquietos!
> Vê que luz, que calor, que multidão de insetos!
> Vê que grande extensão de matas, onde impera
> Fecunda e luminosa, a eterna primavera!
> Boa terra! Jamais negou a quem trabalha
> O pão que mata a fome, o teto que agasalha...
> Quem com o seu suor a fecunda e umedece,
> Vê pago o seu esforço, e é feliz, e enriquece.
> Criança! Não verás nenhum país como este!
> Imita na grandeza a terra em que nasceste!

Nesse poema, o leitor é convocado a servir a sua *bela* e *perfeita* pátria. O poema funciona, assim, como uma convocação à disciplina, ao trabalho, à adoração acrítica a uma nação. O país é descrito como um espaço ímpar, como o melhor dos espaços terrestres por intermédio de um enunciado que se repete no início e no final do poema para a melhor fixação da ideia: "Não verás nenhum país como este!". Por aqui já podemos entender a tentativa de fixar o saber e não de fazê-lo girar. É fácil também notar que a realidade é apresentada por Bilac de forma utópica, o país é o mais perfeito de todos e por isso a sua natureza (céu, mar, rios, floresta) encontra-se "perpetuamente em festa".

O empenho do poeta com a *ordem* discursiva, com a *ordem* nacional é tão grande que ele chega ao ponto de permitir-se a enganar o seu leitor com inverdades sociais: "Boa terra! Jamais negou a quem trabalha / O pão que mata a fome, o teto que agasalha ... / Quem com o seu suor a fecunda e umedece, / Vê pago o seu esforço, e é feliz, e enriquece." O que temos, no trecho retomado, é uma visão utópica que se constrói por uma vontade de verdade totalmente falseada se levarmos em conta a realidade brasileira – todos que trabalham têm um teto? Trabalhando os brasileiros têm a garantia de enriquecerem? O poema, ao apresentar aos leitores imagens utópicas, busca impor uma ordem. Ensina as crianças a comportarem-se socialmente da forma *correta* do ponto de vista dos principais aparelhos ideológicos. O poema tem por fito estriar os leitores, estriando seus comportamentos. O verso final do poema é uma ordem à criança leitora: "Imita na grandeza a terra em que nasceste!". Não há, pois, saída para o leitor. Não há, por essa razão, no nosso ponto de vista, como considerar esse poema enquanto literatura, apenas como texto didatizante e moralizador.

O poema de Bilac encontra-se na mesma formação discursiva de *Canção de exílio*, de Gonçalves Dias, porém, enquanto o poema romântico enriquece-se pelas imagens antitéticas entre a pátria e as outras terras, e não contém fortes indicadores de fixação de saberes e de ordens a seguir, o de Bilac empobrece-se por essa direção tomada. Não é de estranhar que Bilac tenha se tornado patrono do serviço militar obrigatório e que também seja conhecido como o *príncipe* dos poetas brasileiros.[1] Príncipe da ordem, do estriamento de mentes.

Posturas diferentes, literárias, aparecem na voz de outros poetas e compositores, como em *Língua*, em que Caetano Veloso enuncia: "A língua é minha pátria / E eu não tenho pátria, tenho mátria / E quero frátria". A posição tomada pelo sujeito lírico nega todo o passado discursivo que criou uma adoração desmedida à pátria. Ao enunciar "Eu não tenho pátria", o sujeito se coloca na contramão de Bilac, numa direção contraideológica. O jogo verbal, sígnico, da *semiosis*, torna complexo o sentido de pátria, jogo que brinca com as palavras, buscando a *heteronímia das coisas*: "pátria" / "mátria" / "frátria". Com esse jogo, o poeta não só reinventa a língua, reinventa igualmente os conceitos, as ideias, as verdades.

No poema *Pátria minha*, Vinícius de Moraes, ao contrário de Bilac em *A pátria*, propicia um olhar heterotópico sobre a pátria, um olhar literário. Há no poema o gesto de amor pela pátria ("Porque te amo tanto, pátria minha"), mas as realidades ficcionais não são apresentadas de forma utópica, de modo a ordenar os olhares leitores para uma adoração desmedida: "Pátria minha... A minha pátria não é florão, nem ostenta / Lábaro não; a minha pátria é desolação / De caminhos, a minha pátria é terra sedenta / E praia branca; a minha pátria é o grande rio secular / Que bebe nuvem, come terra / E urina mar." O que temos é a revisão de já-ditos sobre a pátria, como os símbolos traduzidos em metáforas já gastas pelos textos ufanistas.

O poema também recanta a terra instigado por um dialogismo com a *Canção do exílio*: "Por isso, no exílio / Assistindo dormir meu filho / Choro de saudades de minha pátria". No entanto, elementos positivos ("Vontade de beijar os olhos de minha pátria / De niná-la, de passar-lhe a mão pelos cabelos...") são apresentados paralelamente a elementos críticos ("Vontade de mudar as cores do vestido (auriverde!) tão feias / De minha pátria, de minha pátria sem sapatos / E sem meias, pátria minha / Tão pobrinha!"), provocando leituras heterogêneas sobre a realidade nacional. O mesmo movimento crítico, que funciona como desordenador de posturas sacralizadas, é facilmente verificado em "Pátria minha... A minha pátria não é florão, nem ostenta / Lábaro não; a minha pátria é desolação / De caminhos". O poeta, assim como já havia desconstruído as cores auriverdes do vestido da pátria, desconstrói também valores concentrados em algumas expressões do Hino Nacional (florão / ostenta / lábaro) e nega o sentido de ordem total ("a minha pátria é desolação"). Nega o estriamento, provoca olhares diferenciados, heterotópicos.

Numa outra estrofe, podemos confirmar que a união dos sentidos positivos e negativos da pátria conduzem a um olhar crítico: "Fonte de mel, bicho triste, pátria minha / Amada idolatrada, salve, salve! / Que mais doce esperança acorrentada / O não poder dizer-te: aguarda ... / Não tardo!". É "fonte de mel", mas ao mesmo tempo é "bicho triste" e está "acorrentada". Ironicamente o "salve, salve" não contém a ideia de saudação, mas a de livrar do perigo, defender. Assim, a significação contida no Hino Nacional é transmutada, metamorfoseada para outra direção ideológica, num desordenar semântico que enriquece os olhares sobre a pátria, a pátria do poeta (pátria minha), que é "patriazinha" e não rima com "mãe gentil".

Numa atitude mais transgressora e contraideológica ainda do que *Pátria minha*, Cazuza, em seu poema-canção *Brasil*, apresenta um olhar irreverente e revoltado sobre a sua pátria. A metáfora "festa pobre" é uma abertura que já revela a criticidade que será espalhada ao longo do poema. Tudo está ali, daquela forma, antes de o poeta nascer; logo, ele não pode alterar muita coisa, mas nem por isso ele se cala. A situação do brasileiro é exposta a partir de uma visão sobre as desigualdades e injustiças sociais; o ponto de partida, assim, é uma visão heterotópica da pátria. Por isso, ele dá vida à nação, personifica-a, para afrontá-la: "mostra a tua cara". A TV aparece como o veículo (aparelho ideológico) de grande importância para a ordenação dos sujeitos, pois, na sua programação, há um só comando válido: "sim, sim". E ele admite a grandeza da pátria, como Bilac, mas coloca essa grandeza ao lado de um vocábulo que desordena a visão utópica: "Grande pátria / Desimportante". Vemos que o poema de Cazuza nega-se ao estriamento, ao contrário do poema de Bilac, que se estria para servir como um organizador de atitudes sociais. Não podemos deixar de ver que o poema de Cazuza ergue também uma sugestão a atitudes, que funcionam como ordens desestabilizadoras em relação à *ordem nacional* veiculada pelos grandes poderes.

O comando "confia em mim" exposto de forma repetida funciona pela ambiguidade. Ao mesmo tempo em que pode ser a voz da pátria dizendo para os brasileiros confiarem nela, pode ser lido como a voz do poeta – um dos brasileiros – a revelar à nação um gesto de confiança. O poema se abre para um espaço liso e evoca ao leitor a direção interpretativa.

Um outro poema-canção que parece rever a postura clássica bilaquiana do olhar utópico e estriado sobre a pátria é *Do Brasil*, do mineiro Vander Lee. A direção tomada pelo poeta desde a primeira estrofe do poema já indica uma atitude heterotópica, pois a afirmação de que um discurso sobre o Brasil deve considerar o sertão indica um olhar excêntrico: "Falar do Brasil sem ouvir o sertão / É como estar cego em pleno clarão". Ele nega a atitude centralizadora e seletiva de Bilac: a de falar da beleza, da força – beleza tal como a que se vende em propagandas turísticas publicitárias, em que se mostra o que é vendável, o que acomoda, o utópico. Vander Lee, ao contrário, foca o sertão e joga luz sobre os brasileiros. Sabemos pela história do Brasil que o sertão é o espaço da luta, da sobrevivência difícil, de homens que lutam muitas vezes com a natureza para continuar a trabalhar e a viver. E, para o poeta, quem fala sobre o Brasil e não foca o sertão, está cego.

Contudo, tal atitude de negação do ponto de enfoque sobre os espaços geográficos e humanos do Brasil não implica a negação total do enunciado bilaquiano, uma vez que Vander Lee admite a grandeza da nação: "Esse gigante em movimento / Movido a tijolo e cimento". Entretanto, a grandeza da pátria é apresentada por intermédio do movimento e, com a continuidade do poema, vemos que quem confere grandeza à pátria não é a natureza, como no poema de Bilac, mas os brasileiros trabalhadores que constroem o Brasil ("movido a tijolo e cimento"), trabalhadores que precisam comer, que necessitam da comida em suas mesas. E assim vemos a negação do sentido bilaquiano, pois, no seu poema, ao brasileiro bastava trabalhar, molhar o rosto com suor que a riqueza viria.

No poema de Vander Lee, vemos as figuras humanas sofridas a construírem seus destinos e o destino de sua pátria. O Brasil-gigante precisa agradecer a força e a labuta dos brasileiros: a Clemente, que leva a semente; a Zezé e o seu "penoso balé" no cacau; a Maria que madruga no milharal; a Joana que ama no canavial, que confunde trabalho e amor; a João, caminhoneiro, que leva a esperança para a capital (esperança que vem de um Brasil fragmentado, espalhado; que vem dos brasileiros trabalhadores – nem sempre ricos, quase sempre pobres); a Tião boiadeiro; a Quitéria agricultora, que colhe a miséria do chão árido (diferentemente do chão bilaquiano, sempre jorrando vida e fartura); a Pereira feirante; a Zé coco, artista, porque a sua arte também contribui para a riqueza e grandiosidade da nação. Vemos que nenhum trabalho é colocado à margem; todos os trabalhos e trabalhadores são alçados à condição de protagonistas do poema, protagonistas da nação, protagonistas sofridos, vivos.

Sabemos que, apesar de todos os equívocos apresentados por Bilac, *A pátria* é um dos poemas mais lidos pelos brasileiros. É muito comum ainda encontrarmos *A pátria* nos livros didáticos contemporâneos. E assim as crianças ainda hoje são convocadas por essa *literatura* de Bilac a tornarem-se êmulos da grandeza da pátria e acreditarem que ela lhes dará como recompensa um teto e riquezas. Não temos muitos registros de contraposição a esse tipo de texto que se diz literário e que veicula ideologias marcadas pela subserviência. Não vemos questionado com frequência o valor literário do dito poema. E é necessário que façamos essa leitura crítica sobre a *literatura* que reside no poema.

Não podemos deixar de admitir a riqueza sonora do poema de Bilac. Mas poesia não se faz apenas com sonoridades, já lembrou Drummond: "Mundo mundo vasto mundo / se eu me chamasse Raimundo, / seria uma rima, não seria solução". *A pátria* pode configurar-se estruturalmente como *poema*, dada a configuração sonora dos vocábulos; contudo a sua *poesia* é fraca e nega o caráter desordenador da literatura. Como defende Beatriz Sarlo, a literatura "empenha-se em morder esse centro deslocado, reprimido ou ignorado" (2005: 27). Essa mordida é encontrada na proposta poética de Vinícius de Moraes e de Cazuza, mas não em Bilac. No poema de Bilac, temos o degustar de um sabor bom, mas falso, criado pelos aromatizantes do poder; em Caetano Veloso, Cazuza, Vinícius de Moraes e Vander Lee encontramos a mordida que procura a mistura de sabores e saberes, mistura do doce com o amargo, do salgado com o azedo, fusões que desencadeiam o aguçar de sensibilidades e podem deflagrar visões que propiciem o encontro de vontades de verdade e não a organização de uma única verdade. Uma verdade centralizadora distancia o literário da literatura e mina a possibilidade estética do dizer metamorfoseado, porque a literatura requer sempre a (des)ordem e transgressão. Fora disso, não há literatura.

Nota

1 É bom retomar o que foi realçado e o que foi interditado pela memória discursiva da crítica literária brasileira – o realçado: ele foi eleito príncipe; o interditado: quem o elegeu, a revista *Fon-Fon*.

Bibliografia

Barthes, R. *Aula*. Trad. Leyla Perrone-Moisés. São Paulo: Cultrix, 1988.

Bilac, O. *Poesias*. Rio de Janeiro: Livraria Francisco Alves, 1964.

Cazuza. Brasil. *Ideologia*. Intérprete: Cazuza. Rio de Janeiro: PolyGram, 1998. [1 cd, faixa 6]

Deleuze, G.; Guattari, F. *Mil platôs*: capitalismo e esquizofrenia. Trad. Peter Pál Pelbart; Janice Caiafa. São Paulo: Editora 34, 1997, v. 5.

Foucault, M. *A ordem do discurso*. Trad. Laura Fraga de Almeida Sampaio. 5. ed. São Paulo: Loyola, 1999a.

______. *As palavras e as coisas*. Trad. Salma Muchail. 8. ed. São Paulo: Martins Fontes, 1999b.

______. Outros espaços. *Ditos & escritos III*: estética: literatura e pintura, música e cinema. Trad. Inês Autran Dourado Barbosa. Rio de Janeiro: Forense Universitária, 2001.

Iser, W. *O fictício e o imaginário*: perspectivas de uma antropologia literária. Trad. Johannes Kretschmer. Rio de Janeiro: Eduerj, 1996.

Moraes, V. *Poesia completa e prosa*. Rio de Janeiro: Nova Aguilar, 1998.

Sarlo, B. *Paisagens imaginárias*: intelectuais, arte e meios de comunicação. Trad. Rubia Goldoni; Sérgio Molina. São Paulo: Edusp, 2005.

Vander Lee. Do Brasil. *Pensei que fosse o céu*. Intérprete: Vander Lee. Rio de Janeiro: Indie Records, 2006. [1 dvd, faixa 15]

A (des)ordem no discurso religioso

Edvania Gomes da Silva

O objetivo deste capítulo é (re)discutir o conceito de interdiscurso a partir da análise de algumas pesquisas que venho realizando no âmbito da Análise do Discurso (AD). Para tanto, proponho inicialmente retomar discussões realizadas ao longo dos estudos em AD sobre o conceito de interdiscurso, mostrando de que forma esse conceito foi sendo revisto por diferentes autores no interior dessa disciplina. Em um segundo momento, tomo como base o discurso religioso, buscando verificar de que forma essa forma de discursivização da "realidade" pode ser analisada a partir de uma perspectiva interdiscursiva. Nessa parte do trabalho, retomo alguns resultados da pesquisa que realizei para elaboração de minha tese de doutorado.[1]

Considerações em torno da noção de interdiscurso

O interdiscurso pode ser definido como uma rede de trocas na qual diferentes discursos se constituem (cf. Maingueneau, 1984). A relação interdiscursiva inicia-se no momento da gênese dos discursos. Eles já nascem imbricados em uma relação dialógica. O conceito de interdiscurso, com suas consequentes implicações, foi sendo revisto e aprimorado ao longo do desenvolvimento das teorias do discurso.

Inicialmente, a interdiscursividade era concebida como uma relação puramente estrutural. O próprio Michel Pêcheux, um dos fundadores da Análise de Discurso Francesa, admite que na, AD-1 (primeira fase da Análise de Discurso), "o Outro da alteridade discursiva *empírica* é reduzido seja ao mesmo, seja ao resíduo, pois ele é o fundamento combinatório da identidade de um mesmo processo discursivo" (Pêcheux, 1990b: 313). Dessa forma, os precursores da AD, apesar de reconhecerem minimamente a existência de um espaço de trocas entre os diferentes discursos, não conseguiram conceber esse espaço para além da relação do *mesmo* com o seu discurso. De certa forma, essa postura inicial está relacionada à noção de *maquinaria discursiva*. Pois, uma vez que o processo discursivo era concebido "como uma máquina autodeterminada e fechada sobre si mesma, de tal modo que um sujeito-estrutura determina os sujeitos como produtores de seus discursos" (Pêcheux, 1990b: 311), não poderia haver espaço para o *outro*, como alteridade discursiva.

De acordo com Maingueneau (2005), a preocupação dos estruturalistas com os cortes e as rupturas impediu, em certa medida, que eles levassem em consideração a problemática da gênese dos discursos. Não havia um real interesse pela exterioridade enunciativa. Como mostra a citação de Pêcheux, a ideia de uma "máquina fechada sobre si mesma" impedia qualquer tipo de movimento que não estivesse relacionado ao funcionamento interno da maquinaria estrutural. Quando havia alguma tentativa de reflexão em torno da relação entre discursos, sobrepunha-se sempre o *outro* ao primado do *mesmo* (cf. Pêcheux, 1990b: 313). Mesmo a noção de *condições de produção*, que supunha a existência de "lugares determinados na estrutura de uma formação social" (Pêcheux, 1990a: 82), não conseguiu relacionar, ao menos na primeira fase da AD, esses lugares com as condições de emergência dos discursos nem tampouco tratou da ligação que diferentes discursos, submetidos a condições de produção aparentemente bastante semelhantes mantêm entre si.[2]

Na segunda fase da Análise de Discurso (AD-2), com a introdução do conceito de *formação discursiva*, "a noção de interdiscurso é introduzida para designar o *exterior específico* de uma FD enquanto este irrompe nesta FD para constituí-la em lugar de evidência discursiva" (Pêcheux, 1990b: 314). Há, portanto, uma ressignificação da noção de maquinaria estrutural, pois o exterior discursivo, entendido aqui como as outras formações discursivas que invadem o contexto de uma determinada FD, passa a ser de alguma forma considerado. Entretanto, mesmo reconhecendo-se que "uma FD não é um espaço estrutural fechado" (Pêcheux, 19990b), nesta segunda fase, ainda não existe uma noção de interdiscurso que supere a de maquinaria. O centro das discussões é ainda o discurso (ou a formação discursiva) em si: seu anterior (pré-construídos[3]) e sua estrutura interna (discursos transversos). Não interessa o espaço de trocas, mas a "relação de entrelaçamento desigual da FD com um exterior" (cf. Pêcheux, 1990b).[4]

Apenas na sua terceira fase (AD-3), a Análise do Discurso radicaliza a noção de alteridade. O primado do *interdiscurso* torna-se o foco principal dos estudos. Trata-se de reconhecer a existência de um espaço de trocas que precede, ao mesmo tempo em que constitui, todo e qualquer discurso. O diálogo da Análise do Discurso com teorias como as advindas dos estudos desenvolvidos pelo "círculo de Bakhtin", que consideram a relação com o *Outro* a base de todo processo discursivo, redimensiona o campo dos estudos do discurso. A partir dessa outra perspectiva são desenvolvidos novos conceitos, como o de *heterogeneidade constitutiva* e *heterogeneidade mostrada*, detalhados por Authier-Revuz em diversos trabalhos.[5] A heterogeneidade constitutiva é uma das consequências da ação do discurso sobre o sujeito, que se constitui na e pela linguagem: um sujeito dividido (clivado) que é resultado de sua relação com o *Outro*. Segundo Maingueneau (2005: 33), essa forma de heterogeneidade "não deixa marcas visíveis: as palavras, os enunciados de outrem estão tão intimamente ligados ao texto que não podem ser apreendidos por uma abordagem linguística *stricto sensu*". Por outro lado, a heterogeneidade mostrada incide sobre a superfície textual, sendo, portanto, "acessível aos aparelhos linguísticos, na medida em que permite apreender sequências delimitadas que mostram claramente sua alteridade" (2005: 33).

A noção de interdiscurso proposta por Maingueneau (2005) insere-se na perspectiva teórica que postula a precedência do *Outro* sobre o *mesmo*. O autor discute como uma de suas principais hipóteses o primado do interdiscurso sobre o discurso. Em muitos de seus trabalhos, Maingueneau retoma e reafirma sua concepção interdiscursiva da discursividade (cf. Maingueneau, 1997; 2005; entre outros). De acordo com tal concepção, os discursos já nascem em uma relação constitutivamente dialógica com seu *Outro*. Não se trata, portanto, de uma relação estabelecida *a posteriori*, ou seja, depois que os discursos já estão constituídos no interior do campo discursivo. Como bem afirma Maingueneau (2005: 21), "a unidade de análise pertinente não é o discurso, mas um espaço de trocas entre vários discursos (ou posicionamentos) convenientemente escolhidos".

Objetivando explicitar melhor a noção de interdiscursividade que permeia seus trabalhos, tornando-a mais operacionalizável, Maingueneau (2005) faz uma distinção entre três instâncias do interdiscurso: *universo, campo* e *espaço discursivos*. O universo discursivo é definido como "o conjunto de todas as formações discursivas que interagem numa conjuntura dada" (2005: 116). Esse universo discursivo, por causa de sua abrangência, é de pouca importância para análise das relações entre as FDs. Quanto ao campo discursivo, Maingueneau (2005: 116) o define "como um conjunto de formações discursivas que se encontram em concorrência". Assim, os discursos que se encontram em um mesmo campo estão sempre em relação mais direta, seja essa relação de afrontamento ou de aliança. Os "espaços discursivos são considerados subconjuntos de formações discursivas cuja relação o analista julga pertinente para seu propósito" (2005: 117). Vale salientar, entretanto, que, no atual estágio da teoria deste autor, a noção de formação discursiva foi revista. No prefácio que escreveu para a tradução brasileira da obra *Genèses du discours*, Maingueneau reconhece a necessidade de rediscutir alguns pontos da obra e cita, entre esses pontos, "a utilização frouxa da noção de formação discursiva". O autor afirma ainda que hoje utilizaria preferencialmente o termo *posicionamento*. Neste trabalho, pretendo aderir a essa nova concepção e, por isso, faz-se necessário propor alguns esclarecimentos no que diz respeito às três instâncias do interdiscurso apresentadas acima.

Para Maingueneau (2005), a Análise do Discurso trabalha com duas unidades fundamentais: (a) *unidades tópicas* e (b) *unidades não-tópicas*. As *unidades tópicas* subdividem-se em *unidades dominiais* e *unidades transversas*. As primeiras correspondem aos espaços já predeterminados pelas práticas verbais. Elas englobam os tipos e os gêneros de discurso. As unidades transversas são aquelas que "atravessam o texto realçando os múltiplos gêneros do discurso" (2005: 10). São, portanto, registros definidos a partir de critérios: (a) linguísticos; (b) funcionais; e/ou (c) comunicacionais. Em relação às *unidades não tópicas*, Maingueneau afirma que elas são, por um lado, *definidas* pelos pesquisadores, independentemente de fronteiras pré-estabelecidas (o que as distingue das unidades dominiais) e, por outro, elas reagrupam os enunciados, inscrevendo-os na história. Nesse sentido, as unidades *não tópicas* diferenciam-se das *transversas*.

As formações discursivas são um tipo de *unidade não tópica*, elas têm suas fronteiras estabelecidas pelos pesquisadores que trabalham com esse conceito e tais fronteiras devem ser delimitadas historicamente. O conceito de formação discursiva é, ainda segundo o autor, algo bastante complexo (e/ou obscuro) para ser mobilizado na análise sem qualquer tipo de restrição. A formação discursiva pretende relacionar critérios empíricos a outros de ordem muito mais conceitual. Por ser delimitada pelos analistas, não existe, segundo Maingueneau, nada no mundo "real" propriamente dito que comprove a existência dessa ou daquela formação discursiva. Além disso, a FD não é o lugar do qual o analista parte, mas o seu ponto de chegada.

No caso de grupos ou partidos políticos e também de movimentos religiosos, parece mais coerente falar em *posicionamentos*. Afinal, esses movimentos políticos e/ou religiosos não são o produto final de uma análise discursiva. São realidades empíricas, socialmente reconhecidas e, portanto, pontos de partida para possíveis análises, como a que realizei na tese de doutorado.

Devido a essa releitura da noção de formação discursiva, propomos um redimensionamento no conceito de *espaço discursivo*. Em vez de definir o *espaço discursivo* como subconjunto de formações discursivas que o analista julga pertinente para análise, buscamos defini-lo a partir do próprio interdiscurso. O espaço discursivo será, portanto, definido como a dimensão do interdiscurso na qual se encontram posicionamentos discursivos que mantêm relações privilegiadas. No caso da relação polêmica, por exemplo, não é o analista que estabelece a oposição, pois os posicionamentos – e consequentemente a relação que eles mantêm – existem independentemente de alguém selecioná-los como *corpus* de análise. A função do analista não é *criar* os posicionamentos, mas apenas tentar compreender o que ocorre no interior do interdiscurso para que a polêmica seja estabelecida. Por isso, na análise de dois movimentos que disputam o mesmo espaço discursivo, o mais importante é, justamente, a relação interdiscursiva.

O caso do discurso religioso

No caso do discurso religioso, cito como exemplo de análise a relação entre dois movimentos da Igreja Católica: Renovação Carismática Católica (RCC) e Teologia da Libertação (TL). Esses dois posicionamentos fazem parte da mesma instituição – a Igreja Católica Apostólica Romana –, reivindicam o mesmo "lugar" de nascimento – o Concílio Vaticano II – e dividem o mesmo *espaço discursivo*. No entanto (ou talvez por isso mesmo), apresentam diferenças fundamentais no que diz respeito ao seu funcionamento interdiscursivo. Tais diferenças tornam-se bastante perceptíveis quando passamos a analisar o conjunto de práticas que caracterizam cada um desses movimentos católicos. Ou seja, no caso da análise da TL e da RCC, verifiquei que as condições de produção são outras, não só porque há uma historicidade que antecede os posicionamentos, mas também porque existem condições de enunciabilidade, bem como formas de habitar o espaço discursivo, que garantem a manutenção de uma relação interdiscursiva caracterizada prioritariamente pela polêmica constitutiva.

Estrutura e funcionamento de um evento carismático

O XXIII Congresso Nacional da Renovação Carismática Católica (RCC) foi realizado entre os dias 5 e 9 de julho de 2004, na cidade de Aparecida do Norte, São Paulo. A RCC promove anualmente esse congresso, cujos responsáveis diretos são os membros do Conselho Nacional do movimento. O evento tem como uma de suas principais características o fato de congregar lideranças da RCC de todo país. Em 2004, estiveram presentes cerca de 7.000 carismáticos. O principal objetivo do encontro é discutir temas relacionados à realidade dos grupos e comunidades ligados à Renovação.

O local reservado para o Congresso foi uma área localizada em frente da Basílica nova de Aparecida do Norte, no estado de São Paulo. Foram erguidos três grandes tendas, denominados pela equipe organizadora do evento de *pavilhão central*. Neles, aconteceram todas as pregações e orações, com exceção da missa de abertura e da missa de *Coroação da Mãe Aparecida*, que foram celebradas na Basílica Nova. Quase todas as noites houve shows católicos na praça da Basílica Velha. Dessa forma, praticamente todos os ambientes da cidade de Aparecida estavam envolvidos na organização do Congresso. A Secretaria de Turismo da cidade, em parceria com hotéis, taxistas e restaurantes, também contribuiu com a organização do evento, colaborando financeiramente com a montagem do chamado Pavilhão Central. O Congresso Nacional da RCC teve, no total, dez pregações (sem contar com as homilias das cinco missas), cada uma com aproximadamente uma hora de duração. Todas as pregações foram precedidas e/ou seguidas por um momento de oração. Essa relação entre pregação e oração revela aspectos importantes do funcionamento discursivo do movimento carismático. A fim de aprofundar a análise das práticas do movimento, tecerei alguns comentários acerca da segunda pregação do congresso, realizada na tarde do dia seis de julho. A escolha dessa pregação deve-se à sua relação com o tema geral do evento.

O tema do congresso – *Levanta-te Brasil, de joelhos!* – foi usado como título da palestra. O pregador convidado para tratar desse tema foi Sidney Telles (à época, coordenador do ministério das famílias e membro do conselho nacional da RCC). Ele enfatizou a necessidade dos membros da Renovação estarem de joelhos aos pés de Jesus. O líder carismático disse ainda que estava ali não para fazer uma pregação, mas para "falar de uma profecia, que foi revelada por Deus ao Conselho Nacional em outubro do ano anterior". Ao afirmar que o tema do encontro foi o resultado de uma revelação de Deus, o pregador reforça o caráter espiritualizado do discurso carismático. O enunciador típico da RCC apresenta-se como alguém *convicto* do que diz. Essa convicção vem da certeza de que a oração o aproxima de Deus, permitindo, inclusive, que o *servo fiel* ouça e reconheça a voz do *pastor* (cf. Abib, 1995: 87). É a efusão no Espírito Santo que traça o caminho para a pretendida santificação dos carismáticos. Eles acreditam que o Espírito Santo fala através deles e, por isso, assumem uma postura convicta em relação ao seu próprio discurso. Nesse sentido, eles cultivam uma suposta *humildade*, pois acreditam que "é Deus quem faz a obra" (Abib, 1995: 88). Ou seja, não foram os membros do Conselho Nacional da RCC que reunidos decidiram escolher o tema do XXIII Congresso Nacional. Foi Deus, que por meio de uma profecia, revelou o que Ele queria para o congresso.

No segundo momento da palestra, o pregador relatou alguns episódios bíblicos em que o "poder da oração foi capaz de salvar pessoas de situação de morte". Em todos esses episódios, Jesus Cristo pedia ao enfermo (ou mesmo ao morto) que se levantasse. O verbo "levantar" foi, portanto, uma espécie de *palavra-chave* durante toda a pregação e também, posteriormente, no momento de oração. A forma como esse verbo é empregado na frase-tema produz um efeito de pré-construído, pois, ao pedir (ou ordenar) que o "Brasil levante-se", cria-se o pressuposto de que o país ainda não se levantou. A pregação do coordenador do Ministério das Famílias (Sidney Telles) explicita bem o efeito de sentido atribuído à frase-tema, pois revela que o substantivo "Brasil" não faz referência à nação brasileira, à economia, nem mesmo ao povo de forma geral. O sentido atribuído ao termo "Brasil" está relacionado à igreja do Brasil. O tempo todo ele se dirige à igreja. Ele não trata de política externa, nem tampouco das eleições. O tema da pregação é o enfraquecimento dos grupos de oração, é a "falta de fervor dos servos da RCC". A escolha do tema está relacionada com a Igreja Católica e, mais especificamente, com os próprios carismáticos. São eles os coenunciadores diretos da expressão "Levanta-te Brasil, de joelhos!". É o que mostra o seguinte excerto:

Exemplo 1

A Renovação Carismática Católica do Brasil precisa estar de joelhos aos pés de Cristo. As pessoas precisam de curas e milagres, mas pra isso é necessário que os grupos de oração se tornem, cada vez mais, celeiros da Graça de Deus. (Trecho da pregação de Sidney Telles)

As descrições definidas[6] "A Renovação Carismática Católica" e "As pessoas" fazem supor uma diferença entre os membros da RCC e as outras pessoas. No segundo período, a primeira dessas descrições é parafraseada pela expressão "grupos de oração". Portanto, de acordo com o texto, são os grupos de oração e, consequentemente a RCC, que precisam "estar de joelhos", pois só assim as demais pessoas, ou seja, aqueles que não fazem parte da Renovação poderão receber "curas e milagres". O operador argumentativo *mas* introduz uma condição *sine qua non* para que as pessoas sejam curadas e a presença do modalizador deôntico "*é necessário*" reforça o tom de urgência do texto.[7] A fala do pregador funciona como uma espécie de cobrança aos membros da RCC. A eles, é conferida uma grande responsabilidade: orar pelas *pessoas* para que elas tenham acesso às curas e aos milagres. A expressão "cada vez mais" legitima a força dos grupos de oração, pois o enunciador reconhece, implicitamente, a presença da graça de Deus nesses grupos.

Estrutura e funcionamento de um encontro das Comunidades Eclesiásticas de Base (CEBs)

O XI Encontro Intereclesial das CEBs foi realizado entre os dias 19 e 23 de julho de 2005, na cidade de Ipatinga, Minas Gerais. As diferenças em relação ao Congresso Nacional da RCC começam pelo número de participantes. Enquanto o segundo teve cerca de 7.000 inscritos, o primeiro teve uma participação consideravelmente menor: 1.806 pessoas. Essa diferença é resultado tanto da disseminação do movimento carismático no meio católico, quanto da forma como cada posicionamento procede em relação às inscrições dos seus respectivos eventos. A RCC disponibilizou na sua página na internet (www.rccbrasil.org.br) a ficha de inscrição do Congresso. Em princípio, qualquer pessoa que pagasse a taxa de inscrição (no ano de 2004, o valor da inscrição foi de R$ 25,00) poderia participar do evento. No caso do encontro das CEBs, a ficha de inscrição era enviada pelos correios a pessoas previamente definidas pelas comunidades de base, movimentos populares e/ou associações espalhadas pelo país. Assim, eram definidos os *delegados* do encontro. Havia ainda participantes que se encaixavam na categoria *convidados*: eram sociólogos, professores universitários, pesquisadores, membros de outras igrejas (Batista, Presbiteriana, Metodista e religiões afro-brasileiras) e/ou movimentos

(Cursilhos, Conferência Vicentina, Legião de Maria etc.) que manifestavam o desejo de conhecer mais de perto a realidade das CEBs. O encontro intereclesial não cobrou uma taxa de inscrição. Na ficha de inscrição, os organizadores sugeriam que os participantes contribuíssem com a organização do evento disponibilizando a quantia de R$ 10,00. Todos os participantes eram convidados a ficarem hospedados em casas de família. Obviamente, as pessoas que não desejassem hospedar-se nas residências das famílias, poderiam ir para os hotéis das proximidades. Os jovens da Pastoral da Juventude (PJ), por exemplo, ficaram acampados em dois grandes "circos", localizados nas proximidades do ginásio central do evento.

A decoração dos locais reservados para o XI Intereclesial também revela alguns traços das regras que regem a semântica global das comunidades de base. Todos os palcos e altares nos quais ocorreram as celebrações do encontro foram decorados com retalhos de diferentes tecidos, modelos e cores. As sacolas com o material (programação, bloco de notas, tíquetes para as refeições nos dias do evento e uma caneca plástica) do encontro, que foram entregues aos participantes, também foram confeccionadas com retalhos. Segundo o que afirmou a ex-prefeita de Campinas, Izalene Tiene, que é também uma participante ativa dos encontros das CEBs, na sua *análise de conjuntura*, proferida no último dia de intereclesial, as sacolas, bem como as toalhas e as colchas de retalhos que cobriram os altares, foram feitas por mulheres das CEBs de todo país. Para ela, os retalhos juntos representavam a diversidade e também a força de todas as mulheres do Brasil. Aqui, materializa-se o discurso da unidade, da força de grupos que trabalham juntos a fim de alcançarem um objetivo comum. Os procedimentos de inscrição, a maneira como foi pensada a questão da hospedagem e a ornamentação dos ambientes são indícios que revelam como a semântica global da Teologia da Libertação produz sentidos em todas as práticas que se relacionam a esse posicionamento. É a "igreja do pobre e do oprimido, a igreja da comunhão, da partilha" (Boff, 1986: 87).

Quanto à estrutura organizacional, o XI Intereclesial seguiu os parâmetros dos demais eventos das CEBs. O evento foi pensado a partir da metodologia do *ver*, *julgar* e *agir*. Trata-se de três etapas metodológicas utilizadas pela Teologia da Libertação. De acordo com Boff (1986), o momento do *ver* corresponde à mediação socioanálitica. O objetivo dessa primeira mediação é proporcionar o conhecimento da realidade social. O *julgar* corresponde à mediação hermenêutica. Nessa segunda mediação, o teólogo busca compreender, por meio da exegese bíblica e também da interpretação dos documentos oficiais da Igreja Católica (magistério e tradição), a relação entre "fé e compromisso com os pobres" (Boff, 1986: 104). A terceira mediação é a prático-pastoral e corresponde ao momento do *agir*. Nessa última etapa, busca-se relacionar os trabalhos pastorais da Igreja (catequese, liturgia etc.) à questão do compromisso social com o pobre. É a hora de colocar em prática tudo o que foi visto, discutido e deliberado nas duas primeiras mediações. No caso do XI Intereclesial, a organização do evento procurou enfocar uma mediação por dia. O fato de as comunidades de base assumirem a metodologia da Teologia da Libertação é um indício de que as primeiras são a materialização (ou efetivação) das teorias fomentadas pela segunda.

Com base na estrutura do trem, que é o símbolo das CEBs, cada vagão representando uma das cidades em que o encontro foi realizado, a equipe organizadora do XI Intereclesial dividiu os participantes em seis grupos distintos, chamados de locomotivas. As locomotivas abordaram diferentes temas (*CEBs e a formação de um novo sujeito; CEBs e a espiritualidade libertadora*; *CEBs, a dignidade humana e a promoção da cidadania*; *CEBs e a via campesina*; *CEBs e a construção de um outro mundo possível*; *CEBs e a educação libertadora*). Cada locomotiva foi dividida em seis vagões que aprofundaram um aspecto do tema geral da locomotiva. Na locomotiva *CEBs e a formação de um novo sujeito*, por exemplo, os vagões enfocaram aspectos relacionados ao idoso, ao negro, ao índio, à juventude e à mulher. Todas essas categorias de sujeito sofrem algum tipo de preconceito social e, justamente por isso, foram escolhidas como um tema importante para ser discutido no intereclesial.

A escolha dos temas das locomotivas, bem como dos subtemas dos vagões, foi pautada na relação entre Igreja e sociedade. Todas as discussões partiram da realidade social do pobre, do excluído, do marginalizado. Mesmo os temas, em princípio, mais gerais e menos ligados aos problemas sociais, como é o caso da *espiritualidade libertadora*, eram tratados sob a ótica da Teologia da Libertação. Nesse sentido, a *espiritualidade* não foi abordada como o resultado da relação entre Deus e o homem, isto é, como algo individual e privado. Ela foi tratada como algo coletivo, público e, principalmente, comprometido com os problemas políticos e econômicos que afligem a sociedade. Na locomotiva da *espiritualidade libertadora*, enfatizou-se bastante a defesa de um Jesus Cristo encarnado, comprometido com a causa do pobre, e também a leitura bíblica fundamentada na ideia de um Deus que, como afirma Boff (1986: 104), "abomina toda injustiça e tem uma preferência declarada pelos fracos e oprimidos".

Outro fato a ser destacado é a identificação dos vagões. Eles tinham nomes de pessoas consideradas grandes colaboradores das causas sociais e das CEBs. Por exemplo, na locomotiva *CEBs e a educação libertadora* havia um vagão chamado *Paulo Freire*. No ginásio poliesportivo, reservado para as principais celebrações do encontro estavam distribuídos, por todo o espaço, pôsteres com fotografias ou desenhos de pessoas que foram assassinadas devido a seu envolvimento com as causas sociais. Nas comunidades de base, essas pessoas são consideradas mártires e recebem várias homenagens. Em contrapartida, não havia nenhuma imagem dos santos católicos no local. Apenas em uma das cinco celebrações (o *Entardecer Orante*), a imagem de Maria (mãe de Jesus Cristo) foi trazida ao altar e houve uma cerimônia de aclamação. Contudo, vários participantes do evento reclamaram da homenagem feita à santa católica. Os membros das *CEBs* atribuem uma grande importância ao diálogo inter-religioso. Por isso, muitos consideraram uma falta de respeito homenagear Nossa Senhora em um evento com a participação de tantas outras religiões, inclusive dos evangélicos, que não veneram Maria.

A descrição acima revela que a homenagem a alguns santos católicos não faz parte das práticas da Teologia da Libertação. O enunciador típico da TL *escolhe*, segundo as regras da sua semântica global, os santos que vai venerar.[8] Para eles, os verdadeiros "santos" são "os mártires que sacrificam suas vidas pela causa do pobre e do oprimido" (Boff e Boff, 1985: 62). Entretanto, eles não negam a veneração aos santos em geral, pois isso seria ir de encontro à Igreja Católica. Como afirma Maingueneau (2005), o que há, nesse caso, é uma adequação dos preceitos do catolicismo às regras que regem à semântica global desses movimentos. Eles redefinem a categoria *santidade* segundo certos critérios específicos de seu posicionamento discursivo. Se a grande preocupação dos teólogos da libertação é a questão social e a luta pela libertação do pobre e do oprimido, os santos e/ou mártires que eles veneram e apresentam como exemplo aos seus coenunciadores só poderiam ter sido pessoas que, em vida, tiveram algum tipo de trabalho social.

De acordo com os *critérios de santidade* estabelecidos pela Teologia da Libertação, pouco importa se a pessoa escolhida como modelo de vida devota é ou não católica. Em Boff (1986), toda a segunda parte do livro é dedicada a três personagens que o autor chama de "companheiros na caminhada da libertação". São eles: (1) São Francisco de Assis (santo da Igreja Católica); (2) Martinho Lutero (líder da Reforma Protestante na Alemanha); e (3) Alceu Amoroso Lima (escritor e crítico literário brasileiro). Para Boff, esses três homens têm em comum a luta que travaram contra os diferentes tipos de opressão. São Francisco de Assis é definido como "patrono da opção preferencial pelos pobres" (Boff, 1986: 149); Martinho Lutero é caracterizado como alguém que "tem uma função libertadora no processo histórico-social-religioso" (1986: 167); e Alceu Amoroso Lima é visto como "uma encarnação excepcionalmente feliz do ideário cristão acerca do pensador e do intelectual e de sua missão na sociedade de classes atual" (1986: 188). Nesse sentido, a santidade, para os teólogos da libertação, está, portanto, intimamente ligada ao engajamento social e político.

Interdiscurso, práticas e semântica global

A partir da análise das principais características do XXIII Congresso Nacional da Renovação Carismática e do XI Intereclesial das CEBs, pude identificar algumas práticas que se explicam pelo funcionamento interdiscursivo da RCC e da TL. Os respectivos fiadores do discurso de cada um desses dois movimentos incorporam um modo de *ser* e de *agir* concernente ao discurso que os constitui como sujeitos. Por isso, o conjunto de práticas realizadas por tais fiadores contribui para identificação de alguns dos semas[9] que constituem a semântica global de cada um dos posicionamentos analisados.

Existem dois eixos centrais que sustentam o espaço discursivo no qual a Renovação Carismática e a Teologia da Libertação rivalizam. O primeiro deles está baseado na noção de *Cristandade*. Nesse sentido, a primeira oposição que se estabelece entre esses dois posicionamentos é em relação ao sentido de ser cristão, pois ambos estão situados no interior do campo religioso. Nesse campo, existem ainda várias outras religiões não cristãs, como o hinduísmo, o judaísmo e o budismo. O cristianismo caracteriza-se, basicamente, pela crença na revelação do Filho de Deus, Jesus Cristo (Souza, 2001: 47). Entretanto, mesmo dentro do cristianismo não existe um consenso em relação ao sentido de *ser cristão*. Diferentes religiões disputam o direito a esse predicado. Elas buscam legitimar-se por meio de diferentes práticas e, para preservar seu lugar no interior desse interdiscurso, procuram desautorizar o discurso de suas adversárias.

Embora a Renovação Carismática e a Teologia da Libertação não sejam duas religiões distintas, existe uma polêmica entre elas em relação à expressão *ser cristão*. Trata-se de uma disputa que tem início no momento da gênese desses dois posicionamentos, pois é exatamente aí que ambos definem seus critérios de cristandade. No decorrer da análise dos eventos de cada um desses movimentos, foram verificados alguns traços semânticos que podem ajudar na compreensão dos sentidos atribuídos a expressão *ser cristão* nos respectivos posicionamentos. Para a Renovação Carismática, o cristianismo corresponde a uma atitude de constante *oração*. Esse sema é a base do discurso carismático. Todas as práticas do movimento estão ancoradas no sema *oração*. É a partir dele que eles definem o tema de seus congressos, orando para saber o que Deus quer. É também por meio da oração que os carismáticos estabelecem os rumos dos grupos de oração (célula-base da RCC), escolhem os coordenadores e líderes do movimento, estruturam a organização de seus encontros e resolvem seus problemas pessoais, sejam eles financeiros, conjugais ou de saúde. Essa supervalorização da oração é algo presente em outras igrejas cristãs. Os pentecostais e os neopentecostais, por exemplo, também conferem uma extrema importância à oração. Há, portanto, uma rede interdiscursiva que sustenta o discurso da intimidade com Deus, da vida de oração, da busca da santidade por meio da adoração e da contemplação.

Tal interdiscurso mantém, obviamente, uma relação com a própria história das religiões. Nesse sentido, não é possível compreender o discurso dos carismáticos desconsiderando a história. A Idade Média, por exemplo, caracteriza-se como um período em que as práticas religiosas eram regidas, essencialmente, pela busca da intimidade com Deus, pois essa era a única forma de fugir do pecado e do demônio, figuras bastante difundidas pela Igreja Católica nos séculos XI e XII, época da inquisição eclesiástica. Não se trata, no entanto, de uma sucessão histórica, pois, entre esses momentos de exacerbada espiritualidade, ocorreram várias rupturas e inúmeros acontecimentos.[10] No caso da Renovação Carismática e das igrejas pentecostais existe muito mais do que a *repetição* de uma postura religiosa sustentada em outros momentos da história. Há também implicações que decorrem da própria contemporaneidade. Na atualidade, constata-se o crescimento do *individualismo* em vários campos (político, filosófico, educacional). Esse sema também faz parte da semântica global dos carismáticos e dos pentecostais. Eles defendem uma relação de intimidade entre o homem e o sagrado (Deus, Jesus Cristo, o Espírito Santo). Essa relação depende, como pude verificar no decorrer das análises, única e exclusivamente do próprio homem.[11] Ele não precisa de nenhuma espécie de ação externa, pois Deus está sempre esperando que o homem vá ao encontro dele. Basta acreditar (ter fé), colocar-se diante de Deus e orar, pedir, suplicar, enfim, entregar-se. De acordo com esse discurso, todos os problemas, dificuldades, obstáculos serão vencidos quando "o homem deixar-se conduzir pelo Espírito Santo" (cf. Abib, 1995).

Trata-se, portanto, de uma relação do homem com Deus, não há necessidade de mais nada ou de mais ninguém. A comunidade e o sentido de coletividade ficam relegados a um segundo plano. A relação com o outro se resume à relação com Deus. Os carismáticos buscam a *salvação* e a *santidade* pessoais. Eles procuram seguir o exemplo ou testemunho dos santos que tiveram uma vida contemplativa voltada para a relação com Deus. Entretanto, como se trata do campo religioso, o individualismo *não deve* ser traduzido como egoísmo. Por isso, os carismáticos defendem um certo modo de preocupar-se com os demais *irmãos*. Essa preocupação revela-se na atitude de oração: orar pelo irmão, orar pelo Brasil, orar pela paz no mundo e pelo fim da miséria. É a ação que se dá na oração. Portanto, ser cristão é, no discurso da RCC: (1) ter uma postura de constante oração; (2) priorizar a relação íntima, pessoal e individual com o sagrado; e (3) interceder pelos irmãos (apoio coletivo). Esse é, portanto, o resumo da semântica global desse movimento.

Para a Teologia da Libertação, o cristianismo pressupõe uma série de atitudes que não apenas diferem, mas se opõem frontalmente àquelas defendidas pelo enunciador do discurso carismático. O sema principal do discurso da TL é *ação*. Essa palavra tem, no discurso do movimento libertador, uma carga semântica bastante positiva. Entretanto, isso não significa que os teólogos da libertação repudiam a *oração*. Tal postura não seria possível, uma vez que a TL é um posicionamento que se localiza no interior do campo religioso. O que ocorre, nesse caso, é uma mudança no sentido da palavra oração. A oração dos membros da Teologia da Libertação dá-se na ação. É uma oração que se traduz na luta em favor do pobre e do oprimido. Por isso, os semas positivos do discurso dessa teologia estão sempre, de alguma forma, relacionados ao campo semântico da ação e do movimento é o caso, por exemplo, dos semas luta e caminhada. Nem o sofrimento nem a paz pessoal fazem sentido para os membros da TL. Para eles, o sofrimento deve traduzir-se em doação ao outro, por isso a valorização dos mártires em oposição aos santos de vida contemplativa. Da mesma forma, a paz só tem sentido quando é uma conquista de todos. Portanto, de nada adianta a "paz interior ou a paz de espírito". Tudo deve caminhar em favor de uma coletividade. Nos encontros das comunidades de base todos têm direito à palavra, as decisões são tomadas em plenária e os líderes da Igreja (padres e bispos) sentam-se junto com o povo. É o coletivo em oposição ao individual, a igualdade de condições em vez da hierarquia. Isso explica o diálogo com os movimentos sociais (MST, associações de bairro, sindicatos etc.) e também a relação com os movimentos socialista e comunista.

Devido à relação interdiscursiva, mesmo fazendo parte do campo religioso, a Teologia da Libertação dialoga com outros posicionamentos pertencentes, por exemplo, aos campos político e filosófico.[12] Assim como no caso da Renovação Carismática, também houve, em relação à Teologia da Libertação, uma série de acontecimentos históricos que ajudam a explicar a existência desse movimento no interior da Igreja Católica. Entretanto, não seria prudente afirmar que esses acontecimentos foram a *causa* do surgimento da TL. Eles apenas explicam, *a posteriori*, a existência de condições favoráveis para o estabelecimento do movimento. O segundo eixo de sustentação do espaço discursivo da RCC e da TL tem como base o sentido de *catolicismo*. Trata-se da disputa em torno da expressão *ser católico*. Pois carismáticos e teólogos da libertação, além de pertencerem ao campo religioso, fazem parte da mesma Igreja Católica Apostólica Romana. Nesse sentido, eles disputam não só o título de cristãos, também partilhado com outras religiões, mas o de católicos. É preciso, portanto, legitimar-se também como católico.

Para a RCC, o catolicismo consiste em um retorno aos fundamentos da Igreja. Por isso, a profunda valorização da Bíblia, a devoção a Nossa Senhora (mãe de Jesus) e aos santos da tradição católica. Os carismáticos também recorrem à oração do terço e à prática dos sacramentos, principalmente, a confissão e a eucaristia. Há, portanto, uma volta à Igreja tradicional. Mas, por outro lado, as músicas, o uso de instrumentos musicais modernos e a grande utilização da mídia são indícios de uma igreja fortemente influenciada pelo pentecostalismo cristão, que é um fenômeno da contemporaneidade. Esse jogo entre tradição católica e o pentecostalismo evangélico produz muitas dúvidas no exterior e, até mesmo, no interior da Igreja Romana.

Ao contrário dos teólogos da libertação, os carismáticos escrevem livros incentivando à obediência e o amor à Igreja Romana. Essa devoção à Igreja manifesta-se em muitas das *práticas* carismáticas. No XXIII Congresso Nacional, por exemplo, algumas camisetas usadas por pessoas da RCC estampavam a seguinte frase: "Sou católico, graças a Deus." Em resumo, os principais semas que caracterizam a relação da RCC com o catolicismo são: *hierarquia* e *obediência*.

Quanto à Teologia da Libertação, o movimento se caracteriza por uma postura de negação do catolicismo romano. Como visto na análise das práticas das comunidades de base, ser católico para os membros da TL é fazer parte da igreja da base. O sema *base* é muito importante para o discurso desse movimento, pois revela o caráter popular da Igreja. É a Igreja que nasce do povo e para o povo. Nega-se, portanto, toda concepção hierárquica. Não existem líderes e servos de ministérios, como no caso da RCC, mas apenas *companheiros* ou, no máximo, *assessores*, pessoas responsáveis por cada locomotiva ou vagão do intereclesial. Os membros da TL opõem-se, inclusive, à utilização do termo *representação*. No encontro das CEBs, ocorreram algumas discussões em relação ao que significa representar um grupo ou falar em nome de uma comunidade ou de um povo. Para eles, toda representação é, em princípio, falha.

Nessa perspectiva, as críticas à obediência à Igreja de Roma também constituem uma das principais características da Teologia da Libertação. Para que um padre ou um bispo seja bem aceito entre os teólogos da libertação e os membros das comunidades de base é necessário que ele não reivindique os supostos benefícios de sua condição. A Igreja proposta pela TL é, portanto, muito mais voltada para os leigos. São eles que constituem, de acordo com esse discurso, o povo escolhido. As reuniões das CEBs não têm um pregador que toma a palavra por horas: todos falam, às vezes, ao mesmo tempo. Em síntese, o catolicismo da Teologia da Libertação se caracteriza pela negação de qualquer semelhança com o catolicismo tradicional. Para esse posicionamento, os semas mais frequentes em relação à expressão ser católico são: *base, resistência* e *igualdade*. Pelo exposto, pude verificar que a polêmica entre RCC e TL se materializa não só por meio da criação dos simulacros discursivos. As diferentes práticas empreendidas pelos respectivos fiadores de cada um desses posicionamentos também são indícios da interincompreensão regrada presente no discurso dos dois movimentos.

Notas

1 O título da tese é *Os (des)encontros da fé:* análise interdiscursiva de dois movimentos da Igreja Católica. O objetivo do referido trabalho foi verificar a relação interdiscursiva que constitui e atravessa dois movimentos religiosos da Igreja Católica (TL e RCC), com base na análise de suas respectivas semânticas globais.

2 Jean-Jacques Courtine foi um dos autores que, tendo iniciado sua trajetória na AD no final da primeira fase, pode ser considerado um divisor de águas entre primeira e segunda fase da Análise do Discurso. Devido a sua preocupação com a história e com a memória, o teórico conseguiu mobilizar melhor a noção de condições de produção, evitando o que ele mesmo chamou, mais tarde, de supervalorização do *fio do discurso* em oposição à análise semântica. Courtine, ao contrário de seus contemporâneos na AD, priorizou "a análise das diferentes maneiras por meio das quais discursos aparentemente semelhantes podem exprimir práticas políticas diferentes" (Courtine, 1989: 11).

3 De acordo com Henry (1990: 99, grifo nosso), "efeito de pré-construído" (ou encaixe) é o termo utilizado "para designar o que remete a uma construção anterior e exterior, mas sempre independente, em oposição ao que é *construído* pelo enunciado. Trata-se, em suma, do efeito discursivo ligado ao *encaixe* sintático". Esse é um dos principais pontos de articulação entre Teoria do Discurso e Linguística.

4 Vale salientar que a noção de formação discursiva foi tomada de empréstimo por Pêcheux dos trabalhos de Michel Foucault. Entretanto, quando transposto para o quadro teórico da AD francesa, esse conceito operacional, bastante utilizado na arquegenealogia foucaultinana, é reconfigurado e passa a figurar no interior de uma outra perspectiva teórica.

5 Sobre o assunto, conferir: *Palavras incertas:* as não coincidências do dizer (Authier-Revuz, 1998) e *Entre a transparência e a opacidade* (Authier-Revuz, 2004). As referências completas encontram-se no final deste trabalho.

6 De acordo com Maingueneau (2001: 182), "a descrição definida é constituída pela união de um grupo nominal com um artigo definido". Ainda segundo o autor (2001: 182, grifos do autor), "utilizar uma descrição definida significa obrigar o coenunciador a escolher um indivíduo ou um conjunto de indivíduos, caracterizando-os por intermédio *de uma ou várias propriedades*".

7 De acordo com Neves (1999: 62), "há verbos que se constroem com outros para modalizar os *enunciados*, especialmente para indicar *modalidade epistêmica* (ligada ao conhecimento) e *deôntica* (ligada ao dever). Os modalizadores deônticos são, portanto, aqueles que indicam relações de sentido ligadas ao dever".

8 O mesmo ocorre com a Renovação Carismática. Os carismáticos veneram os santos que estão, de alguma forma, relacionados à semântica global do movimento. Em um livro sobre José, esposo da mãe de Jesus, cujo título é *Valei-me São José*, Padre Jonas Abib apresenta o tutor terreno de Jesus como um homem de oração e que, por isso, "soube ouvir a voz de Deus" (Abib, 2003: 10).

9 De acordo com Maingueneau (2005), semas são um conjunto de termos que materializam os principais traços semânticos utilizados pelo analista na elaboração do modelo da semântica global de um determinado posicionamento. Ainda segundo o autor (2005: 49), os semas funcionam como uma espécie de *filtro*, pois "fixam (ou estabelecem) os critérios em virtude dos quais certos textos se distinguem do conjunto dos textos possíveis como pertencendo a um determinado posicionamento".

10 Sobre as noções de *ruptura* e de *acontecimento*, conferir Foucault (2000).

11 Em alguns casos, o individualismo se manifesta por meio de uma descrença nas instituições. Ou seja, o indivíduo basta-se a si mesmo. Ele não precisa de nenhuma instituição, seja ela política, filosófica ou religiosa. É o que ocorre com os agnósticos. Mas, no caso da RCC, embora haja o exercício de uma fé individualista, há também, como visto nas análises, um forte incentivo à obediência aos preceitos e às regras da Igreja Católica.

12 Como afirma Maingueneau (2005), o interdiscurso não é uma estrutura compacta, mas uma rede dialógica que precede a gênese de todos os discursos. Portanto, há inúmeras possibilidades de diálogo entre os mais diferentes campos discursivos.

Bibliografia

ABIB, J. *Aspirai aos dons espirituais*. São Paulo: Loyola, 1995.

_____. *Valei-me São José*. 6. ed. Cachoeira Paulista: Canção Nova, 2003.

AUTHIER-REVUZ, J. *Palavras incertas*: as não coincidências do dizer. Trad. Claudia R. C. Pfeiffer (et al). Campinas: Editora da Unicamp, 2001.

_____. *Entre a transparência e a opacidade*: um estudo enunciativo do sentido. Porto Alegre: EDIPUCRS, 2004.

BOFF, L. *E a Igreja se fez povo*: eclesiogênese: a Igreja que nasce da fé do povo. 2. ed. Petrópolis: Vozes, 1986.

_____; BOFF, C. *Da Libertação*: o teológico das libertações sócio-históricas. 4. ed. Petrópolis: Vozes, 1985.

COURTINE, J.-J. *Corps et discours: elements d'histoire des pratiques langagieres et expressives*. Présentation de Dossier de Thèse d'État sur Travaux. Université de Paris X-Nanterre (mímeo), 1989.

FOUCAULT, M. Retornar à história. In: MOTTA, M. B. (org.) *Ditos e escritos II:* arqueologia das ciências e história dos sistemas de pensamento. Trad. Elisa Monteiro. Rio de Janeiro: Forense Universitária, 2000, pp. 282-95.

MAINGUENEAU, D. *Gênese dos discursos.* Trad. Sírio Possenti. Curitiba: Criar, 2005.

_____. *Novas tendências em Análise do Discurso.* 3. ed. Trad. Freda Indursky. Campinas: Pontes; Editora da Unicamp, 1997.

_____. *Análise de textos de comunicação.* Trad. Cecília P. de Souza-e-Silva e Décio Rocha. São Paulo:, Cortez, 2001.

_____. L'analyse du discourse et ses frontières. *Marges Linguistiques.* Saint-Chamas: M .L. M. S. Éditeur, n. 9, 2005.

NEVES, M. H. M. *Gramática de usos do português.* São Paulo: Ed. Unesp, 2000.

PÊCHEUX, M. Análise automática do discurso. In: GADET, F.; HAK, T. (orgs.). *Por uma análise automática do discurso*: uma introdução à obra de Michel Pêcheux. Trad. Eni Orlandi. Campinas: Editora da Unicamp, 1990.

_____. Análise do Discurso: três épocas. In: GADET, F.; HAK, T. (orgs.). *Por uma análise automática do discurso*: uma introdução à obra de Michel Pêcheux. Trad. Eni Orlandi. Campinas: Editora da Unicamp, 1990.

SOUZA, I. J. *Introdução às principais religiões*: história, ecumenismo e diálogo inter-religioso. Maringá: Universidade Estadual de Maringá, 2001.

Os organizadores

Nilton Milanez

Professor da Universidade Estadual do Sudoeste da Bahia (UESB), *campus* de Vitória da Conquista, no Departamento de Estudos Linguísticos e Literários, com ênfase em Análise do Discurso; líder do Grupo de Estudos sobre o Discurso e o Corpo (GRUDIOCORPO/CNPq); coordenador do projeto Análise do Discurso e Corpo: diálogos entre Nietzsche e Foucault também na UESB.

Nádea Regina Gaspar

Professora da Universidade Federal de São Carlos (UFSCar), no Departamento de Ciência da Informação e no Programa de Pós-Graduação em Ciência, Tecnologia e Sociedade, linha de pesquisa em Linguagens, Comunicação e Ciência.

Os autores e os tradutores

Ane Ribeiro Patti

Psicóloga, com especialização em Psicanálise pela Unifran. Mestranda do Programa de Psicologia da Faculdade de Filosofia, Ciências e Letras de Ribeirão Preto da Universidade de São Paulo (FFCL-RP/USP).

Cleudemar Alves Fernandes

Professor da Universidade Federal de Uberlândia (UFU), no Instituto de Letras e Linguística, no Departamento e na Pós-Graduação em Linguística.

Conceição Fonseca-Silva

Professora da Universidade Estadual do Sudoeste da Bahia (UESB), *campus* de Vitória da Conquista, no Departamento de Estudos Linguísticos e Literários e no Programa de Pós-Graduação em Memória: Linguagem e Sociedade; líder do Grupo de Pesquisa em Análise de Discurso (UESB/CNPq) e do Grupo de Pesquisa em Estudos Linguísticos (UESB/CNPq).

Edvania Gomes da Silva

Professora da Universidade Estadual do Sudoeste da Bahia (UESB), *campus* de Vitória da Conquista, no Departamento de Estudos Linguísticos e Literários e no Programa de Pós-Graduação em Memória: Linguagem e Sociedade; membro do Grupo de Pesquisa em Análise de Discurso (UESB/CNPq).

Fábio César Montanheiro

Professor Doutor do Departamento de Letras da Universidade Federal de Ouro Preto.

Janaina de Jesus Santos

Mestranda em Linguística pela Universidade Federal de Uberlândia (UFU); participante do Grupo de Estudos sobre o Discurso e o Corpo (GRUDIOCORPO/CNPq) na UESB e do Grupo de Pesquisa de Análise do Discurso (CNPq) na UFU; coordenadora pedagógica do Museu Regional em Vitória da Conquista.

Lucília Sousa Romão
Professora da Faculdade de Filosofia, Ciências e Letras de Ribeirão Preto da Universidade de São Paulo (FFCL-RP/USP) e do Programa de Pós-Graduação em Psicologia da mesma unidade.

M. Cristina Leandro Ferreira
Professora da Universidade Federal do Rio Grande do Sul (UFRGS), no Instituto de Letras, no Departamento e na Pós-Graduação em Letras.

Maria José Coracini
Professora da Universidade Estadual de Campinas (Unicamp), no Instituto de Estudos da Linguagem, no Departamento de Linguística Aplicada.

Marisa Gama-Khalil
Professora da Universidade Federal de Uberlândia (UFU), no Instituto de Letras, no Departamento e na Pós-Graduação em Linguística.

Pedro Navarro
Professor da Universidade Estadual de Maringá (UEM), no Departamento e na Pós-Graduação em Letras.

Regiana Perpétua Manenti
Mestre em Linguística pelo Programa de Pós-Graduação em Linguística da Universidade Federal de São Carlos (UFSCar).

Roberto Leiser Baronas
Professor da Universidade Federal de São Carlos (UFSCar), no Departamento de Letras e no Programa de Pós-Graduação em Linguística.

Sírio Possenti
Professor da Universidade Estadual de Campinas (Unicamp), no Instituto de Estudos da Linguagem, no Departamento e na Pós-Graduação em Linguística.

Vanice Sargentini
Professora da Universidade Federal de São Carlos (UFSCar), no Departamento de Letras e no Programa de Pós-Graduação em Linguística.